ullstein

Im Oktober 2004 lief ein damals weitgehend unbekannter langer Schlaks im Alter von zwanzig Jahren erstmals im Trikot der deutschen Elf auf. Als Per Mertesacker in Teheran sein Debüt in der Nationalmannschaft feierte, hatte er zuvor erst wenige Spiele als Profi von Hannover 96 absolviert. Es war der Beginn einer traumhaften Karriere im Fußball, die mit dem Gewinn der Weltmeisterschaft zehn Jahre später ihren Höhepunkt fand.

In seiner Autobiographie blickt der Defensivspezialist auf eine einmalige internationale Karriere zurück. Er erzählt von seinen Bundesliga-Stationen in Hannover und Bremen, vom Sommermärchen 2006 und dem Titelgewinn in Brasilien, von der Signalwirkung seines legendären Eistonnen-Interviews und von den Erfahrungen in der Premier League.

Immer wieder geht Mertesacker der Frage nach, welche Rolle Talent im Fußball spielt. Ihm selbst wurde in der Jugend des Öfteren bescheinigt, zu wenig davon zu besitzen – bis ihn eines Tages Ralf Rangnick zu den Profis von Hannover 96 holte. Außerdem berichtet er, welche Auswirkungen der tägliche Druck im Profigeschäft bei ihm hinterlassen hat – und wie er in seiner neuen Rolle als Leiter des Nachwuchszentrums beim Arsenal FC die Jungprofis auch für die Schattenseiten des vermeintlichen Traumberufs sensibilisieren möchte.

PER MERTESACKER wurde 1984 in Hannover geboren. Nach Stationen in der Bundesliga bei Hannover 96 und Werder Bremen wechselte der Innenverteidiger 2011 zum Arsenal FC, wo er als Kapitän dreimal FA-Pokalsieger wurde. 2014 gewann Mertesacker mit der Nationalelf die Weltmeisterschaft in Brasilien. Im Mai 2018 beendete er seine aktive Karriere als Spieler und arbeitet seitdem als Leiter der Nachwuchsakademie des Arsenal FC und als Fußball-TV-Experte für das ZDF.

RAPHAEL HONIGSTEIN, geboren 1973 in München, lebt seit vielen Jahren in London und ist Sportjournalist (*The Athletic*), TV-Experte (Sky) und Autor. Für *Spiegel Online* und *11 Freunde* schreibt er über den englischen Fußball, für die TV-Sender BBC und BT Sports berichtet er über den deutschen Fußball. Bei Ullstein erschien 2017 von ihm das Buch *Ich mag, wenn's kracht*.

Per Mertesacker
mit Raphael Honigstein

Weltmeister ohne Talent

Mein Leben, meine Karriere

Ullstein

Besuchen Sie uns im Internet:
www.ullstein.de

MIX
Papier
FSC® C083411

Ungekürzte Ausgabe im Ullstein Taschenbuch
1. Auflage April 2021

Umschlaggestaltung: zero-media.net, München
Titelabbildung: © Marc Wagener
Satz: Pinkuin Satz und Datentechnik, Berlin
Gesetzt aus der Dante MT Pro
Druck und Bindearbeiten: CPI books GmbH, Leck
ISBN 978-3-548-06045-3

Inhalt

Das Ende

Ich spielte in meinem ersten Jahr in der C-Jugend von Hannover 96, als es anfing. Ich war fünfzehn Jahre alt, schoss urplötzlich in die Höhe und bekam fürchterliche Wachstumsschmerzen. Im linken Knie war es besonders schlimm. Meine Eltern sind mit mir zu einigen Ärzten gegangen. Alle sagten das Gleiche: Da kann man nicht viel machen. Keiner wusste, woher die Schmerzen genau kamen, was es genau damit auf sich hatte. Keiner wusste, wann oder ob das irgendwann wieder vorbeigehen würde.

Ich hatte jeden Tag Schmerzen, schluckte unzählige Tabletten. Fast ein ganzes Jahr lang konnte ich weder spielen noch trainieren. Ich probierte es immer mal wieder, aber es ging nicht. Ich schaffte es gar nicht mehr auf den Rasen.

Im Verein hieß es: »Der Junge packt das nicht. Er ist fußballerisch sowieso nicht begabt genug, und jetzt wächst er auch noch so schnell. Er ist zu groß. Die Hebel funktionieren nicht.« Mein damaliger Trainer meinte zu mir: »Per, das wird nichts. Dir fehlen die körperlichen Voraussetzungen. Das Tempo ist nicht da.« Selbst mein Vater, der mich bis vor ein paar Monaten in der D-Jugend von 96 trainiert hatte, kam nach einer Weile zur Einsicht, dass es für mich keinen Sinn mehr machen würde. Für ihn war immer wichtig, dass man sich über das Training verbessert, dass man Schritt für Schritt nach vorne kommt, aber bei mir war über Monate hinweg nichts als der totale Stillstand. Er hat keine realistische Perspektive mehr für mich gesehen. »Für dich geht es hier nicht weiter«, hat er eines Tages gesagt. »Du schaffst es eh nicht. Komm, lass uns die Sache abhaken.«

Für einen Jungen, der alles daransetzt, Fußballprofi zu werden, ist das natürlich ein verheerender Satz. Ein Todesurteil. Der eigene Vater zweifelt an dir, er glaubt nicht mehr an dich. Liebt er mich jetzt nicht mehr? Solche Fragen können da hochkommen. Aber bei mir war das gar nicht so. Für mich ist in dem Moment die Welt nicht zusammengebrochen. Denn bei uns in der Familie war eines immer klar: Fußball ist nicht alles.

Mein großer Bruder Denis hatte eine Sprachbehinderung und ging auf Sonderschulen. Meine Eltern sind damit sehr offen umgegangen, das hat mich immens beeindruckt. Er hat sich dann sensationell entwickelt, er hat heute Familie und einen normalen Job. Damals habe ich schnell gemerkt, dass es wichtigere Dinge gibt als Fußball. Fußball war höchstens der Plan B. Plan A war, das Abitur zu machen und dann in Hannover Sport zu studieren.

Die Idee, Profi zu werden, lag gar nicht in meinem Fokus. Nicht mal im Ansatz. Für mich stand im Vordergrund, dass ich Spaß am Kicken hatte. Es war mein Hobby, meine Leidenschaft, obwohl mich Papa mit vier Jahren quasi dazu gezwungen hat, anzufangen. Er war damals Trainer in unserem Heimatverein, dem TSV Pattensen, und er hat gesagt: »Okay, wir machen das jetzt.« Er ging dann später zu Hannover 96 als Jugendtrainer und hat mich und zwei andere Spieler aus Pattensen, die beide bessere Fußballer waren als ich, mitgenommen. Ich war zwölf, alleine hätte ich das nie gemacht. Ich war nur ein Anhängsel und habe relativ zügig erkannt, dass andere viel mehr Talent hatten als ich. Ich wurde nicht gehypt. Ich stand nie im Zentrum der Aufmerksamkeit. Für mich selbst war hundertprozentig klar, dass das alles an einem gewissen Punkt vorbei sein würde, und das würde dann so auch in Ordnung sein. Als nun die Schmerzen kamen, dachte ich, jetzt ist ebendieser Punkt erreicht. Der Trainer und Papa sprachen nur aus, was ich insgeheim für mich schon immer wusste.

Ich war nicht wütend. Ich habe das, wie auch meine Eltern, so akzeptiert: Gehe ich halt einen anderen Weg. Ich wollte niemandem etwas beweisen oder allen zeigen, dass sie sich in mir täuschten. Von so einer Trotzreaktion war ich meilenweit entfernt. Der Traum, Fußballprofi zu werden, war nicht zerstört. Ich hatte ihn nie gehabt.

1

Pattensen

Kennen'se Pattensen? Eine Kleinstadt südlich von Hannover. Achttausend Einwohner im Ortskern, mit den umliegenden Dörfern sind es dreizehntausend. Ländlich geprägt, alles zu Fuß zu erreichen, Schule, Bolzplatz, Schwimmbad, Fußballverein, Tennisplatz. Massenhaft Freunde. Wie im Bilderbuch.

»Pattensen, Peine, Paris«, war ein beliebter Spruch bei uns in der Klasse. Das hieß so viel wie: Pattensen ist eigentlich nicht zu toppen. Stimmt ja auch. Alles, was man für ein schönes Leben brauchte, fand man direkt vor der Haustür, in einem Neubaugebiet. Wer unbedingt wollte, konnte sich eine halbe Stunde in den Bus setzen und war in Hannover.

Meine Eltern engagierten sich in vielen Sportvereinen. Mama gab Nordic-Walking-Kurse und Turnkurse, Papa war Langläufer, Fußballer und dann Trainer. Beide waren und sind komplett sportverrückt. Wir drei Jungs – mein drei Jahre älterer Bruder Denis, mein drei Jahre jüngerer Bruder Timo und ich – spürten das auch. Immer sonntags um 10 oder 11 Uhr war für die ganze Familie verbindlich ein Fünfkilometerlauf angesetzt. Am Klärwerk vorbei, in den Wald hinein und wieder heraus. Wir liefen bei Wind und Wetter, Ausnahmen waren nicht gestattet. Das war Teil unserer Erziehung. Mein Vater steht noch heute früh auf und dreht seine Runden in einem Tempo, bei dem viele nicht mithalten können.

Mit Sport und Bewegung gesund durchs Leben kommen, dem Körper etwas Gutes tun: Dieses Bewusstsein war bei uns stark ausgeprägt. Wir hatten auch eine Sauna bei uns im Haus. Wenn ich an meine Großeltern denke, kann ich nicht unbedingt sagen, dass Mama und Papa dies alles in die Wiege gelegt worden war. Sie haben sich vielmehr selbst motiviert und waren sich selbst gegenüber unheimlich diszipliniert.

Ich kam mit vier Jahren in den Fußballverein. Das wurde so entschieden. Papa hatte damals eine G-Jugend-Mannschaft beim TSV Pattensen ins Leben gerufen. Er trainierte aber nicht nur mich, sondern uns alle drei. Der Familienlegende nach war ich in Spanien fußballerisch sozialisiert worden, daher habe ich wahrscheinlich diese überragende Technik. Im Urlaub auf Menorca hatte mir Papa am Strand einen Ball vor die Füße geworfen und gemerkt: »Ah, der kann kicken.« Ich war damals knapp drei.

Einmal die Woche Fußballtraining, später noch Tennis und Tischtennis, eine Zeit lang ging ich nach der Grundschule auch noch Rollerskates fahren. Das war damals ziemlich in bei uns in Pattensen. Ohne die entschiedene Unterstützung meiner Eltern hätte ich nie derart viel Sport treiben können. Ich bin ihnen sehr dankbar dafür. Sie öffneten mir damit Türen, die später sehr groß werden sollten.

Meinen Vater hatte es beruflich in die Gegend verschlagen. Er hatte eine Dozentenstelle an der Sparkassenakademie in Hannover angetreten. Pattensen gefiel ihm: Es vereint grüne Landschaft mit guter Verkehrsanbindung.

Groß geworden war er wie meine Mutter im Harz. Er stammt aus Wildemann, sie aus Sankt Andreasberg, die beiden Orte liegen dreißig Minuten voneinander entfernt.

Uns Kinder hätte es aber dennoch beinahe nie gegeben. Nachdem mein Vater in jungen Jahren laut eigener Aussage einen nicht näher definierten »Mist« gebaut hatte, wollte Mama ihn nicht mehr sehen. Aber ihre Mutter hat ihn dann doch wieder reingelassen. Mein Papa – wie wir alle – hatte Glück.

Papa ist ein Einzelkind, meine Mutter hat dagegen zehn Geschwister. Bei der letzten Zählung hatte ich dreißig Cousins und Cousinen, davon sind fünfundzwanzig Jungs. Es herrscht ein gewisser Männerüberschuss in unserer Familie.

Dass es im Harz schön ist, wusste Papa, aber er sah auch voraus, dass viele Leute in die Großstädte ziehen würden und es perspektivisch wenige Arbeitsplätze geben würde. Er bildete sich deswegen früh weiter und las viel, studierte zunächst in Bonn und entschied sich dann, mit Mama eine Familie an einem neuen Standort zu gründen. Beide wollten sich in Pattensen, ihrer neuen Heimatgemeinde, nicht einigeln, sondern aktiv einbringen. Egal, um was es ging, sie waren dabei. Teamsport war ihr Weg, sich sehr schnell zu integrieren.

Meine Brüder und ich waren begeisterte Esser, am liebsten Tomatensuppe mit Nudeln und Apfelkuchen. Wir wuchsen auch extrem schnell. Für Mama war viel zu tun. Sie musste ständig für Nachschub sorgen. Jeden zweiten Tag kam sie mit einem vollen Einkaufswagen nach Hause. Wenn man zu spät an den Tisch kam, hatte man trotzdem Pech. Dann hatten die Brüder schon alles verputzt.

In der Urlaubszeit wurden meine Brüder und ich oft bei den Eltern meines Vaters in Wildemann einquartiert. Das liegt direkt am Berg, im Winter gibt es dort viel Schnee. Wir hatten einen sehr großen Freundeskreis und unheimlich viel Spaß. Mit Cousins und Bekannten kickten wir stundenlang fünf gegen fünf auf kleine Tore, jeden Tag. Heute sagen die Leute dort zu meinem Vater: »Ist doch klar, dass aus Per was geworden ist. So viel, wie der als Kind immer gekickt hat!«

Im Sommer nahmen wir in Wildemann an Sportfesten teil: Weitsprung, Weitwurf. Wir gingen auch mit Kumpels in den Wald und bauten eine Holzbude auf. Opa Michael half uns dabei, weil er als gelernter Maschinenschlosser handwerklich geschickt war. Er war aus dem Krieg mit unzähligen Narben im Gesicht und auf dem Oberkörper zurückgekommen: Granatsplitter. Das hat mich als kleinen Jungen unheimlich fasziniert und auch neugierig gemacht. Aber geredet wurde darüber nicht.

Zur Osterzeit sammelten wir Reisig, rammten einen Stamm in den Boden und legten Tanne ringsum, für das Osterfeuer. Das war ein Riesenereignis, Jahr für Jahr. Es gab vier dieser Osterfeuer in Wildemann: eins vom Gesangsverein, eins von den Junggesellen, eins vom Sportverein und eins von der Gemeinde. Zusammen etwas aufzubauen und zu erleben gab mir und meinen Brüdern und Freunden sehr viel, es war ein Ritual, das uns stark prägte.

Es war eine beschauliche Zeit, in der die Gemeinschaft im Vordergrund stand – und die Idee, sich mit einfachen Dingen zu beschäftigen; ein ganz anderes Leben, wenn man es damit vergleicht, wie die heutige Generation aufwächst. Alle starren auf ihr Handy, sind abgetaucht in eine Social-Media-Welt, die ja nicht wirklich sozial ist, sondern extrem isoliert. Digitale Netzwerke sind oft Pseudonetzwerke: Die Technologie trennt die Menschen eher voneinander, als dass sie sie zusammenführt.

Opa Michael kam ursprünglich aus dem Rheinland und war katholisch. Mertesacker ist um den Rhein herum ein recht verbreiteter Name, er hat mit dem Heiligen St. Martin zu tun. »Mertesacker« heißt so viel wie: Martins Acker.

Opa und Oma Irmgard lebten nach dem Krieg in sehr überschaubaren Verhältnissen. Mein Vater erinnert sich noch, wie er seinem Vater das Essen in einer Milchkanne brachte. Das Mettbrötchen am Samstag war ein Highlight, Fernseher oder Telefon gab es nicht im Haus. Die Kinder spielten im Wald oder auf der Straße, so was wie Freizeitangebote existierten damals nicht.

Opa hat seinen rheinländischen Humor in den Harz mitgenommen. Er lachte sehr viel, sah vieles locker. Das Glas war bei ihm immer halb voll, nie halb leer. Er war treues Mitglied im Gesangsverein und feierte gerne, was sich von meinem Papa auch auf uns übertragen hat. »Immer, immer positiv, auch mal fünfe gerade sein lassen, du musst mal einen durchziehen, Spaß haben mit anderen, dann sieht die Welt gleich wieder anders aus. Das bringt dich viel weiter, als wenn du immer nur Trübsal bläst und darüber nachdenkst, was alles besser sein könnte.« Das war seine Einstellung. Er hat uns in allen Dingen und insbesondere beim Sport immer angefeuert.

Opa liebte es, die Tour de France im Fernsehen zu schauen. Er war leidenschaftlich beim örtlichen Sportverein, der TSG Wildemann, engagiert und hat das Klubheim mit aufgebaut. Früher war er Schiedsrichter gewesen. Mein Vater hörte als kleiner Junge mit ihm sonntags immer die Fußballübertragungen aus der Oberliga West im Radio und musste für ihn alle Ergebnisse in ein Notizbuch schreiben. Er glaubt heute, dass sein Talent für Zahlen da herrührt. Papa liebt Statistiken. Wer hat wo gespielt, wer hat wann gespielt, wer hat die Tore geschossen? Olympia, Weltmeisterschaften, Europameisterschaften … Papa hat das alles abrufbereit, gespeichert auf der Festplatte zwischen den Ohren. Er ist wirklich ein wandelndes Buch. Alle Telefonnummern kennt er auswendig. Er braucht kein Handy.

Papa und Opa fuhren gemeinsam zu den Spielen, die Opa als Schiedsrichter leitete, und manchmal auch zum Zuschauen nach Braunschweig. Sie waren bei den Auswahlspielen, die es damals noch gab – Nord gegen Süd –, und sahen auch das allererste Bundesligaspiel von Eintracht Braunschweig, einen 1:0-Sieg gegen Preußen Münster im Sommer 1963. Das hat bei meinem Vater die Fußballbegeisterung und den Ehrgeiz geweckt. Er nahm als Skilangläufer an mehreren Meisterschaften teil und spielte in den Sommermonaten Fußball, bei TuSpo Petershütte und bei den Sportfreunden Ricklingen in der Bezirksoberliga. Er sagt von sich, dass er viel laufen konnte, dass er überall auf dem Platz unterwegs, aber nicht unbedingt der Schnellste war. Nach dem Umzug in die Region Hannover hat er seine B- und A-Lizenz als Fußballtrainer gemacht.

Kurz bevor ich Profi bei Hannover 96 wurde, ist Opa Michael verstorben. Ich glaube und hoffe, dass er das irgendwie alles sehen konnte, aber es wäre natürlich schöner gewesen, wenn er es noch auf Erden erlebt hätte. Er hat meinen sportlichen Werdegang in der Jugend sehr intensiv verfolgt und alle Artikel der Lokalzeitungen, in denen ich oder meine Mannschaft erwähnt wurden, abgeheftet. Oma Irmgard führte das weiter und bekam auch noch mit, wie mir bei Hannover der Sprung in den Profikader gelang. Als ich noch klein war und niemand wissen konnte, dass ich selbst einmal Fußballprofi werden würde, hat sie mir eingebläut: »Bayern geht gar nicht. Werde bloß kein Bayern-Fan. Dieses Trikot kommt mir nicht ins Haus.« Es war ein ganz besonderes Verhältnis, das ich zu beiden Großeltern hatte.

Aber auch die Mutter meiner Mutter, Oma Erika, hat uns viel Liebe geschenkt. Wer so viele Kinder zur Welt bringt, muss das Herz am rechten Fleck haben. Ihr Mann war früh an Gelbsucht verstorben, aber sie lachte viel, war stets optimistisch gestimmt. Selbst als sie im hohen Alter wegen Durchblutungsstörungen ein Bein verlor, büßte sie nicht die Kraft und den Mut ein, zufrieden weiterzuleben. Ihre unerschütterliche Willensstärke war beeindruckend.

An Erikas Geburtstag, dem dreiundzwanzigsten Dezember, traf sich immer die ganze Familie im Harz. Zwischen Weihnachten und Neujahr steht noch heute eine Weihnachtswanderung auf dem Programm. Man wandert, setzt sich in irgendeine Gaststätte und singt zusammen. Einer spielt dazu begleitend auf dem Akkordeon. Diese Traditionen wurden von der Generation vor mir ins Leben gerufen, ich bin damit aufgewachsen. Aber wer macht heutzutage noch ähnliche Dinge? Wenn man sich mit Kollegen unterhält, gerade im Fußballbereich, wissen die oft gar nicht, wovon ich rede. Wie bitte? Wandern und singen, mit der ganzen Familie?

Nach meinem Wechsel zum Arsenal FC im Sommer 2011 war ich von dieser Welt ein paar Jahre lang abgeschnitten, da wir auf der britischen Insel an Weihnachten durchspielten und ich, wenn überhaupt, im Januar ein paar Tage freibekam. Mir wurde erst bewusst, welchen Stellenwert dieses Treffen hat, als ich nicht mehr daran teilnehmen konnte. Beim ersten Mal war das ein regelrechter Schock. Ich hatte das Gefühl, dass ich meine Familie – und all das, was wir in der Vergangenheit gemeinsam aufgebaut hatten – im Stich ließ. Das schlug mir aufs Gemüt. Prompt lag ich in London drei Tage lang krank im Bett. Ich freue mich, dass ich jetzt nach dem Karriereende diese Tradition neu aufleben lassen kann. In der Zwischenzeit haben mich meine Brüder und Eltern dort gut vertreten.

Gerade jetzt, da immer weniger Leute in der Harzregion leben und die Bevölkerung dort veraltet, ist es uns ein großes Anliegen, die Verbindung zur Heimat aufrechtzuerhalten. Einmal im Jahr im Sommer trifft sich die Familie für ein Wochenende in einer Jugendherberge in Sankt Andreasberg. Es können nicht immer alle kommen. Manche haben andere Termine oder Interessen. Manche wollen es mehr, manche weniger. Aber es ist trotzdem ein schönes Gefühl, die Verwandtschaft zu sehen, sich gegenseitig zu erzählen, wie es geht, ein Interesse für Leute zu entwickeln, die zur Familie gehören. Das muss jedes Jahr aufs Neue aktiv geplant und organisiert werden. Sonst würde es ausfallen, und vermutlich würde man sich dann allmählich aus den Augen verlieren. So eine Großfamilie zusammenzuhalten, vor allem nachdem die Großeltern nicht mehr da sind, ist nicht so einfach. Auch deswegen können wir ein bisschen stolz auf uns sein.

Mein großer Bruder fährt heute noch an Ostern in den Harz und baut das Osterfeuer bei den Junggesellen mit auf. Wir alle pflegen die Gräber der Großeltern in Wildemann. Meine Eltern schauen zu, dass das Haus von Opa und Oma in Schuss bleibt. Möbel, die ich einst in Bremen in meiner Wohnung hatte, stehen heute darin, damit es wohnlich bleibt. Da das Haus nicht leer stehen soll, versuchen wir, so oft wie möglich dort zu sein. Wenn Familienmitglieder zur Weihnachtswanderung oder Gäste kommen, haben sie hier eine Schlafgelegenheit. Wir sind, so gut es geht, überall noch mit dabei – und prägen so weiterhin die Geschichte, in die wir hineingeboren wurden.

Der Harz ist wirklich wunderschön. Wildemann wird aufgrund seiner Berge und Täler auch »Klein-Tirol« genannt. Vor der Haustür geht es direkt steil hinauf. Es gibt dort wunderschöne Wanderwege und Laufstrecken, man atmet eine ganz eigene Luft. Wenn meine Frau und ich mit unseren Söhnen aus dem insgesamt doch eher grauen London dort hinfahren, geht ihnen regelrecht das Herz auf.

Auch mit uns befreundete Familien machen Urlaub im Harz, und dann unternehmen wir gemeinsame Touren.

Oscar, unser zweiter Sohn, wurde in Wildemann getauft. Die Hochzeit von Ulrike und mir fand auf der Marienburg statt, in der Nähe von Pattensen. Heimatverbundenheit ist für mich nicht nur eine Idee oder ein Gefühl. Man muss sie leben. Ereignisse an den Orten zu feiern, an denen wir groß geworden sind, mit denen wir uns verwachsen fühlen, erneuert den Zusammenhalt.

Mit vielen alten Freunden aus dem Harz bin ich heute noch sehr eng. Auch das bleibt aber nicht von alleine so. Diese Fernbeziehungen müssen immer wieder gepflegt werden. Wie viele solcher echten Freunde und Kumpels hast du im Fußball? Man kann sie an einer Hand abzählen. Als Profi sitzt du jahrelang neben jemandem in der Kabine, ohne ihn wirklich zu kennen. Man trainiert und spielt, ansonsten macht jeder sein eigenes Ding. Das Geschäft entwickelt sich auf jeden Fall in diese Richtung. Ich bin sehr froh, dass ich als Fußballer, der die Welt bereist hat, Freunde und Familie hatte, die mich zu jeder Zeit auf dem Boden bleiben ließen, die genau wussten, wer ich unter dem Trikot wirklich bin. Man soll seine Wurzeln nicht vergessen. Das wurde uns von den Eltern nicht gepredigt, sondern unausgesprochen mitgegeben.

Im Spätsommer 1989 ging es mit dem Fußball richtig los, kurz vor meinem fünften Geburtstag. Zusammen mit Denis bestritt ich das erste Punktspiel. Wir waren ein Dutzend Kinder, Jungs und Mädchen, mit uneinheitlichen Trikots und ein paar Mark in der Mannschaftskasse. Andere Mannschaften in unserer Altersstufe waren damals schon mit dem Spielbetrieb vertraut und besser organisiert. Wir verloren viele Spiele, ließen uns davon aber nicht den Spaß verderben.

Ich spielte von Anfang an hinten drin, ein paar Meter vor

dem Torwart. Die meisten Kinder laufen immer dem Ball nach und wollen Tore schießen, aber das hat mich – aus Gründen, die ich selbst nicht genau erklären kann – nie gereizt. Mein Vater sagte: »Mensch du, geh doch mal, mach doch ein bisschen mit!« Kein Interesse. Ich wollte kein Held sein, ich wollte absichern, anderen den Rücken frei halten. Sollten die anderen ruhig glänzen und ihre Tore feiern. Ich passte auf, das nichts passierte, immer schön hinten drinnen. Daran hat sich mein ganzes Leben lang nichts mehr geändert.

Papa war beim Fußball sehr emotional. Er meckerte den Schiedsrichter an, wurde in der Umkleidekabine schon mal etwas lauter. Ich aber hatte auf dem Platz eher das Gemüt meiner Mutter: zurückhaltend, ruhig, unaufgeregt. Gefühlsausbrüche waren nicht mein Ding. Laut Papa konnte man mir nach dem Schlusspfiff nur selten das Resultat ansehen.

Wer nur eine Position spielt, ist nicht flexibel verwendbar. Aber dafür hatte ich eine sehr anständige Spieleröffnung, war beidfüßig und konnte ein gutes Stellungsspiel vorweisen. Wenn eine Million Bälle auf dich zufliegen, kennst du nach einiger Zeit alle Flugschneisen und weißt, wo du dich hinstellen musst. Mein Kopfballspiel war gut, daran hatten auch Papa und meine Brüder ihren Anteil. Im Schwimmbad und in jedem Urlaub standen wir zu viert mit einem Plastikball im Wasser und prüften, wer am meisten Kopfbälle schaffte. Fünfzig-, sechzig-, siebzigmal. Das machte auf Dauer schon etwas aus.

Das erste Jahr lief nicht so gut, im zweiten hatten wir beim TSV dann aber eine durchaus passable Mannschaft zusammen, komplettiert mit ein paar guten Spielern aus der Stadt. Dieses Team wurde auch deshalb richtig stark, weil Papa sehr viel Zeit investierte und uns gewissenhaft trainierte. Anderswo mussten Kinder noch an Hütchen vorbeidribbeln, doch bei Papa wurden damals schon konkrete Spielformen geübt.

Wir gingen oft mit Freunden ins Freibad, wo es auch einen kleinen Bolzplatz gab. Wer dort zwischen Pommesbude und Planschbecken einigermaßen kicken konnte, wurde gleich von den Älteren gefragt: »Ja, wo spielst du denn überhaupt?«

»Ich spiele in der E-Jugend vom TSV Pattensen!«

Ich war sehr stolz, das sagen zu können. Ich spielte damals auch Tennis und Tischtennis, aber Fußball war für mein Selbstwertgefühl am wertvollsten und machte auch am meisten Spaß. Papa unternahm viel, um meine fußballerische Ausbildung zu fördern. Er ließ mich beispielsweise stundenlang mit meinem schwächeren linken Fuß den Ball hoch halten.

Aufgrund meiner beachtlichen Größe war ich Gleichaltrigen einen Schritt voraus und konnte gleich einige Fußballjahrgänge überspringen. Von der F- bis zur D-Jugend waren wir mit Pattensen immer in der Spitzengruppe der Liga, wurden Kreismeister, gewannen sogar Spiele gegen die Jugendmannschaften von Hannover 96. Heute spielen viele ehemalige Mannschaftskameraden aus dieser Anfangszeit beim TSV im Alte-Herren-Team und warten sehnsüchtig darauf, dass ich wieder dazustoße. Das kann aber noch ein paar Jahre dauern …

Durch unsere guten Ergebnisse gerieten wir schnell in den Fokus von 96: »Wieso sind die so gut? Wer trainiert die?« Die Geschichte des über Gebühr erfolgreichen Kleinstadtklubs sprach sich schnell herum, was dazu führte, dass Papa 1995 zusammen mit einem Co-Trainer aus Pattensen ehrenamtlich die zweite Mannschaft der D-Jugend in Hannover übernahm. Dort waren praktischerweise gerade zwei

Trainerposten frei geworden. Es gab darüber hinaus auch eine persönliche Verbindung des TSV zu 96. Der Vater von Florian Gramann, einem unserer Spieler, war Schatzmeister bei Hannover. Florian, Markus Weck, der Sohn unseres Co-Trainers, und ich wechselten als Trio in die D-Jugend der großen Stadt.

Die beiden anderen waren zu jenem Zeitpunkt deutlich weiter in ihrer Entwicklung und galten als die größeren Talente. Ich war eher so mit reingerutscht. Von Pattensen zu Hannover zu gehen war eine mittlere Sensation – auf Provinzebene. Jeder im Ort hatte eine Meinung dazu und tat diese auch ungefiltert kund. Vor drei Jahren entschuldigte sich bei mir ein Journalist, der für die *Leine Nachrichten* schreibt – den Regionalteil der *Hannoverschen Allgemeinen* für Pattensen, Hemmingen und Saarstedt –, für seine damalige Fehleinschätzung. »Was will der? Fußball? Der soll lieber zum Schwimmen gehen«, hat er damals über mich geschrieben. Er habe das etwas falsch eingeschätzt, beichtete er.

Alleine wäre ich mit zwölf Jahren wahrscheinlich nicht zu Hannover 96 gegangen. Zu dritt fiel der Schritt leichter. Es stellte sich bald heraus, dass die beiden anderen einiges draufhatten. Besonders Markus war richtig, richtig gut. Er kam gleich in die C-Jugend, spielte ein Jahr über mir und immer besser. Ich kickte ein wenig in seinem Schatten. Man dachte, dass er es eher schaffen könnte. Aber bei ihm ging es körperlich irgendwann nicht mehr weiter. Er hatte starke Rückenschmerzen. Markus war zum Glück gut in der Schule, hatte vernünftige Eltern und konnte das auffangen. Er machte schließlich eine Lehre bei der Sparkasse. Aber an seinem Werdegang sah ich zum ersten Mal, wie schnell sich der Wind im Fußballgeschäft drehen konnte. Das größte Talent, das ich kannte, war von heute auf morgen weg vom Fenster.

Ich sammelte Panini-Bilder, aber ein echtes Spielervorbild hatte ich nicht. Ich mochte Ingo Anderbrügge, wegen seines super linken Hammers und seines Auftretens bei einem Freundschaftsspiel von Schalke 04 in Ricklingen, einem Stadtteil von Hannover. Hinterher hatten er und seine Mitspieler den Zuschauern Autogramme gegeben, ich hatte auch eines bekommen. Das imponierte mir ungemein. Seit jenem Tag hatte ich Sympathien für Schalke 04. Aber Hannover 96 war selbstverständlich die Nummer eins für mich. Als Jugendspieler durfte man sich samstags mit einer Arbeitskarte ins altehrwürdige, damals noch sehr weitläufige Niedersachsenstadion setzen, auf eine Holzbank unterhalb der Fankurve. Das war für mich das Allergrößte.

Manchmal stand ich mit Freunden aus Pattensen im Fanblock H 31, manchmal war ich Balljunge und klatschte im Tunnel die Spieler ab. Es war etwas ganz Besonderes, am Spielfeldrand zu stehen. Ich fühlte mich zugehörig, wirklich als Teil des Vereins. Hannover spielte damals zweite Liga und stieg 1996, ausgerechnet zum hundertsten Jubiläum der Vereinsgründung, in die Regionalliga ab. Ich war als Zuschauer im Stadion dabei, als Hannover gegen Energie Cottbus unter Flutlicht in der Relegation um den direkten Wiederaufstieg in die zweite Liga spielte. Das Hinspiel ging 0:0 aus, in Cottbus verloren wir 1:3.

Hannover hatte infolge dieses Rückschlags große finanzielle Probleme. Die Existenz des Klubs stand auf dem Spiel. Aber das bot zugleich Nachwuchsspielern eine Chance. Mit Fabian Ernst, Gerald Asamoah und Sebastian Kehl kamen Jungs direkt aus der A-Jugend in die erste Mannschaft und verhalfen dem Verein schließlich zum Aufstieg in die zweite Liga. Die Durchlässigkeit im Verein war damals notgedrungen sehr groß. Es gab schlichtweg kein Geld, um erfahrenes Personal einzukaufen.

Die Europameisterschaft, die 1996 in England stattfand, war das erste Turnier, das ich bewusst als Fan wahrnahm. Das Elfmeterschießen im Halbfinale gegen den Gastgeber ist mir in sehr guter Erinnerung geblieben: Andy Köpke hielt gegen Gareth Southgate, den heutigen Nationaltrainer Englands, den entscheidenden Elfmeter. Das Endspiel gegen Tschechien habe ich auch noch im Kopf: Oliver Bierhoff entschied es mit einem Golden Goal. Mein prägnantestes Fernseherlebnis aber war das UEFA-Pokal-Endspiel von Schalke 04 gegen Inter Mailand ein Jahr später. Ich durfte lange aufbleiben und lag nach Schalkes Sieg meinem Vater in dem Armen.

Ein paar Jahre später fuhr ich mit meiner Familie mit dem Auto nach England, um meine Tante Ute in Plymouth zu besuchen. Die Sommerreise ging auch durch London, wo mein Vater die Devise ausgab: Jedes Familienmitglied muss ein Fußballtrikot mitnehmen. Soll heißen: die Jungs. Mama war davon befreit. Mein kleiner Bruder Timo entschied sich für Manchester United, Denis für Aston Villa, mein Vater für Ipswich Town. Und meine Wahl fiel auf ein rotes Trikot mit weißen Ärmeln und einem weißen »JVC«-Schriftzug: Arsenal FC. An jenem Tag wurden die Gunners mein englischer Klub.

Einmal im Jahr, zum Geburtstag, durften wir uns ein neues Trikot wünschen. Timo und ich blieben bei Man United und Arsenal. Wir waren beide fußballbegeistert und ergänzten unsere sportliche Rivalität um die »unserer« Klubs in der Premier League. In den späten Neunzigern und frühen Nullerjahren ging es zwischen Arsenal und United hoch her, sie machten die englische Meisterschaft unter sich aus. In der DSF-Sendung »La Ola« liefen einmal die Woche die Highlights von der Insel. So blieb man auf dem Laufenden.

Neben Schule und Sport standen PC-Rollen- und Sportspiele auf dem Programm: NHL 98 oder NBA Live, Eishockey oder Basketball. Mein älterer Bruder war ein großer Fantasyfan. Er hatte ein Brettspiel, »Das schwarze Auge«, und wir spielten zusammen »Might and Magic« auf dem Rechner. Man lief darin mit vier verschiedenen Charakteren – Druide, Kleriker, Ritter und Bogenschütze – durch die Landschaft und bekam es in Höhlen mit diversen Monstern zu tun.

In der Ernst-Reuter-Schule kam ich nach der Orientierungsstufe auf den gymnasialen Zweig. In Pattensen konnte man nur bis zur 10. Klasse aufs Gymnasium gehen, deswegen wechselten viele schon früh, um den Übertritt nicht im späteren Alter machen zu müssen. Meine Eltern wollten aber, dass ich im Ort bleibe. Dort hatte ich mein Umfeld.

Es gab bei uns nur eine Gymnasialklasse und die war überschaubar: fünfzehn bis zwanzig Leute. In diesem kooperativen System wurden Fächer wie Religion und Werte und Normen übergreifend unterrichtet und unterschiedlich bewertet. Im Examen bekamen die Gymnasiasten zwei Punkte abgezogen und die Hauptschüler zwei Pluspunkte. Realschüler blieben bei ihrer Punktzahl.

Als einer der wenigen Gymnasiasten auf der Schule wurde man gewohnheitsmäßig geschnitten. Man galt als Streber, als jemand, der sich für etwas Besseres hielt. Die anderen gaben dir das starke Gefühl, nicht dazuzugehören, besonders nach dem Unterricht. Die Haupt- und Realschüler standen da in ihren eigenen Rauchergrüppchen, als Gymnasiast ging man vorbei und sagte nichts. Zu Feierlichkeiten oder Partys wurde man grundsätzlich nicht eingeladen, es sei denn, man kannte zufällig jemanden. Beim Altstadt- oder Schützenfest gehörte man auch nicht richtig dazu. Und wer in dem Alter nicht immer und überall dabei ist, ist ja automatisch ein bisschen außen vor. Dazu kam die sportliche Rivalität. Es gab übergreifende Schulturniere: Basketball, Handball, Fußball, Beachvolleyball. Die Zweige spielten gegeneinander. Wir waren eine super Sporttruppe, natürlich mit mir als Anführer. Ich hatte Ballgefühl – egal, wie der Ball aussah. Wir waren extrem stark in allen Disziplinen, über Jahre hinweg quasi unbesiegbar. Dementsprechend verhasst waren wir auch. »Ihr blöden Gymnasiasten. Ihr braucht nichts zu sagen, geht ruhig weiter!« Solche Sätze hörte man auf dem Pausenhof. Einige konnten sich noch über die Schiene Rauchen oder Kiffen bei der Masse beliebt machen, aber das war keine Option für mich. So blieb man zwangsläufig unter sich.

Ich hatte zwei ganz enge Freunde. Wir spielten in der Pause Skat und hörten Musik auf dem Walkman. Wir hatten keine Lust, in den Hof zu gehen. Wir aßen unser Pausenbrot und warteten auf die nächste Stunde.

Meine erste CD war von den Prinzen. Aber dann kam Bob Marley, nur noch Bob Marley. Seine Musik war damals unser Soundtrack. Er war nur fünfunddreißig Jahre alt geworden, hatte aber gefühlt hundert Lieder veröffentlicht, von denen fünfzehn absolute Tophits waren. Und er war ein großer Fußballfan gewesen, was ich aber erst später herausfand. Mit Bob Marley assoziierte jeder sofort Kiffen. »Alles Kiffermusik!« Aber uns reizte das nie. Wir wollten die Texte und die Geschichten dahinter verstehen. An wen richteten sich seine Lieder? Welche Zusammenhänge gab es? Meine Kumpels und ich beschäftigten uns eingehend mit der Musik und merkten bald, dass es darin um ganz andere Dinge ging, als viele annahmen. »No woman, no cry«, zum Beispiel. Auf Deutsch wörtlich: »Keine Frau, kein Leid«, ein trauriger Abgesang auf die Liebe. Dachte man. War aber komplett falsch. »No woman, no cry« bedeutet vielmehr

»Weine nicht, Frau«. Das Lied handelt von politischen Spannungen in Marleys Heimatstadt und von dem Versprechen, zu seiner Frau zurückzukehren – verbunden mit der Hoffnung, dass bald alles besser werden würde. Der Mann und seine Musik waren einfach genial.

Hip-Hop war ebenfalls ein großes Ding. Ich kaufte mir eine CD vom Wu-Tang-Clan, als wir für einen Schüleraustausch eine Woche nach Hastings an die Südküste Englands kamen und auch die Hauptstadt besuchten. Die Lehrerin sagte: »Schaut euch London an.« Aber was machen Jungs mit fünfzehn, sechzehn? Sie gehen nicht in Museen und zum Big Ben. Sie gehen Flippern. Wir waren fünf Stunden in einer Spielhölle am Piccadilly Circus und knallten mit Laserpistolen. Das Sightseeing-Programm habe ich dann zwanzig Jahre später ausführlich nachgeholt.

Bei mir an der Wand hing eine riesige Jamaikafahne mit Bob Marley neben einem Poster von Anna Kournikova und der Hannover-96-Pokalsieger-Elf von 1992. Das war mein Zimmer. Und Ordnung halten war nicht gerade meine größte Stärke. Mein Vater fluchte, wenn er zur Tür hereinkam und all die Sachen am Boden rumliegen sah: »Meine Fresse. Hier muss man ja aufpassen, dass man sich keinen Bänderriss holt!« Ich hätte ein »Haufensystem«, schimpfte er.

Bemerkenswert war, dass einige aus der Schule, die mich damals nicht mit dem Arsch anguckten, wie man so schön sagt, auf einmal ein ganz anderes Gesicht zeigten, als ich bei Hannover etwas höher spielte und vorankam. Plötzlich machten sie auf besten Freund: »Hast du mal eine Karte fürs Stadion?« Für mich war das eine krasse Erfahrung; wie schnell es nicht mehr darum geht, wer du bist, sondern was du bist. Auf einmal hatte ich einen ganz anderen Status, die Leute nahmen mich ganz anders wahr. Aber mir war klar, wo ich herkam, wer meine Freunde waren, mit wem ich wirklich etwas zu tun hatte und mit wem nicht. »Wo warst du, als ich damals die Arschkarte hatte? Damals hast du kein Wort mit mir geredet.«

Anfangs empfand ich es als sehr angenehm, dass mein Vater mein Trainer bei Hannover 96 war. Das erleichterte mir die Umstellung von Pattensen auf den »richtigen« Fußball sehr. Papa pushte mich, aber so, dass ich es nicht als pushen empfand. Ich war erst mal froh, dass ich dabei war und einigermaßen mithalten konnte.

Bei Hannover spürte man den Druck, gewinnen zu müssen. Papa erzählte, dass die Trainer der Jugendmannschaften montags zur Besprechung zusammensaßen und Ergebnisse verglichen. Für den, der mit seiner Truppe verloren hatte, war das nicht sehr angenehm. Es drehte sich damals vor allem um Titel. Man musste Kreis- und Bezirksmeister werden, was uns auch gelang; die individuelle Entwicklung der einzelnen Spieler stand nicht im Vordergrund. Von Vereinsseite hat kaum jemand danach gefragt. Dafür war das Interesse der Eltern in Hannover sehr viel ausgeprägter als in Pattensen. Viele spekulierten schon darauf, dass ihre Kinder Profis werden würden, und trugen diese Erwartungshaltung in die Mannschaft hinein. Wenn Spiele verloren wurden, sorgte das für Unruhe, weil die ehrgeizigeren unter den Eltern sich sofort Sorgen um die Zukunft ihrer Söhne machten.

Nach zwei Jahren D-Jugend wollte ich nicht mehr, dass Papa mich trainiert. Irgendwann rebelliert es in dir: Ich möchte nicht nur spielen, weil mein Trainer mit Nachnamen »Mertesacker« heißt. Ich wollte mich unter einem anderen Trainer bewähren; zeigen, dass ich es objektiv verdiente, dabei zu sein. Es war auch besser für mich, Fußball und Familienleben strenger voneinander zu trennen. Ich wollte mich ein bisschen davon befreien, unter ständiger Beobachtung zu stehen und die ganze Woche über der Kritik von Papa ausgesetzt zu sein. Die Zeit war reif, auf dem Platz andere Einflüsse zuzulassen. Es war damals sehr wichtig für mich, diesen Schritt in die fußballerische Selbstständigkeit zu machen.

Ich stieg in die C-Jugend auf, unter einem neuen Trainer, aber es reichte bei mir nur für den jüngeren Jahrgang, die C2. Heute würde man sagen: die U14. Ich war damals schon relativ groß, und die Übersetzung funktionierte nicht so richtig. Bis der Impuls aus dem Gehirn unten in den Füßen ankam, waren Ball und Gegner schon wieder weg. Ich war nicht der Schnellste. Dementsprechend musste ich mein Spiel anpassen. Sonst wurde es riskant. Für das eigene Tor und auch für die eigene Gesundheit.

Mirko Slomka, der damals Trainer der A-Jugend war, lud einige der C-Jugendspieler zu einem gemeinsamen Training mit den Älteren ein. Das war so eine Art interne Talentsichtung. Einer der A-Jugend-Spieler senste mich von der Seite um. Klares Foul. Ich denke: Das wird jetzt gleich gepfiffen. Aber Slomka rief: »Weiterspielen. Ist kein Foul.« Ich war den Tränen nahe. Du wirst von einem vier Jahre älteren Jungen mit voller Härte umgetreten, und der Trainer sagt »Alles okay so«. Als Dreizehn-, Vierzehnjähriger verstehst du dann die Welt nicht mehr. Diese Ungerechtigkeit tut mehr weh als der Tritt an sich. Erst ein paar Jahre später begriff ich, dass sich Slomka etwas dabei gedacht hatte. Er wollte sehen, wie junge Spieler in so einer Situation reagierten, er wollte sie ein bisschen herausfordern.

Das war das einzige Mal, dass es mich in den Nachwuchsmannschaften derart erwischte. Ich war früh gut darin, Zweikämpfe vorab richtig einzuschätzen und abzuwägen: Hast du eine Chance, den Ball sauber zu gewinnen oder kracht es gleich? Wenn mir ein Gegner zu nahe kam, hatte ich den Ball immer schon wieder abgespielt. Auch wegen meiner Position stand an oberster Stelle, klare Pässe zu spielen. Ich war, das wird kaum jemanden verwundern, auch als Jugendlicher nicht der Typ Dribbler. Es gibt junge Spieler, die versuchen, unbedingt die Aufmerksamkeit des Trainers zu wecken, indem sie die älteren Spieler reizen und sie tunneln. Dann wird es kritisch. Es gab Mitspieler, die aus Rache das eine oder andere ganz böse Ding mitbekamen.

Die größten Talente spielten alle schon in der ersten C-Jugend. In dem Alter kam ich das erste Mal in die Kreisauswahl, in die Bezirksauswahl, in die Niedersachsenauswahl. Niedersachsenauswahl, das war schon eine große Nummer. Ich fuhr in ein Trainingslager, verbrachte zwei, drei Tage in Barsinghausen. Dort wurde sehr rabiat aussortiert. »Ihr kommt weiter, ihr nicht.« Markus, der damals mit mir aus Pattensen zu 96 gekommen war, spielte dauerhaft in der Auswahl, bei ihm ging der Hype schon schwer los: Eltern und Großeltern fuhren zu den Spielen. In diese Spirale bin ich nicht gekommen, denn ich wurde nach zwei Lehrgängen nicht mehr berücksichtigt. Es gab keine Ansage, niemanden, der mich beiseitenahm und mir das behutsam erklärte. Es kam einfach keine Einladung mehr.

Mein Vater sagt, dass ich damals geheult habe, was sonst nie vorkam. Ich zeigte nach Niederlagen eigentlich keine Emotionen, aber diese Ausbootung traf mich hart; auch, weil es Markus geschafft hatte, sich dort und in der C1 festzuspielen. In der Kategorie »Schlüsseltalent, auf den müssen wir aufpassen«, war ich nie gewesen, aber jetzt war ich sogar nur noch ein Jugendspieler zweiter Klasse. Ich stand im zweiten Glied und fühlte mich auch so. Zum ersten Mal merkte ich: Okay, hier ist Schluss für dich. Weiter geht es nicht.

Ich sah die erste C-Jugend von Hannover bei einer Bezirks- oder Niedersachsen-Meisterschaft als Zuschauer und staunte über das allgemeine Leistungsniveau. Das war ein himmelweiter Unterschied zu dem, was ich auf den Platz brachte. Das war Wahnsinn. Emmanuel Krontiris spielte da mit, er war damals ein Ausnahmetalent. Er hatte einen linken Hammer, machte Tore. Krontiris ging danach zu TeBe Berlin und bestritt ein paar Spiele für Dortmund. Ich stand da und dachte: »Das ist Fußball. Die werden mal Profis.«

In der C2 war ich so lala. Ich fiel nicht auf, weder positiv noch negativ. Ein paar Monate später, in der C1, war dann tatsächlich Endstation. Viele Jungs waren körperlich einfach weiter als ich, hatten dickere Oberschenkel, einen breiteren Oberkörper, mehr Kraft, sie waren belastbarer. Die Trainer setzten auf sie, weil sie mit ihnen die Spiele gewannen. Ich sah diese Jungs in der Kabine und auf dem Platz und dachte: Du hast keine Chance. Ich fühlte mich in diesem Konstrukt nicht mehr wohl. Es macht keinen Spaß, wenn dir die eigenen Unzulänglichkeiten alle paar Tage ins Gesicht schreien.

Und dann fingen die Wachstumsprobleme an. Ich hatte so starke Schmerzen in den Knien, dass ich ein Dreivierteljahr so gut wie gar nicht mehr spielen konnte. Ich versuchte es immer wieder, aber es ging nicht.

Offiziell blieb ich Teil der Mannschaft, und ich durfte weiter die Spiele der Profis im Stadion anschauen. Man kannte mich im Verein, ich war der Sohn von Stefan Mertesacker, der im Jugendbereich von 96 viel bewegte. Ein kleiner Teil des Respekts, der ihm entgegengebracht wurde, fiel auch auf mich ab. Aber ich war nicht mehr im Training und bei den Spielen meines Teams. Es war so ein Zwischenstatus; schwer, den richtigen Zugang dazu zu finden. Ich verbrachte auf einmal viel mehr Zeit zu Hause und mit der Schule. Ein komisches Gefühl.

Mein Glück war, dass ich über die Kontakte von meinem Vater an Edward Kowalczuk vermittelt wurde, der damals Konditionstrainer der ersten Mannschaft war. Kowalczuk machte mit Florian Gramann, dem Sohn des Schatzmeisters, Sondereinheiten im Bundesleistungszentrum in der Nähe des Niedersachsenstadions, da Gramann wegen Knieproblemen ebenfalls nicht am geregelten Übungsbetrieb teilnehmen konnte. Bei diesem Krafttraining war ich dann öfters dabei. Außer diesen individuellen Übungen ohne Ball ging aber gar nichts. Das war der Hauptgrund, warum mein Vater damals mit dem Thema abschloss. »Na ja, Profifußballer kann nichts werden.« Er sprach das ganz offen aus.

Meine Mutter war sehr gelassen. »Du machst deine Schule zu Ende, dann sehen wir weiter.« Ihre Ruhe hat die Enttäuschung gut ausbalanciert. Ich sagte mir selbst: Okay, dann spielst du eben wieder, wenn du wieder spielen kannst. Fußball ist einfach dein Hobby, du kannst dich entspannen, weil es sowieso keine Zukunft als Profi gibt. Sieh nur zu, dass du irgendwann wieder kicken kannst. Auf welchem Niveau ist nicht so wichtig.

In der Schule war ich nicht tipptopp, kam aber gut über die Runden. Ich war immer im oberen Drittel dabei, obwohl ich fürwahr nicht der Fleißigste war. Sport: immer eine eins. Das war meinem Vater am wichtigsten. Fremdsprachen: nicht so gut. Deutsch: Okay. Meine Stärken waren eher Geschichte und Erdkunde, das waren so meine Fächer. Ich konnte mir Dinge gut merken. Mündlich war ich nicht so gut, eher ein Schweiger. Ich meldete mich nur, wenn ich wirklich etwas Fundiertes zu sagen hatte. Hätte ich viel lernen müssen, um durchzukommen, wäre es kritisch geworden. So aber konnte ich das alles managen. Die Versetzung war nie gefährdet, meine Eltern wurden nie zum Direktor zitiert. Sie ließen mich machen, sie waren beruhigt. »Er macht sein Abitur.«

Ich sprach zu Hause nicht viel über Klausuren und Noten. Die guten wurden vorgelegt, die weniger guten verschwiegen. Vieles habe ich schon damals mit mir selbst ausgemacht, sagt meine Mutter. Da es in der Schule im Großen und Ganzen reibungslos lief, fühlten sich die Fußballprobleme auch nicht wirklich dramatisch an. Die schulische Ausbildung ging bei uns im Haus sowieso vor.

Papa war zwischenzeitlich zum Jugendleiter von Hannover 96 aufgestiegen. Die Situation war kompliziert für ihn. Sein eigener Sohn packte es nicht, konnte überhaupt nicht mehr kicken. Aber Papa hatte eine unglaubliche Fähigkeit, Leute für Dinge zu begeistern und enge Beziehungen aufzubauen, er kannte zum Beispiel alle Kinder im Verein beim Vornamen. Das ist heute noch so. Er hatte sich eine Reputation erarbeitet. Man vertraute seinem Urteil, denn er hatte viel für den Verein geleistet und auch vielen Trainern die Türen geöffnet. Ich glaube, man hat mir damals einen Platz in der B-Jugend frei gehalten, um ihm einen Gefallen zu tun. Das war nicht viel mehr als eine nette Geste, denn jeder wusste: »Das wird nichts mehr mit dem Jungen. Es ist sinnlos. Aber dem Senior zuliebe lassen wir ihn noch ein bisschen mitmachen.« Papa hat extrem großen Anteil daran, dass ich ein letztes Mal die Zeit bekam, die ich brauchte.

Jugendtrainer, Jugendleiter, das war alles ehrenamtlich. Heute sind das hochbezahlte Vollzeitjobs in den Bundesliga-Nachwuchsleistungszentren, damals kamen die Leute neben ihrer Arbeit zum Trainingsgelände und bekamen, wenn überhaupt, eine kleine Aufwandspauschale. Das waren alles Idealisten. Man kann sich heute nicht mehr vorstellen, was sie alles für den Fußball getan haben. Als ich in die B-Jugend kam – in die B2 – wurde Waldemar Krause mein

Trainer. Waldemar war Hausmeister an meiner Schule und konnte mich ab und an mit dem Auto zum Training mitnehmen. Das erleichterte mein Leben ungemein und war wieder einer dieser unfassbar glücklichen Zufälle.

Ich bin damals als allerletzter Spieler in den B-Kader aufgerückt, wie gesagt: mehr aus Kulanz gegenüber meinem Vater als mit sportlicher Berechtigung. Waldemar fragte: »Was ist eigentlich deine Position?« Er setzte mich, wenn die Knie es zuließen, gelegentlich als Spielmacher auf der Zehn ein. Ich war einigermaßen neben der Spur. Mit dem Rücken zum gegnerischen Tor: Das war nichts für mich. Zu großer Wendekreis.

Manchmal fuhren mich meine Eltern zum Training, oder ich nahm den Bus von Pattensen zum Hannoveraner Hauptbahnhof – oder zum Steintor – und dann mit der Bahn zum Trainingsgelände. Ich nutzte die Zeit in Bus und Bahn, um Hausaufgaben zu machen oder für Klausuren zu lernen, hörte Musik, nicht selten schlief ich auch ein. Rückblickend war es ein mittleres Wunder, dass ich nie meine Station verpasste. Kurz vor Pattensen wachte ich immer wieder auf.

Es gab objektiv schönere Dinge, als spätabends in schmutziger Wäsche und mit roter Asche am Bein nach Hause zu kommen, aber es ging eben nicht anders. Rückblickend würde ich sagen, dass mir der Fußball trotz aller Entbehrungen ungemein half, auf dem richtigen Weg zu bleiben. Die Versuchung war schon da, mit Kumpels abzuhängen, vielleicht das Rauchen anzufangen oder Alkohol zu trinken, das geht sehr schnell mit vierzehn oder fünfzehn. Aber ich musste immer zum Fußball, immer zum Training. Gleich nach der Schule, dazu noch am Wochenende. Wenn die Spiele auswärts bei Holstein Kiel oder dem VfL Lübeck stattfanden, war ich eine ganze Weile unterwegs, immer hin und zurück am Spieltag. Ich konnte gar nicht an der Ecke stehen bleiben und auf dumme Gedanken kommen. »Kann nicht, muss zum Fußball.« Das war immer eine gute Ausrede.

Dennoch war es keineswegs leicht, für den Fußball auf große Teile des normalen Teenagerlebens verzichten zu müssen. Wenn Freunde am Wochenende Gartenpartys veranstalteten, ich selbst aber immer stundenlang unterwegs war, klopfte schon mal eine kleinere Sinnkrise ans Busfenster. Und eine dieser Partys hätte mich fast aus der Bahn geworfen.

Waldemar organisierte, dass wir mit 96 in der Saisonvorbereitung an Wochenenden bei uns in der Schule in Pattensen trainieren und auch übernachten konnten. Ich hatte mitbekommen, dass Klassenkameraden in einem der Schrebergärten gleich hinter der Schule eine Feier veranstalteten. »Jungs, passt mal auf. Wir büxen aus und gehen da hin! Da kann man was trinken, da sind Mädels.« Das war nicht die beste aller Ideen. Zwei Gruppen von Jungs, die sich nicht kannten, trafen aufeinander. Dazu der Alkohol. Es gab Stress. Irgendjemand fing einen Streit an, der dann komplett eskalierte. Eine Massenschlägerei: Pattensen gegen Hannover 96, B-Jugend. Und ich mittendrin, hilflos.

Die Jungs, die die Party veranstaltet hatten, gingen hinterher zu Waldemar Krause und beschwerten sich, dass sie von seinen Spielern angegriffen worden seien. Waldemar wusste natürlich gleich, auf wessen Mist das Ganze gewachsen war. »Du kannst sofort nach Hause gehen«, beschied er mir. »Das war's für dich.« Ich konnte die Nacht kaum schlafen. Ich war sicher, ich würde nie mehr für 96 spielen. Wie hatte ich nur so ein Idiot sein können?

Am nächsten Morgen erzählte ich Mama, was passiert war. Sie packte mich schnurstracks an den Haaren, und wir setzten uns aufs Fahrrad: »Wir fahren jetzt sofort dorthin, und du entschuldigst dich. Du stehst dafür gerade. Das ist deine Schuld.« Minuten später stand ich weinend vor Waldemar auf dem Schulparkplatz und bat um Vergebung. Krause überlegte kurz. »Okay, um 11 Uhr ist Training.« Er begnadigte mich. Diese Aktion war mir eine wichtige Lehre. Kleine Dummheiten können sehr große Konsequenzen haben.

Als Ersatzspieler mit großen körperlichen Defiziten konnte ich mir damals erst recht nichts herausnehmen. Ich wuchs weiter in die Höhe, hatte immer noch Probleme mit den Knien, insbesondere mit dem linken. Aber dafür war ich nun im Kopf klarer. Der Druck, irgendwo hinkommen zu müssen, war komplett weg, weil ich mir das selbst nicht mehr zutraute. Ich konnte das Kicken bei Hannover genießen, weil es damit bald wieder vorbei sein würde. »Free our mind«, singt Bob Marley in »Redemption Song«, einem Lied von der Erlösung. Und ich war tatsächlich frei, frei von allen Erwartungen und heimlichen Hoffnungen. Und auf einmal, wirklich von einem Tag auf den anderen, war ich auch von den Schmerzen erlöst. Mein Körper war nicht länger mein Feind. Ich konnte wieder laufen, sogar ziemlich schnell. Das kam aus heiterem Himmel. Mein Vater wollte es gar nicht glauben. Er sah mich spielen und dachte: »Das ist doch nicht mein Sohn! Was ist denn mit dem los?«

Urplötzlich war ich in der Lage, das Niveau in der Gruppe mitzuhalten, rein von der Geschwindigkeit, aber auch von der Art zu spielen. Da war ein ganz neues Selbstwertgefühl: Vielleicht gehörst du doch hierhin und hast ein Recht zu spielen? Vater egal, Familienherkunft egal. Du spielst, weil die Leistung stimmt, weil du deinen Job gut erledigst und die Position ausfüllst. Mein Part war im Grunde ja auch unkompliziert. Du gewinnst deine Duelle und spielst den einfachen Pass zum Nebenmann. Mein Rolle war genau definiert. Ich hatte das ganze Spiel vor mir, aber nie die Ambition, vorne reinzulaufen und den finalen Pass mit dem Außenrist zu spielen. Dieser Drang war nicht da. Ich habe den Job, den ich hatte, einfach so gut wie möglich umgesetzt. »Knochentrocken spielen«, das war die Ansage. Für Abwehrspieler gab es damals eine ganz klare Order. Du gewinnst die Bälle und gibst sie weiter. Nicht nur stupide rauskloppen, sondern sauber zum Mann. Mit Köpfchen. Das wurde vom Trainer extrem honoriert. Fehlerlos, simple Lösungen, keine Allüren. Im zweiten Jahr B-Jugend, in der Niedersachsenliga, war ich erstmals als Innenverteidiger gesetzt und merkte, dass die anderen mich nicht mehr überholten.

Eine große Hilfe war mir der Einzug der Viererkette in den deutschen Fußball. Waldemar war Pole und offen für neue Ideen, die von der deutschen Norm – zwei Manndecker und Libero – abwichen. Er war sehr innovativ. Um die Jahrhundertwende spielte noch so gut wie kein Bundesligist mit einer Viererkette und Raumdeckung in der Abwehr. Ich hatte bei Pattensen noch den klassisch altdeutschen Libero gegeben, aber von Waldemar konnte ich früh das Grundgerüst eines Systems lernen, das ein paar Jahre später auch bei uns zum Standard werden würde. Er brachte mir die Grundlagen bei. Wie muss ich stehen? Wann kippe ich ab, das heißt, wann gehe ich vom Gegner weg, um den Raum dahinter zu sichern? Wie muss ich meinen Partner unterstützen? Wann muss ich rausgehen? Ich hatte das dank Waldemar mit siebzehn Jahren schon ein bisschen im Blut. Er legte den Grundstein für meinen weiteren Weg.

Rolf Müller, der Koordinationsleiter von 96, sah sich ein Spiel der B2 an und stand an der Seitenlinie neben meinem

Vater. Er fragte ihn: »Was ist denn das für einer da? Wer ist der Lange, der da hinten drinsteht?« Sagt mein Vater: »Ja, das ist mein Sohn.« Ich wurde immer besser in der Luft, und das eine oder andere Kopfballtor schlich sich in mein Spiel ein. Zur Belohnung wurde ich dann in die höhere B-Jugend versetzt, Waldemar ging als Trainer mit. Wir spielten in der Regionalliga. Eine B-Jugend-Bundesliga gab es noch nicht.

In der Rückrunde gelang mir ein Kopfballtor gegen Osnabrück. Danach kamen drei Herren auf meinen Vater zu, angeführt von Harun Arslan, dem heutigen Berater von Jogi Löw. Sie sagten: »Das ist ein Guter. Ist da schon irgendwas im Gang mit einem Berater?« Heute hat jeder Siebzehnjährige ganz selbstverständlich einen Berater, aber damals war das noch nicht Usus. Als ich fünfzehn oder sechzehn war, hatte sich, ganz abgesehen davon, ja auch niemand für mich interessiert. Mein Vater war ziemlich perplex, blockte das damals aber gleich ab.

Mir gelang es, zur eigenen Überraschung, in die A-Jugend aufgenommen zu werden. Der Trainer hieß Jürgen Stoffregen, ein bekannter Name, er hatte ein paar Jahre zuvor die erste Mannschaft gecoacht. Ich unterschrieb meinen ersten Vertrag. Das Gehaltsvolumen war überschaubar. Hundertfünfzig Mark pro Monat im ersten Jahr, dreihundert Mark im zweiten. Dazu kam eine U21-Karte für die ÜSTRA, so hieß bei uns der Verbund von Bus und Bahn. Damit war man mobil. Und das war's. Es gab damals keinen Schuhdeal. Du warst stolz, diesen einen Trainingsanzug von Globetrotter zu haben, mit dem 96-Logo drauf. Trainer und Betreuer, die nur halbtags da waren oder nach ihrer Arbeit kamen, mussten sich etwas einfallen lassen, um für ihre Teams irgendwo zwanzig Prozent Nachlass bei einem Sportausrüster organisieren zu können.

Das war alles nicht viel, half aber unverhältnismäßig viel,

auf mehreren Ebenen. In Bus und Bahn hatte man die Zeit, Hausaufgaben zu machen, ein Buch zu lesen oder Schlaf nachzuholen. Man musste schauen, dass man selbst zurechtkam, mit den Fahrplänen, mit der Planung. Das hört sich sehr banal an, ist heute aber ganz anders, besonders in England.

In der Jugendakademie des Arsenal FC, die ich ab Sommer 2018 als Leiter übernehme, müssen alle Minderjährigen mit dem Taxi zum Training chauffiert werden. So lauten momentan die Bestimmungen. Ich kann auch keinen Spieler mit dem Auto irgendwohin mitnehmen, so wie mich früher Waldemar Krause mitgenommen hat. Ist nicht erlaubt.

Ich finde diese Art der Rundumbetreuung sehr problematisch, weil das nichts mehr mit der Realität zu tun hat. Da bist du als Nachwuchsspieler mit sechzehn, siebzehn in einer Blase, an die du dich so schnell gewöhnst, dass du gar nicht mehr weißt, wie »U-Bahn« geschrieben wird. Das läuft so nach dem Motto: »Wir geben uns nicht mehr mit dem gemeinen Volk ab. Wir werden nur noch für fünfzig Millionen verkauft. Wir werden nur noch gehypet.« Und so fühlen sich diese Jungs dann auch. Ob sie wollen oder nicht.

Dreihundert Mark im Monat. Das war damals das Signal. Ein nettes Taschengeld, aber mehr nicht. Das hieß, du musstest weiterarbeiten, dich weiterentwickeln, zur Schule gehen, etwas lernen, denn mit dem Fußball konnte es ganz schnell vorbei sein. Um mir etwas dazuzuverdienen, mähte ich einmal die Woche die Wiese von unseren Nachbarn. Sie war recht groß, drei Stunden dauerte das. Dafür bekam ich dreißig Mark und eine Apfelschorle. Später machte ich noch zwei Praktika, eines in der Bank, eines bei einer Versicherung.

In der Premier League unterschreiben Siebzehnjährige heute in der A-Jugend Verträge über hunderttausend Euro im Jahr. Ab diesem Moment dreht sich alles nur noch um Fußball. Alle Energie, alle Konzentration wird dafür aufgewandt, es als Fußballer zu schaffen. Das ist ein großer Fehler, denn die Chancen stehen viel zu schlecht, um »all-in« zu gehen: Achtzig Prozent der Akademieabsolventen stehen mit einundzwanzig ohne Profivertrag auf der Straße. Dreizehn-, Vierzehnjährige werden von ihren Eltern gedrängt, die Schule zu vernachlässigen, weil sie das große Geld wittern. Der Druck auf diese Kinder ist so groß, dass viele von ihnen mentale Probleme bekommen oder körperlich darunter zusammenbrechen.

Von den Talenten, die in meinem Jahrgang in die Niedersachsenauswahl berufen worden waren, konnte sich kein Einziger im Profibereich etablieren, aus den unterschiedlichsten Gründen. Die einen hatten Pech mit Verletzungen. Andere waren Frühentwickler mit deutlich mehr Muskelmasse als die Mitspieler gewesen, aber dieser körperliche Vorsprung hatte dazu geführt, dass ihr fußballerisches Potential überschätzt wurde. Mit siebzehn hatte ich alle diese Hochkaräter abgehängt, war an Spielern vorbeigezogen, die noch ein, zwei Jahre zuvor unerreichbar für mich gewesen waren. Nie hätte ich es für möglich gehalten, dass sich das Blatt so schnell wenden könnte.

Ich war griffig, schnell, körperlich auf der Höhe. Vorher waren die Stürmer zu kräftig und wendig gewesen, ich war nicht hinterhergekommen. Auf einmal konnte ich das Tempo mithalten. Während eines Spiels blitzte bei mir ernsthaft dieser Gedanke auf: Das kann doch nicht wahr sein. Es geht jetzt! Ich bin da! Ich war auf den ersten fünf Metern so handlungsschnell, dass der Angreifer nicht an mir vorbeikam. Wenn man kaum Zeit braucht, um zu reagieren, hat man automatisch ein bisschen mehr Zeit, die Situation richtig einzuschätzen. Diese Zehntelsekunden sind ganz entscheidend. Schritt für Schritt, mit jeder erfolgreich gelösten Situation, mit jeder solide geführten Partie, kam mehr Sicherheit in mein Spiel.

Für viele war es ein Rätsel, wie ein Junge mit meiner Körperlänge (ein Meter neunundneunzig) Fußball bei Hannover spielen konnte. »Bei dem sieht alles so langsam aus«, das hörte man immer wieder. Bei den Sprinttests, die Edward Kowalczuk mit uns im Bundesleistungszentrum machte, war ich aber immer unter den ersten drei, und am höchsten springen konnte ich auch. Das waren wohltuende Aha-Erlebnisse; es war gut, das Schwarz auf Weiß zu bekommen. Diese Ergebnisse überraschten viele. Kowalczuk stellte fest, dass meine weißen Muskelfasern – die schnell kontrahierenden Partien – ausgeprägter waren als die roten Muskelfasern, die für die Ausdauer wichtig sind. Bei langen Läufen war ich eher nicht gut. Das lief allem entgegen, was man als Zuschauer sah und dachte und bis heute noch von mir denkt.

Meine koordinativen Fähigkeiten waren gut ausgeprägt. In der Zeit, als ich wegen der Schmerzen im Knie nicht mit der Mannschaft trainieren konnte, hatte ich mit Kowalczuk viel in diesem Bereich gearbeitet. Viel Aerobic, rhythmische Übungen zu Musik. Immer wieder auf einen Bockkasten rauf, immer wieder runter. In der A-Jugend fiel mir auf, dass ich komplexe motorische Abläufe gut hinbekam. Nach dem Training mit Kowalczuk gab es manchmal auch die Möglichkeit, mit Physiotherapeuten zu arbeiten. Das alles war eine ganz neue Welt und auch auf andere Art und Weise faszinierend: All diese Leute kümmerten sich aus freien Stücken um uns Spieler, zusätzlich zu ihrem eigentlichen Arbeitsauftrag. Das zu sehen war auch für mich ein Ansporn. Training allein reicht nicht. Du musst mehr machen, den Extrameter gehen.

Im Ligabetrieb traf ich Jugendnationalspieler wieder, die zwei Jahre zuvor noch in einer ganz anderen Galaxie gekickt hatten. Einen Alexander Ludwig zum Beispiel, Stürmer bei Werder Bremen. Ich konnte gegen solche Leute jetzt bestehen. Ich war Leistungsträger, machte dreißig Spiele in der ersten Saison und eine Handvoll Tore. Genau eine Handvoll, fünf Tore, und alle mit dem Kopf.

Einer der Treffer ist mir im Gedächtnis geblieben: Wir spielten gegen St. Pauli und lagen 2:3 hinten. Alex Meier, der spätere Eintracht-Frankfurt-Stürmer, war auf Seiten des Gegners. Wir bekamen einen Eckstoß, und Andy Bergmann, der St.-Pauli-Coach, schreit: »Alex, du musst den decken. Geh auf den Mertesacker drauf.« Die Ecke kommt rein, wir gehen beide hoch, und ich wuchte das Ding ins lange Eck, direkt in den Giebel. 3:3. Das waren so Szenen, aus denen ich sehr viel Selbstvertrauen schöpfte.

Was das alles genau für meine Zukunft bedeutete, war mir nicht ganz klar. Ich hatte keine Zeit, darüber nachzudenken, die Schule lief ja parallel weiter. Abitur machen und danach Sport studieren, das war das Ziel. Mein Vater hätte wahrscheinlich gerne gesehen, dass ich seine Nachfolge in der Sparkasse angetreten hätte. Das hat letztendlich mein kleiner Bruder gemacht, er ist eher der Typ dafür. Konkrete berufliche Pläne hatte ich nie. Im Hinterkopf stand die Überlegung, vielleicht als Amateur bei Mannschaften wie Neustadt, Wunstorf, Arminia Hannover, Hildesheim, Havelse zu landen, in der Region Hannover, Landesliga, Oberliga. Viele ehemalige Mitspieler aus den Jugendmannschaften von 96 waren dort unterwegs und machten nebenbei eine Ausbildung in den Betrieben der Sponsoren oder Vereinsoberen. So ein Modell wäre auch für mich denkbar gewesen.

Nach alldem, was ich erlebt hatte, wollte ich von einem Profivertrag nicht mal träumen. Ich hatte genug damit zu tun, die tagtäglichen Herausforderungen zu bewältigen. Es war einfach nur schön, auf dieser Welle zu reiten. Ich wollte dranbleiben.

Nach der zehnten Klasse wechselte ich auf den Gymnasialzweig der Carl-Friedrich-Gauß-Schule in Hemmingen, acht Kilometer nördlich von Pattensen. Das war die Partnerschule von Hannover 96. Joachim Hofmann, der Co-Trainer der A-Jugend, war dort Sportlehrer und leitete das sogenannte Sporttutorium, einen Sonderunterricht für Schwimmer, Ruderer, Tennisspieler, Ringer und Fußballer. Diese Konstellation war abermals sehr günstig für mich. Es gab dort ein Frühtraining für junge Fußballer, die fehlenden Unterrichtsstunden konnte man nachmittags nachholen. In der Oberstufe griff dieses System zwar nicht, aber ich trainierte mit der Erlaubnis der Schule trotzdem gelegentlich mit und holte den verpassten Stoff dann selbstständig nach.

Wir trainierten damals drei-, viermal die Woche, viel weniger, als heute im Jugendbereich trainiert wird. Das eigentliche, viel wichtigere Training aber war das, was drumherum von einem verlangt wurde: Organisation und Selbstdisziplin. Ich musste mir schon einen Tag vorher Gedanken machen: Was brauche ich, wo muss ich hin, was mache ich morgen? Das nahm mir niemand ab. An manchen Tagen standen Frühtraining, Schule, und danach noch das normale Training bei 96 auf der Agenda, dazwischen waren noch Hausaufgaben zu erledigen, oder ich musste für Klausuren lernen. Ich saß dann mit drei Taschen im Bus. Man lernte so, mit Dingen umzugehen, kleinere Probleme alleine zu meistern. Später stellte ich fest, wie sehr es mir half, dass ich früh diese alltäglichen kleinen Prüfungen bestanden hatte. Ich kam so besser damit klar, als auf dem Platz der Stress richtig anfing.

Für mich war es wichtig, die Balance zu halten. Auf der einen Seite standen die Anforderungen des Leistungssports und die damit verbundenen Grenzen, die ja doch recht eng gezogen sind. Wenn die Freunde kifften, hing ich am Fenster und japste nach frischer Luft. Ich wollte damit nichts zu tun haben. Meine Augen brannten, das konnte schon mal nicht gut sein, auch nicht für meine Lunge. »Mach das Fenster auf!«, rief ich dann. Ab und an wurde ich für diese konsequente Verweigerungshaltung als Langweiler ausgelacht. Die Freunde saßen auf dem Sofa, rauchten irgendein Zeug und beschwerten sich, dass es so kalt war. Es wäre leichter gewesen, in so einem Moment einfach mitzuziehen. Ich musste mich entscheiden: Was ist wichtiger? Mir war damals sehr bewusst, dass ich eine Wahl traf.

Es gab damals auch in Pattensen eine kleine rechte Bewegung. Einige Jungs trafen sich, um Böhse Onkelz zu hören und ein paar Ideen in diese Richtung zu haben. Im Verbund mit Alkohol, selbstredend. Ich schaute mir das einmal an, fühlte mich aber nicht dazu hingezogen. Das ging nicht. »Sorry, ich muss zum Training.« Der Fußball bewahrte mich davor, in falsche Richtungen abzudriften.

Lieber ging ich mit meinem Mitgliedsausweis ins alte Niedersachsenstadion, sah Hannover 96 in der Regionalliga spielen und hörte den Gesängen der Fans und den Trommlern in der Kurve zu. Das war das große Gemeinschaftserlebnis, das mir etwas bedeutete. Mehr als andere Dinge, die mich vielleicht in dem Alter hätten bewegen können.

Andererseits wollte ich aber natürlich auch vor Ort dazugehören, nicht das Gefühl verlieren, ein ganz gewöhnlicher Junge aus Pattensen zu sein, der auch mal dabei ist, wenn Schabernack getrieben wird – und legale Drogen getestet werden. Die Begegnungen mit Alkohol liefen nach dem Prinzip: Mutprobe. Die Kombinationen damals hießen

Cola-Weizen, Bananen-Weizen. Man wollte cool sein und zeigen: Ich kann viel ab, ich bin hart. Alkoholvergiftungen und Krankenhausaufenthalte waren damals nicht selten, aber bei mir blieb gottlob alles im Rahmen. Wenn es sich ergab, versuchte man sich an einem Einmeterbrett mit einem Dutzend Shots »Lüttje Lage« – Schankbier gemischt mit Kornbrand, eine Spezialität im hannoverschen Raum. Aber das auch nur, wenn kein Spiel in unmittelbarer Nähe stattfand.

In der Schule respektierten viele, dass ich gewisse Dinge anders regeln musste, einige belächelten mich auch dafür. Für sie war ich vielleicht ein Spießer. Als Jugendspieler bei Hannover 96 war ich bestimmt auch für Mädchen interessanter, aber so richtig nahm ich das damals nicht wahr. Ich hatte eine Freundin, damit war das Thema besetzt. Der Playertyp, der von einer zur nächsten springt … Das war ich ganz und gar nicht. Mit Küssen und Sex und diesen Dingen war ich eher später als früher dran. Ich ließ mir Zeit; ich war gar nicht so cool, wie vielleicht einige dachten. Falls mich wirklich irgendwelche Mädels anhimmelten, bekam ich das jedenfalls nicht mit.

Ich wollte nicht als jemand Besonderes behandelt werden – nur, weil ich ein bisschen kicken konnte. Ich fühlte mich auch nicht so. Meine Freunde wussten, dass ich normal war, und sorgten auch dafür, dass ich normal blieb. Meine Eltern hatten mir eingebläut, mir selbst treu zu bleiben, respektvoll mit Menschen umzugehen, sie so zu behandeln, wie ich gerne von ihnen behandelt werden wollte. Das sollte eigentlich die banalste Sache der Welt sein, überraschte aber immer wieder Leute, die mich nicht gut kannten. Auf einer Schulfahrt in der elften Klasse gab es zum Beispiel einen solchen Moment.

Der ganze Jahrgang, vier Klassen, war in Polen. Die Reise ging unter anderem in die KZ-Gedenkstätte Auschwitz. Das war eine unfassbare Erfahrung: Man spürte, welch entsetzliche Dinge dort passiert waren, und war von der Stille regelrecht betäubt. Niemand fand Worte, kalter Schweiß lief mir den Rücken herunter. Der ganze Jahrgang heulte. Einer der Jungs aus der Parallelklasse konnte nicht mehr. Er sah die Fotos von ermordeten Kindern an der Wand, neben den Tausenden von Schuhen und Koffern, und brach zusammen. Ich sagte: »Komm« und nahm ihn in den Arm. Auf der Fahrt zurück kam er zu mir, bedankte sich und sagte, dass er von mir nicht gedacht hätte, dass ich so ein Typ wäre. »Du spielst doch bei 96 und wirst bald Profi. Wie kannst du mich da in den Arm nehmen? Du kennst mich doch gar nicht.« Es war für mich eine interessante Einsicht, wie Menschen auf Berühmtheiten – oder auf vermeintliche Berühmtheiten, denn ich war ja nur ein Jugendspieler – reagieren. Sie stellen dich aus der Entfernung auf einen imaginären Sockel und sind dann im zweiten Schritt sicher, dass du von dort oben auf sie herunterblickst. Nach einer Weile hatten aber, glaube ich, selbst die Jungs von der Schule in Hemmingen, die mich überhaupt nicht kannten, verstanden, dass ich niemand war, der sich viel auf Dinge einbildete.

Auch in meinem zweiten Jahr in der A-Jugend blieb ich Stammspieler. Die Mannschaft war gut; wir hatten eine Chance, die U19-Meisterschaft zu gewinnen. Ralf Rangnick und Mirko Slomka, die Trainer von Hannovers Bundesligamannschaft, beobachteten häufig unsere Spiele.

Nachdem ich fünf Jahre nichts mehr vom Niedersächsischen Fußballverband (NFV) gehört hatte, wurde ich in die U20-Auswahl berufen. Das war der Dreiundachtzigerjahrgang, die Jungs waren ein Jahr älter als ich. Die brauchten damals einen Innenverteidiger. Wie ich später hörte, hatte

Stoffregen seinen Kollegen beim NFV angerufen und mich empfohlen. »Pass mal auf, du hast so viele Pflaumen drinnen. Nehm doch den mal mit.« So in etwa muss der Wortlaut gewesen sein.

Das war das erste Mal, dass ich mich im Kreis von älteren Spielern bewegen musste, aber ich kam gut klar. Wir spielten einen U20-Länderpokal in Duisburg aus und kamen bis ins Finale. Der Vater von Matthias Sammer war als Scout im Dienst des DFB anwesend, bei diesen Ländervergleichen wurden angehende Nationalspieler gesichtet. Aber eine Einladung zu einem Lehrgang sprang dabei nicht für mich heraus.

Mit Hannover wurden wir Vizemeister der Regionalliga Nord und qualifizierten uns damit im Sommer 2003 für das Viertelfinale der deutschen U-19-Meisterschaft. Der Gegner hieß TSV 1860 München. Das Hinspiel bei den Sechzigern ging 0:1 verloren. Im Rückspiel war es brütend heißt, und ich erwischte vor den Augen von Rangnick und Slomka einen ganz schlechten Tag. Wir führten lange 2:0, kassierten aber zwei Minuten vor Schluss nach einem Fehler von mir den Ausgleich. Verlängerung, Elfmeterschießen. Als Kapitän übernahm ich Verantwortung und verschoss natürlich meinen Elfer. Wir schieden aus.

Mein Vater war sauer, und ich war sauer auf ihn, weil er mich nicht tröstete. Aber er war an dem Tag schlichtweg nicht in der Lage dazu. Er ärgerte sich zu sehr. Als Jugendleiter von 96 war er verantwortlich, und damit war es auch seine Niederlage, noch dazu mitverschuldet vom eigenen Sohn. Eine sehr schwierige Konstellation. Trotz der schlechten Leistung gegen 1860 nahm mich Rangnick einen Monat später ins Trainingslager der Profis nach Österreich mit. Ich war auf dem Sprung.

Menschen schreiben ihre Probleme gerne äußeren Umständen oder dem schädlichen Einfluss von anderen zu. Umgekehrt sind viele felsenfest überzeugt, dass ihr Erfolg zum größten Teil auf ihrem eigenen Können und Arbeitsaufwand fußt. Sie vergessen viel zu schnell, welch entscheidende Rolle das soziale Umfeld, die Erziehung und andere Privilegien spielen, von denen Millionen von Menschen nicht einmal zu träumen wagen. Nicht jeder wächst in einem wohlbehüteten Elternhaus in einem Wohlstandsland wie Deutschland auf, mit einem Vater, der jede freie Minute in den Fußball investiert, und einer Mutter, die alle Anstrengungen mitträgt und unterstützt. Nicht jeder kann dreizehn Jahre auf die Schule gehen und nebenbei versuchen, sein Hobby zum Beruf zu machen. Nicht jeder wird Fußballer, Firmenleiter (wie mein Bruder Timo) oder Handwerker (mein Bruder Denis). Nicht jeder wächst umgeben von Bolzplätzen und Schwimmbädern auf.

Unser Städtchen ist in den letzten Jahren stark gewachsen, dank seiner guten Lage. Es wurden fünf neue Wohngebiete gebaut. In der Ernst-Reuter-Schule kann man mittlerweile Abitur machen und ist als Gymnasiast in der Mittelstufe – hoffentlich – kein Außenseiter mehr.

Da meine Eltern und Denis immer noch dort wohnen, ist Pattensen weiterhin meine zentrale Anlaufstelle in Deutschland, meine Heimat. Ich weiß genau, wo ich herkomme – und wie viel ich den Menschen dort verdanke. Deswegen ist es mir auch ein sehr starkes Bedürfnis, mich im Rahmen meiner Möglichkeiten vor Ort zu engagieren. Die Per-Mertesacker-Stiftung unterstützt – unter Leitung meines Bruders Timo – den TSV Pattensen, schulische Einrichtungen und die Integration von Kindern in der Region Hannover. Es macht unheimlich viel Spaß, mit Leuten, die sich mit einer Riesenportion Enthusiasmus für die Belange anderer einsetzen, konkret Dinge vor Ort zu bewegen. Eine neue Tribüne mitzufinanzieren, Fußballschuhe für Flüchtlingskinder zu besorgen oder sozial schwächer gestellte Kinder an den Sport heranzuführen: Als Identifikationsfigur der Stadt und der Region gehört das für mich dazu. Es ist schön, dass die Leute wissen: Ja, der Per Mertesacker kommt aus Pattensen. Und er hat das nicht vergessen.

2
Bundesliga

Hannover 96

Mein erstes Trainingslager mit der Profimannschaft, Juli 2003, in Österreich. Ich war achtzehn Jahre alt, kurz davor, in die dreizehnte Klasse zu gehen, und wusste nicht, wo mir der Kopf stand. 96-Trainer Ralf Rangnick hatte mich zusammen mit Björn Lindemann, einem Mannschaftskameraden von den Amateuren, zur Saisonvorbereitung eingeladen. Björn war derselbe Jahrgang wie ich, 1984, hatte aber schon zwei, drei Jahre vor mir in der A-Jugend gespielt; auch einer dieser Spieler, die vor noch nicht allzu langer Zeit auf einem Niveau gekickt hatten, das für mich damals vollkommen utopisch gewesen war. Er war ein Megatalent, ein Spielmacher mit Torinstinkt und einem gnadenlos guten linken Fuß.

Im Training ging alles viel zu schnell für mich. Mir wurde in einigen Situationen schwarz vor Augen, so überfordert fühlte ich mich. Man wurde von den älteren Spielern aus nächster Nähe in einer unglaublichen Lautstärke angeschrien, wenn einem in einer Ballbesitzübung ein Fehler unterlief. »Was soll die Scheiße?« oder auch »Fucking hell!«, schallte es einem entgegen: Ralf Rangnick, der Englisch im Lehramt studiert hatte, hatte einige Fachausdrücke von der Insel in den hannoveranischen Spielbetrieb eingeführt. Das Spiel mit den bundesligaerprobten Kollegen rauschte wie eine zehn Meter hohe Welle über mich hinweg und schleuderte mich aus der Bahn. Ich war überzeugt: Das wird nichts.

Der Tscheche Jan Šimák war der technisch beschlagenste Spieler in unserem Kader, für mich war er nicht zu verteidigen. Sein Tempo und seine Präzision am Ball machten mich regelrecht kirre. Man sah seine Übersteiger, Drehungen und angetäuschten Schüsse zwar genau kommen, konnte aber nicht darauf reagieren. Mit seinem Trickreichtum zog er einem den Boden unter den Füßen weg; man stocherte ohnmächtig im Nichts, während er schon wieder drei Meter weiter entschwebt war. Tragischerweise überforderte sein kolossales Talent auch ihn selbst. Er kam mit den Erfordernissen des Profifußballs nicht zurecht und lief einfach weg. Wochenlang war er nicht auffindbar, verloren in depressiven Phasen. Nach nur sechs Partien in der Saison 2003/04 kam er nicht wieder und heuerte im Sommer darauf bei Sparta Prag an.

Rangnick hatte in der Branche den damals wenig schmeichelhaften Spitznamen »Fußballprofessor« weg, weil er ein paar Jahre zuvor im ZDF-Sportstudio für den Geschmack einiger Traditionalisten zu verkopft über die Vorzüge der Viererkette referiert hatte. Aber er war ein ganz hervorragender Lehrmeister, der gerade mit jungen Spielern viel redete. Viele Trainer sind für Nachwuchsprofis kaum zu greifen, meilenweit weg, und kultivieren diese Unnahbarkeit. Rangnick aber wollte sein unglaubliches Fachwissen weitergeben. Vieles von dem, was er spielen ließ – die Viererkette mit Raumdeckung und Angriffspressing, koordinierte Abläufe in der Offensive –, war zu jener Zeit in Deutschland in dieser Ausgeklügeltheit noch ein Novum. Er interessierte sich für mich, er ließ mich mit meinen Eingewöhnungsschwierigkeiten nicht alleine, sondern korrigierte immer wieder geduldig meine Fehler. Ihm imponierte, dass ich wissbegierig war und weiterkommen wollte, und dass ich nach und nach den Mut fand, mein Spiel durchzuziehen. Auch sein Assistent Mirko Slomka, den ich aus der Zeit in der Jugend gut kannte, unterstützte mich, wo er konnte.

Rangnick gab mir eine große Chance; wie groß, ist mir erst hinterher bewusst geworden. »Entweder du bringst es jetzt, oder du hast verloren« – so dachte ich zu diesem Zeitpunkt, Gott sei Dank, gar nicht. Ich wollte einfach nur ein bisschen mitspielen und hatte überhaupt keine Ahnung, dass in diesen Wochen schon wichtige Weichen für meine Zukunft gestellt werden würden. Ein böser Schnitzer im Trainingsspiel oder bei einem der Tests, und ich wäre vielleicht wieder bei den Amateuren gelandet. Wer weiß, wo das dann alles hingeführt hätte.

Im Alpen-Cup, einem Vorbereitungsturnier, kam ich unverhofft zu meinem Debüt für die Lizenzmannschaft. Vinicius Bergantin und Kostas Konstantinidis, die Stammspieler in der 96er-Abwehr, waren für das Match gegen den FC Basel beide verletzt ausgefallen. In der fünfundfünfzigsten Minute zog sich dann Innenverteidiger Dariusz Żuraw bei einer Grätsche eine Zerrung zu. Rangnick rief mich von der Bank zu sich. »Spiel so, wie du in der A-Jugend spielst«, gab er mir mit auf den Weg. Wir verloren zwar im Elfmeterschießen, aber ich spielte die Partie solide zu Ende. Mein Vater und meine Brüder sahen das Spiel live im DSF im Café »Anno« in Pattensen. Es war der siebte Juli. Der Geburtstag von Denis.

Gegen Dynamo Zagreb, im Spiel um Platz drei, stand ich zwei Tage später ein weiteres Mal auf dem Rasen. Bei den Kroaten spielte Ivica Olić, der spätere HSV- und Bayern-Stürmer, und es lief abermals anständig. Hinterher standen zum ersten Mal Reporter um mich herum und wollten wissen, wie ich mich gefühlt hatte, welche Chancen ich mir ausrechnete, und so weiter und so weiter und so fort. Ich war auf diesen medialen Ansturm überhaupt nicht vorbereitet. Mich hatte noch nie ein Reporter nach meiner Meinung gefragt, und von Vereinsseite hatte mich niemand zur Seite genommen und erklärt, wie dieses Frage-Antwort-Spielchen funktionierte. Jetzt bloß nichts Falsches sagen und irgendwelche Schlagzeilen produzieren, schoss es mir durch den Kopf. Schön alles unspektakulär und bescheiden gestalten. Ich stand also in der Runde, quatschte unbedarft mit den Journalisten und wusste nicht, was das alles genau bedeutete. Dann kam Gerhard Tremmel, unser zweiter Torwart, um die Ecke und meinte: »Jetzt lasst doch den Jungen in Ruhe. Er hat gerade sein erstes Spiel gemacht …«

Es war eine Welt ohne Social Media. Fußball hatte auch noch nicht den Stellenwert eines alles beherrschenden Themas. Ich verfolgte die Kritiken in den Zeitungen, das schon, war aber sonst unter der Woche völlig von der Bildfläche verschwunden und für niemanden greifbar. Diese Anonymität half mir, mich auf die wesentlichen Dinge zu konzentrieren, nicht den Überblick zu verlieren.

Aufgrund der passablen Leistungen im Trainingslager bot mir Hannover im Anschluss einen Vertrag als »Quotenprofi« an. Das Reglement der Bundesliga sah damals vor, dass jeder Verein mindestens zwölf deutsche Profis beschäftigen musste; eine protektionistische Maßnahme, weil zu dem Zeitpunkt sechzig Prozent der Spieler in der ersten Liga nicht aus Deutschland kamen. In der Praxis umgingen einige Klubs diese unbequeme Regel, indem sie Spieler der Amateurmannschaft offiziell als Profis führten – genauso war es auch in meinem Fall. Ich hatte damals noch keinen Berater. Mein Vater kam mit zu der Verhandlung mit Teammanager Carsten Linke, ich saß am Tisch und nickte nur brav. Zweitausend Euro im Monat war der gängige Tarif für Quotenprofis, aber mein Vater meinte: »Tausendsechshundert reichen. Dafür muss aber gewährleistet sein, dass er wirklich mit den Profis mittrainieren darf. Das ist mehr wert.« Ich sagte gar nichts zu dem Thema. Meine Meinung war: Tausend Euro netto war viel, ein sehr schönes Taschengeld für jemanden, der noch zu Hause wohnte und ein paar Monate vor dem Abitur stand.

Im Nachhinein war dieser völlig unspektakuläre, finanziell wenig aufregende Einstieg eine gute Erfahrung für mich; besser, als wenn wir zu Hannover gegangen wären und es so gemacht hätten, wie es heute läuft: erst mal die Hand aufhalten. »Was könnt ihr denn meinem Sohn bieten?«, so was. Nein. Für meinen Vater war ganz klar, dass primär nicht das Geld zählte, sondern die Möglichkeit, voranzukommen. Damit hat er auch mir deutlich signalisiert, was wirklich entscheidend war. Als junger Kerl habe ich von meinen Eltern in dieser Beziehung sehr viel mitbekommen, vor allem die Ansage, dass Geld und Wertigkeit zwei völlig verschiedene Dinge sind. Das Gehalt hat dann Hannover nach drei Monaten von sich aus auf zweitausend Euro angehoben, weil sie der Meinung waren, dass ich mich in den Übungseinheiten mit der ersten Elf ganz gut machte.

Als Quotenprofi bekam man eine feste Trikotnummer im Profikader, für gewöhnlich eine Nummer in den Dreißigern. Zeugwart Mille Gorgas schaute zufällig auf meinen Geburtstag und sah, dass ich am 29.9. auf die Welt gekommen war. Er teilte mir die Neunundzwanzig zu. Auch dieses kleine Privileg hatte ich meinem Vater zu verdanken. Durch ihn kannte ich Mille und Teambetreuer Thomas Westphal gut und wurde sehr viel wärmer aufgenommen, als es Jugendspieler in der Regel erlebten. Mille führte Denis Wolf – einen meiner besten Kumpels von den Amateuren, der jetzt auch bei den Profis trainierte – und mich nach dem

Training gerne beim Chinesen »Mr Phung« in der Bahnhofshalle zum Essen aus: gebratener Reis mit Hähnchen.

Ich fühlte mich als Teil der Hannovergemeinde. In der Kabine war das Klima aber eher frostig als familiär. Den älteren Spielern war es herzlich egal, dass ein Spieler aus der eigenen Jugend in die Mannschaft kam. Im Gegenteil: Sie sahen dich vom ersten Moment an als Konkurrenten, als jemanden, der ihnen den Platz in der Mannschaft streitig machen wollte. Sie zeigten dir die kalte Schulter, teilweise ging es schon in Richtung Mobbing. Kostas Konstantinidis saß mir gegenüber und raunzte mich an: »Was willst du? Was guckst du mich an? Willst du was von mir?« So nach dem Motto: »Du hast zweimal Alpen-Cup gespielt, aber jetzt sind wir wieder in Hannover, beim Training der Profis. Jetzt bin ich wieder fit. Jetzt mach dich mal vom Acker.« Ich komme heute mit Kostas blendend aus, er spielte 2017 bei meinem Benefizspiel mit. Wir erinnern uns gerne zurück an die Zeit. Er hat das damals alles nicht so ernst gemeint, sondern mich eher auf die Schippe genommen. Er war ein sehr spaßiger Typ. Aber das wusste ich zu dem Zeitpunkt natürlich alles nicht. Für mich war es damals der reinste Psychoterror. Du sitzt als junger, hühnerbrüstiger Spieler da zwischen diesen abgekochten Dreißigjährigen auf engstem Raum in einer stickigen Kabine und denkst: »Bitte lasst mich in Ruhe, ich will doch niemandem etwas Böses.« Ich suchte Schutz und Sicherheit bei den zwei, drei anderen Jugendlichen, die oben mit trainierten. Wir waren alle im selben Boot. Denis war häufig mit dabei, das war wahnsinnig wichtig für mich. Wenigstens ein freundliches Gesicht in der Kabine; einer, der dich nicht wegbeißen wollte.

Mit der heutigen Zeit ist das nicht mehr zu vergleichen. Neuankömmlinge werden mittlerweile vom Kapitän brav willkommen geheißen und gleich so gut wie möglich integriert. Man will eine Gemeinschaft sein, eine Einheit. So schön das ist, bin ich doch froh, dass ich es noch anders erlebt habe. Ich wollte damals keiner Fliege etwas zuleide tun. Es tat mir letztlich gut, früh zu begreifen, dass das Fußballgeschäft hart ist, dass ich mich auf dem Rasen beweisen musste und in der Kabine von denen, deren Platz ich einnehmen wollte, bearbeitet wurde. Man wurde im Training schon mal absichtlich umgegrätscht, das gehörte dazu. Oder jemand schmierte dir Finalgon-Wärmecreme in die Unterhose. Das brannte einem, man möge die saloppe Formulierung entschuldigen, die Eier weg. Zähne zusammenbeißen. Nichts anmerken lassen. Es war völlig klar: Cool bleiben und Härte zeigen war der einzige Weg, zukünftigen Schikanen zu entgehen.

Im Training musste man rein fußballerisch ebenfalls Courage zeigen, auch mal einen schwierigen Ball volley nehmen und durchziehen. Ich erinnere mich an einen Querschläger, den ich mit einem formvollendeten Dropkick in den Winkel hämmerte. Die Handvoll Fans, die beim Training zusahen, jubelte. Mit solchen gelungenen Aktionen verschaffte man sich den Respekt der Mitspieler. Aber allein gut zu trainieren reichte nicht, um von den Etablierten für voll genommen zu werden. Sie beobachteten auch genau, wie du dich fernab des Rasens verhalten hast. Es ging nicht nur darum, was man als Spieler konnte, man musste auch den Hierarchien Tribut zollen und sich voll einbringen. Man wollte zeigen, dass man jemand war, der das alles verstand und auf den sich die Truppe verlassen konnte. Zum Beispiel, indem man alle möglichen Dinge ohne Murren durch die Gegend schleppte. Tore, Hütchen, Leibchen, all die Dinge, die der Zeugwart brauchte: Das mussten alles die jungen Spieler tragen. Dazu Bälle aufpumpen. Alles musste akkurat sein.

Bei Auswärtsspielen trugen wir mit dem Busfahrer und

Mille zu dritt oder viert fünfzehn bis zwanzig schwere Eisenkisten vom Bus in den Kabinentrakt und wieder zurück. Ganz mies auch spätnachts, nach der Ankunft in Hannover: Kisten schleppen vom Bus in die Schuhkammer. Die Profis hatten sich dann alle schon elegant aus dem Staub gemacht.

Da zu jener Zeit das Stadion für die WM in Deutschland umgebaut wurde, waren die Wege in Hannover weit. Die provisorischen Kabinen waren in der Stadionsporthalle angesiedelt. Von dort zur Wäschekammer und wieder zurück, das dauerte ewig mit den Kisten. Mille sagte an, wo er was haben wollte. Ich war heilfroh, wenn zwei, drei junge Spieler mit dabei waren, die gut schleppen konnten. Das war, für sich genommen, bestimmt nicht die sinnvollste Beschäftigung für Fußballazubis, erfüllte aber doch einen wichtigen Zweck. Man lernte als junger Spieler, mit offenen Augen durch die Gegend zu laufen, *alert* zu sein, immer zu schauen: Was gibt es zu tun? Was ist meine Aufgabe? Für mich war das keine große Umstellung. Ich war so erzogen worden.

In England gab es eine jahrzehntealte Tradition: Nachwuchsspieler mussten die Schuhe der Profis putzen. Das ist heute nicht mehr erlaubt. Nachwuchsprofis dürfen auch keine Tore mehr tragen, höchstens noch ihre Designerwaschtasche. Es verstößt gegen die Sicherheitsbestimmungen. Alles wird für sie geregelt und gemacht. Selbst mit anfassen, Verantwortung übernehmen? Alles abgeschafft. Ich vermute, dass diese Art der Rundumbetreuung der Persönlichkeitsbildung nicht förderlich ist.

Ich spielte in der Hinrunde noch einige Partien für die Amateure, war aber in vielen Trainingseinheiten der ersten Mannschaft und auch bei deren Spielen als Reservist häufig vertreten. Hannover hatte drei Innenverteidiger im Kader, den vierten Platz bekleidete ich, zumindest inoffiziell.

In der Schule wurde es währenddessen ein bisschen problematisch. Es gab Lehrer, dic mich unterstützten und die eine oder andere Stunde schwänzen ließen, wenn sie mit einer Trainingseinheit kollidierte. Im Leistungskurs Sport durfte ich fehlen, die fünfzehn Punkte hatte ich sowieso sicher. Anderen Lehrern waren meine ersten Gehversuche bei den 96-Profis allerdings völlig egal, sie sagten dann: »Okay, dann bekommst du eben null Punkte, wenn du nicht in der Klasse sitzt.« Joachim Hofmann, der A-Jugend-Trainer, hatte als Sporttutor an der Schule regen Kontakt zu den Lehrern und versuchte mir im Hintergrund zu helfen, wo es nur ging. Das Verständnis für meine ungewöhnliche Situation war nicht bei allen Pädagogen gleichermaßen ausgeprägt.

Ich hatte mich lange gegen ein Handy gesträubt. Handys waren etwas für Wichtigtuer, außerdem war es immer sehr schön, ein, zwei Stunden am Tag im Bus zu sitzen und für niemanden erreichbar zu sein. Ich lieh mir von Klassenkameraden ein Telefon aus und rief zu Hause an, um nachzufragen, ob ich womöglich kurzfristig zum Training musste. Doch als Profi verlangte der Klub von mir, dass ich jederzeit erreichbar war. Trainingszeiten wurden spontan angesetzt oder geändert, manchmal kam ich noch auf den letzten Drücker in den Spielkader, weil einer der Stammspieler ausfiel. Ich musste wohl oder übel auf den Handy-Zug aufspringen.

Für Ralf Rangnick war es von höchster Bedeutung, dass es in der Schule gut lief und ich das Abitur machte. Er sprach beim Schuldirektor vor, bat ihn höflichst, Training und Unterricht doch so gut wie möglich zu koordinieren, damit ich beides ohne größere Verluste vereinen konnte. Diese Unterstützung werde ich ihm nie vergessen. Sie war für mich auch ein positives Signal, ein Wink mit dem Zaunpfahl: Er sah eine echte Chance für mich. Ich wollte sie mit aller Macht ergreifen.

In der ersten Runde des DFB-Pokals stellte mich Rangnick erstmals auf. Gegen den Verbandsligisten VfL Kirchheim / Teck hatten wir keine Probleme, hinten zu null zu spielen, wir gewannen 3:0. Ab dem dritten Spieltag der Bundesliga stand ich konstant im Spielkader, kam aber nicht zum Einsatz. Daran war möglicherweise nicht nur meine Unerfahrenheit auf dem Rasen schuld. Ich hatte mir einen ziemlich dummen Fehltritt geleistet. Nach einem Bundesligaspiel war ich mit Mille und Thommy Westphal, dem Teambetreuer, im Kabinentrakt geblieben, und Mille hatte mich eingeladen, noch eine Kleinigkeit zu essen. Wir verstanden uns sehr gut. Zusammen verdrückten wir ein paar Döner. Weit und breit war niemand zu sehen, aber auf einmal kam jemand aus dem Trainerstab zur Tür herein und bemerkte die unlautere Tischgesellschaft. Am nächsten Tag gab es eine Besprechung. Rangnick mahnte vor der versammelten Mannschaft mehr Disziplin an und bestellte mich hinterher zu sich ins Büro. Ich kapierte erst gar nicht, was er von mir wollte. »Wenn das noch einmal passiert, dass du nach dem Spiel hier Döner isst oder irgendetwas mit Mille anstellst, dann bist du weg vom Fenster«, polterte er. Das war mir sehr peinlich.

Zum Pokalspiel gegen Eintracht Braunschweig Ende Oktober musste ich nach der letzten Schulstunde der Mannschaft hinterherfahren. Es war ein Abendspiel, ein Derby, und die gegnerischen Fans hatten Schaum vorm Mund. Ich wärmte mich am Seitenrand auf und war überrascht von dem tausendfachen Hass, der mir entgegenschlug. Mich kannte doch niemand. Ich wurde zwar nicht angespuckt, aber es knallte gehörig.

Obwohl ich nicht auf dem Platz stand, war das eine

sehr krasse Erfahrung für mich. Ich verstand, dass man im Fußball auf diesem Niveau nicht nur den Gegner besiegen musste, sondern auch die eigene Unsicherheit. Man kann nicht so ohne Weiteres einen ruhigen Ball spielen, wenn dich ein ganzes Stadion auffressen will. Man muss lernen, die Feindseligkeit um einen herum auszublenden.

Ich kam nicht zum Einsatz, und wir verloren 0:2. Braunschweig, der große Lokalrivale, war damals nur in der dritten Liga. Eine fürchterliche Blamage. Thommy Westphal heulte. Um unseren Bus herum feierten die Eintracht-Fans sehr laut und aggressiv, für uns ging die Welt unter. Am nächsten Tag kamen viele Anhänger zum Klubgelände, um ihrem Frust freien Lauf zu lassen. Wir trainierten im Belagerungszustand. Es war ordentlich Dampf im Kessel. Rangnick war nach dieser Pleite öffentlich angezählt.

Er wollte nach dem Debakel in Braunschweig dem einen oder anderen Spieler der ersten Elf einen Denkzettel verpassen und wechselte für das Bundesligaspiel in Köln die halbe Mannschaft aus. Steven Cherundolo, der rechte Verteidiger, hatte sich darüber hinaus eine leichte Oberschenkelverletzung zugezogen. Der Trainer wollte, dass wir hinten stabil stehen, und ließ mich zu meiner eigenen Verblüffung im Abschlusstraining rechten Verteidiger spielen. Ich stand in der Startelf.

Am Abend vor dem Match ging ich im Teamhotel zu unserem Masseur. »Ich spiele morgen, ich brauche noch eine Massage, bitte.«

»Ja, ok, verstehe ich. Aber du musst bis zum Schluss warten.«

Ich kam erst um zweiundzwanzig Uhr an die Reihe, fand das aber total cool. Es war richtig aufregend, eine echte Errungenschaft. Als junger Spieler wurde man normalerweise nicht für die Massage berücksichtigt, das stand gar nicht zur Debatte. »Wir sind voll«, hieß es immer. Auf der Massagebank zu liegen wäre auch das falsche Zeichen gewesen – gegenüber den älteren Spielern, den Masseuren, den Therapeuten und den Trainern. Bezahlter Fußball ist nicht nur eine Sache der Leistung, sondern auch der körperlichen Robustheit und Leidensfähigkeit. Man wollte und durfte sich als Nachwuchsspieler keine Blöße geben. Der Gang in die medizinische Abteilung der Profis war für uns grundsätzlich verpönt.

In der A-Jugend hatte ich erstmals physiologische Betreuung genossen. Nach dem Training kümmerten sich zwei Physiotherapeuten um die Spieler. Um dranzukommen, musstest du aber zwei oder drei Stunden Geduld aufbringen. Auch dort hatten die älteren Spieler Vortritt. Da Joachim Hofmann im Nachbardorf wohnte und mich spätabends noch mit nach Hause nehmen konnte, wartete ich lange und bekam so die eine oder andere Behandlung ab. Massiert wurde man aber nicht. Die Physios malten mit Stiften Linien auf meinen Rücken, die dabei helfen sollten, gerader zu stehen. Ich verstand nicht genau, was die da machten, aber nahm alles so hin. Was dieses Thema angeht, wurden mir die Augen geöffnet, als ich ein Jahr später zur Nationalmannschaft kam. Ich sah, dass es sehr große Unterschiede zwischen Therapeuten und Masseuren gab. Beim DFB waren nicht nur die besten Spieler am Werk, sondern auch die besten Betreuer. Ich traf dort auf Klaus Eder und Dr. Hans-Wilhelm Müller-Wohlfahrt, die mich beide lange Zeit behandeln sollten. Das Gefühl, kompetent beraten zu werden, ist für Sportler ganz entscheidend.

Beim DFB gab es drei, vier verschiedene Therapeuten. Man musste sich als Neuankömmling erst einmal hocharbeiten. Ich hatte das große Glück, dass Klaus Eder, die Nummer eins beim DFB, sich für mich interessierte. Ich denke, er sah mich als eine Art Herausforderung. So einen langen Lulatsch hatte er noch nie zu fassen bekommen.

Klaus stand beim ersten Treffen ein bisschen schief vor mir. Er wollte mir damit zeigen, dass mein Körper sehr lange Hebel bewegte und ich durch Aktionen im Spiel schnell Probleme bekommen konnte – wenn sich zum Beispiel die Hüfte verrenkte oder verschob. Falls das nicht korrigiert und kompensiert wird, hat das bei meinen Gliedmaßen riesige Auswirkungen und führt zu gewaltigen Problemen. Bei Klaus merkte ich, dass er als Physiotherapeut – und als Mensch – so viel Qualität hatte, dass er Dinge ändern konnte. Er wusste, welche Punkte er drücken, welche Wirbel er wieder einrenken musste. Das kann man nicht von allen Physiotherapeuten sagen.

Wir verstanden uns auf Anhieb sehr gut. Er half mir mit seiner Pflege über das nächste Training hinweg oder sorgte dafür, dass ich spielen konnte, obwohl ich den Einsatz bereits abgeschrieben hatte. Beim DFB erkannte ich, wie stark mich diese therapeutische Behandlung unterstützte. Es wird unterschätzt, welch enorme körperliche und psychische Belastungen der Profifußball mit sich bringt. Insbesondere für Jungprofis, die gerade mal der Pubertät entwachsen waren.

Mit dem Startplatz gegen Köln als Rechtsverteidiger hatte ich jedenfalls zum ersten Mal die offizielle Berechtigung, mich vom Mannschaftsmasseur weich kneten zu lassen. Allerdings als Letzter. Als ich gegen dreiundzwanzig Uhr zurück aufs Zimmer kam, schlief Kollege Kostas schon. Er hatte sich wahrscheinlich gewundert, wo ich um diese Uhrzeit noch unterwegs gewesen war.

Im Müngersdorfer Stadion ignorierten uns die eigenen Fans, aus Rache für die unverzeihliche Pleite gegen Braunschweig. Köln spielte uns an die Wand. Wir sahen keinen

Ball, lagen aber plötzlich 1:0 vorne, ohne recht zu wissen, warum. Thomas Brdarič hatte getroffen. Matthias Scherz machte das 1:1 für die Kölner. Mit diesem Ergebnis waren wir nach Ablauf der ersten fünfundvierzig Minuten sensationell gut bedient. Ich hat große Probleme, die erste Hälfte zu überstehen, und musste in der Pause runter. Der lange Weg in die Kabine – das Stadion wurde ebenfalls für die WM umgebaut – war schrecklich für mich. Mein Mitspieler Daniel Stendel sagt, ich hätte fünfhundert Meter lang geschnauft und geächzt: »Es geht nicht mehr.« Ich war völlig entkräftet, völlig fertig. Ich stand unter der Dusche und stammelte in Richtung von Mirko Slomka: »Kann nicht mehr.« Ich war nicht bereit gewesen, zumindest nicht bereit, den rechten Verteidiger zu spielen, eine Position, die ich noch nie gespielt hatte, und das in meinem ersten Bundesligaspiel. Die Linie rauf und runter, dafür war ich nicht gemacht. Körperlich und geistig war ich absolut nicht auf der Höhe. Bei der Zerreißprobe hatte es mich zerrissen. *Kicker*-Note: fünf.

Cherundolo kam mit dicken Bandagen am Oberschenkel für mich ins Spiel, und wir drehten die Partie sogar noch. Daniel traf zum 2:1-Endstand. Aber nach diesem miserablen Einstand machte ich vier Monate lang kein einziges Spiel mehr. Ich war erst mal weg. Im Winter kamen fünf Neuzugänge, darunter der Portugiese Abel Xavier, ein verrückter, bunter Hahn. Er trug rote Puma-Schuhe zum blonden Irokesenschnitt und hatte immer faszinierend schöne Freundinnen an der Hand. Einmal löste er sich beim Warmlaufen auf dem Trainingsgelände von der Gruppe, sprang über die Bande und drohte einem *Bild*-Reporter Prügel für eine wenig schmeichelhafte Geschichte an. Die Mannschaft lief derweil verdattert ihre Runde, und er reihte sich kurz darauf wieder ein, als sei nichts gewesen.

Daniel Stendel war für mich und Denis, die Greenhorns im Kader, ein ganz entscheidender Integrationsfaktor, weil er uns beide bei sich im Bus am Kartentisch sitzen ließ. Als junger Spieler ist es im Bus erst mal sehr unangenehm. Du schaust, du guckst: Wo kann ich sitzen? Die Älteren winken dich so durch: »Schleich dich. Hier ist mein Platz.« Daniel und Silvio Schröter hatten an dem Tischchen noch zwei Plätze frei. Wir waren sehr dankbar, dass wir dort unterkamen. Umsonst ging das natürlich nicht. Wir wurden beim »Schwimmen« abgezogen. Es ging nur um Pfennigbeträge, aber Daniel wollte beim Kartenspielen noch mehr gewinnen als auf dem Platz. Das war eine Sache des Prestiges für ihn. Das Ziel war, die anderen auszustechen und aus der Fassung zu bringen, damit sie Fehler machen und dann noch mehr aus der Fassung geraten. Es ging dabei immer auch um die Haltungsnote. Cool bleiben, clever bleiben; mit ein bisschen Glück gewann man. Damit konnte er gar nicht umgehen. Wenn er durchdrehte, musste man das ignorieren, kein Kontra geben. Die richtige Mischung aus Mut und Bescheidenheit war gefragt. Er durfte ausflippen, wir nicht. Als gestandener Profi galten für ihn andere Regeln als für uns. Trotzdem war es für uns Gold wert, über diese Kartenspiele regelmäßigen Kontakt zu zwei Stammspielern zu bekommen. So waren wir mit dabei. Dafür zahlten wir gerne die drei Euro pro Busfahrt.

Elf Spieltage vor Ende der Serie berief mich Rangnick wieder in die erste Elf. Auswärtsspiel gegen Gladbach auf dem alten Bökelberg. Ich lieferte eine akzeptable Leistung ab. *Kicker*-Note: vier. Aber wir verloren 0:1 und standen auf Platz fünfzehn, nur einen Punkt über den Abstiegsrängen. Rangnick und Slomka wurden gefeuert. Rangnick verabschiedete sich am Tag darauf mit einer sehr emotionalen Rede, bei einigen Spielern in der Mannschaft gab es feuchte

Augen. Man verspürte dabei nicht nur Mitleid für einen sehr guten Trainer, sondern auch eigene Schuldgefühle. Er hatte seinen Job ja wegen uns verloren.

Ewald Lienen, der neue Mann auf der Bank, setzte sofort auf mich. »Ich lasse den Langen spielen!« Mitten im Abstiegskampf einem so unerfahrenen Spieler zu vertrauen, noch dazu auf der Schlüsselposition in der Innenverteidigung, war ungewöhnlich. Aber Lienen erzählte von seiner Trainerzeit in Spanien: »Jung oder alt hat dort niemanden interessiert, und mich interessiert es auch nicht.« Von dieser Stunde an spielte ich neben Vinicius. Kostas, der bei Rangnick eine feste Größe gewesen war, musste auf die Bank. Der Trainerwechsel war ein Geschenk für mich.

Lienen umwehte der Ruf eines schroffen, humorlosen Sonderlings. Man nannte ihn »Zettel-Ewald«, weil er sich auf der Bank ständig Notizen machte. Ein Ernährungsfanatiker. Disziplin, besonders im Training, war ihm in der Tat sehr wichtig, man musste stets alles geben, die richtige Einstellung an den Tag legen. Aber er entpuppte sich als ein ganz anderer Typ Trainer, als man angenommen hatte. Am Abend vor Spielen packte er nach dem Mannschaftsessen in seinen Besprechungen irrsinnig witzige Geschichten aus und nahm Pressevertreter, unsere Spieler und sich selbst auf die Schippe. Er baute genüsslich Feindbilder auf und trug gleichzeitig gute Stimmung in den Laden. »Stellt euch vor, wenn diese Schreiberlinge alt sind, haben sie lauter Falten im Gesicht und sind zerfressen von ihrer Negativität«, erzählte er. Wir dagegen: Blumig malte er sich aus, wie Jiří Štajner, »Staini«, mit seinem Porsche über die Landstraße in seine Heimat nach Tschechien bretterte.

Lienen kam während seiner lustigen Vorträge so ins Schwitzen, dass er sich mit einem Handtuch abtrocknen musste. Die Mannschaft saß in einem »U« um ihn herum und lachte Tränen. Sein Co-Trainer Michael Frontzek, ein staubtrockener, erfahrener Mann, musste Lienen an diesen Abenden gelegentlich wieder einfangen. »Ewald, jetzt reicht es langsam auch.« Die beiden ergänzten sich perfekt.

Das erste Spiel unter der neuen Führung zu Hause gegen den 1. FC Kaiserslautern ging 0:1 verloren. Damit waren wir auf einen Abstiegsplatz gerutscht. An mir hatte es nicht gelegen, ich hatte mein bis dato bestes Spiel abgeliefert, *Kicker*-Note: drei. Allerdings nur bis zur achtundsiebzigsten Minute. Mein Gegenspieler, Marijan Christow, hatte mir in einem Zweikampf die Nase zertrümmert. Zwei Tage später wurde das im Frederikenstift-Krankenhaus wieder zurechtgebogen. Nach der OP war ich ziemlich erschlagen, doch als die Narkose fünf Stunden später nachließ, wollte ich sofort aus dem Krankenbett raus. Am nächsten Tag schneiderte mir das Orthopädie-Fachhaus in Hannover eine Maske, und ich trainierte wieder mit. Man konnte unter dem Ding nicht gut atmen, schwitzte wie Sau und sah auch nicht viel: Das periphere Sehen war komplett weg. Damals waren diese Masken noch nicht aus Plexiglas, sondern schwarze, klobige Ungetüme. Ewald hätte es mir wohl nicht übel genommen, wenn ich mich unter diesen Umständen für das Spiel gegen Schalke abgemeldet hätte. Aber das kam nicht in Frage. Ich wollte und konnte mit dieser Herausforderung einfach umgehen. Wahrscheinlich geht das auf mein Elternhaus zurück: Mama und Papa hatten mir beigebracht, dass man sich von Komplikationen nicht verrückt machen lassen soll. Probleme sind normal. Es sind Fakten.

In Gelsenkirchen bekam ich es mit Ebbe Sand zu tun. Der Däne war ein Meister der Bewegung, man konnte seine Aktionen ganz schwer antizipieren. Er zog auf, brach ab, täuschte wieder an, ging kurz und dann urplötzlich wieder lang: Es war unmöglich, mit ihm mitzukommen. In der Viererkette musste man sich zwar nicht auf einen einzelnen Gegner fokussieren und konnte viele Situationen im Verbund lösen, aber mit meinem eingeschränkten Sichtfeld war es ziemlich schwierig, richtig im Raum zu stehen. Sand machte mich so fickerig, dass ich eine Flanke direkt zum 2:2-Endstand verwandelte. Ins eigene Netz. Er hätte den Ball allerdings sonst ganz einfach ins Tor geschossen. *Kicker*-Note: 4.

Das waren negative Erfahrungen, an denen man nicht zerbrechen durfte. »Nicht verzagen. Das nächste Spiel kommt« – Lienen sprach meine Fehler offen an, nahm sie mir aber nicht übel. Im Vordergrund stand, daraus zu lernen.

Zu Hause gegen Dortmund, damals mit dem riesigen Jan Koller im Sturm. 1:1. (Note: drei). Dann ein 2:0-Sieg bei 1860 München (Note: vier). Wir waren in der Tabelle vorerst aus dem Gröbsten raus.

Die Mischung aus höchster Konzentration auf dem Rasen und der nötigen Lockerheit daneben, die Lienen in die Mannschaft getragen hatte, machte den Unterschied aus. Eine Truppe, die sich das ganze Jahr über nie gefunden hatte, funktionierte plötzlich. Obwohl Lienen nicht viel zu mir sagte, ließ er mich ständig spüren, dass er große Stücke auf mich hielt. »Super, Langer! Klasse!«, rief er mir während der Koordinationsübungen zu. Er fand es auch super, dass ich als junger Spieler eine feste Freundin hatte. »Du bist in festen Händen? Sehr gut. Genau richtig. Mach ruhig, mach mit Freundin.« Er hatte damals, denke ich, das Gefühl, dass wir im sportlichen Überlebenskampf keine Schnacker und Partykönige gebrauchen konnten, die ständig unterwegs waren. Das mochte er gar nicht.

Ewald war ein Trainer, der auf dem Platz gesunde Härte

sehen wollte. Man sollte aufpassen, dass man keine unnötigen Verwarnungen oder Freistöße provozierte, durfte dem Gegner aber ruhig »eine mitgeben« und »ihm zeigen, wo es langgeht«. Das Spiel war in jener Zeit allerdings im Begriff, sich zu ändern. Man hatte als Verteidiger nicht mehr das erste Foul frei; Attacken von hinten auf die Achillessehne, im Stil von Bernd Hollerbach, waren passé. Ich war, abgesehen von diesem Prozess der Zivilisierung auf dem Platz, sowieso kein Verteidiger, der Zeichen setzte, aufreizend eng am Gegner klebte und ihm Angst machen wollte. Das entsprach nicht meinem Charakter, schauspielern konnte ich nicht: Den Bösewicht in kurzen Hosen hätte mir keiner abgenommen. Mein Ziel war es immer, faire Lösungen zu finden. Damit konnte ich mich identifizieren. Die Rechnung war einfach: Weniger Fouls bedeuteten weniger Standardsituationen gegen uns. Verteidiger der alten Schule wie Jürgen Kohler oder Thomas Berthold, die noch als echte Manndecker gespielt hatten, machten mir das in öffentlichen Bewertungen später oft zum Vorwurf. Sie hätten es lieber gesehen, wenn ich dazwischengefegt wäre und auch mal einen umgehauen hätte. Aber intern galt eine andere Marschroute. Die Trainer und Mannschaftskameraden waren froh, dass hinten jemand die Bälle sauber ablief und unfallfrei in den eigenen Reihen halten konnte.

Meine Spezialität war, ein bisschen Abstand zu halten, die Situation durchzukalkulieren und den Ball dann im letzten Moment wegzuspitzeln. Die Gegner waren richtig erschrocken, dass so eine Bohnenstange so schnell runter auf den Boden kam. Gerade im Abstiegskampf schätzte Ewald mein pragmatisches Spiel. Ich hatte nie den Eindruck, dass ich irgendetwas Besonderes machen muss, oder irgendetwas »extra«. Gefragt war Effektivität. Ich spielte den gleichen Stiefel runter wie schon in der B-Jugend. In engen

Situationen einen Ball zurück zum Torhüter antäuschen, dann rausdrehen und den Sechser anspielen. Das waren meine Szenen. Die beherrschte ich. Ich konnte auch mal einen Haken schlagen und mit dem Ball am Stürmer vorbeiziehen. Das wiederum fand Ewald nicht so gut. »Wenn du das noch einmal machst, bist du draußen«, drohte er mir.

Heute verschieben sich auf meiner Position ein wenig die Anforderungen. Die Innenverteidiger bei den besseren Mannschaften müssen verkappte Spielmacher sein. Sechzigmeter-Diagonalbälle, die super Leute wie Jérôme Boateng heute wie am Schnürchen an den Mann bringen, gab es zu meiner Anfangszeit noch nicht. In meinen ersten fünf Jahren in der Bundesliga spielte ich wahrscheinlich keinen einzigen Risikopass durch die erste Angriffsreihe. Es ging immer nur hintenrum oder einfach zum nächsten Mittelfeldspieler.

In der ersten Saison gleich gegen den Abstieg zu kämpfen war keine günstige Konstellation. Ich konnte aber – zum Glück – gar nicht richtig überblicken, wie gewaltig der Druck war, der auf dem Verein lastete. Ich war vogelfrei; wusste nicht, was eigentlich los ist. Ich weiß nicht mehr, wann es los ging, aber ich musste vor Spielen ein Dutzend Mal mit Durchfall auf die Toilette und verspürte kurz vor Anpfiff auf dem Platz regelmäßig einen heftigen Brechreiz, das Blut schoss mir dabei in die Augen. Ich drehte meinen Kopf zur Seite, damit die Kollegen das nicht mitbekamen.

Da ich vier Stunden vor Anpfiff nichts mehr aß, kam nie wirklich etwas hoch. Höchstens mal ein bisschen Tomatensuppe. Aber den Drang, mich kurz vor Spielbeginn erleichtern und übergeben zu müssen, konnte ich nie mehr ganz unterdrücken. Das gehörte für mich dazu, ich nahm es als normal war. Erst jetzt, nach dem Ende meiner Karriere, wird mir klar, wie stark sich mein Körper in diesen Situationen Woche für Woche gegen die nervliche Belastung auflehnte. Die Übelkeit war Teil eines Fluchtreflexes. Die Stresshormone, die im Kopf ausgeschüttet werden, senden ein Signal an den Magen, Nahrungsreste so schnell wie möglich loszuwerden, da das Blut und die Energie, die für den Verdauungsprozess nötig sind, ganz dringend anderswo benötigt werden. In den Beinen zum Beispiel.

Es ist schon ein Wahnsinn, was der Fußball mit einem macht, ohne dass man es selbst richtig merkt. Der Profisport erzieht dich dazu, diese psychosomatischen Strapazen wegzuknipsen, wie ein Fernsehprogramm, das man nicht sehen will. Aber es läuft natürlich trotzdem weiter, ganz leise, im Hintergrund.

Die heiße Phase der Saison fiel mit meinen Abiturprüfungen zusammen. Ich hetzte von Termin zu Termin und hatte überhaupt keine Zeit nachzudenken. Die Glitzerwelt Bundesliga, riesige Kulissen, allenthalben »Schicksalsspiele« – das alles war von Montag bis Freitag, als ich neben meinen Freunden auf der Schulbank saß und um gute Noten kämpfte, weiter weg als Paris von Pattensen. Und das war auch gut so. Ich war relativ ruhig, denn ich war sicher: Ich bekomme das hin. Es wird nicht das beste Abitur. Aber es wird ein Abitur.

Anfang Mai schrieb ich freitags vier Stunden die Abiprüfung im Leistungskurs Mathe. Danach Abschlusstraining, und tags darauf ein Abstiegsendspiel gegen Eintracht Frankfurt. Das war in der Summe schon etwas stressig, aber ich kam damit zurecht. Wir gewannen 3:0. Damit blieben wir erstklassig. Und das Abitur hatte ich auch gestemmt. Note: 2,8.

Auf der Abifeier wurden die Ergebnisse einer Umfrage

vorgelesen. »Wer hat die schönste Frisur? Wer hat die besten Markenklamotten? Wer wird Millionär? Wer hat das beste Auto?« Die beiden letzteren Kategorien gewann ich. Das war, zugegeben, auch nicht wahnsinnig schwer. Ich fuhr als Jungprofi bereits eine Mercedes A-Klasse. Die Gehälter und Ablösesummen waren 2004 zwar noch nicht so absurd hoch wie heute. Aber die Vorstellung, dass ich mich auf Dauer im Profifußball etablieren könnte, war nach der erfolgreichen Rückrunde nicht mehr ganz so abwegig. Ende Mai hatte ich einen neuen Vertrag bei Hannover bis 2008 mit deutlich höheren Bezügen unterschrieben. Mein Berater Roman Pletz hatte ihn ausgehandelt, Kollege Marc Ziegler hatte mir Roman empfohlen. Offiziell war ich jetzt Vollprofi. Aber ich fühlte mich noch nicht so.

Ich war ein neunzehnjähriger Frischling, der gerade seine ersten Partien in der Bundesliga hinter sich gebracht hatte, als Robert Enke vor der neuen Saison 2004/05 in unsere Umkleidekabine trat und mich begrüßte: »Ah, hallo, und du bist der Per.« Er kam aus Spanien, er hatte für den FC Barcelona gespielt, er war siebenundzwanzig, und er gab mir von Anfang an das Gefühl, mich zu schätzen. Mich, den Frischling. Ich war der Verteidiger, er der Torwart: Er stand im wahrsten Sinne des Wortes hinter mir. Er ermunterte mich, ich würde meinen Weg gehen, er wies mich auf meine Qualitäten hin – die ich als unsicherer Neunzehnjähriger manchmal selbst nicht sah. Er ließ mich spüren, dass er sich mit mir in der Verteidigung sicher fühlte. Ich denke, eine schönere Erfahrung kann man bei der Arbeit kaum machen, egal, welche man verrichtet: Er schenkte mir sein Vertrauen.

So half er mir entschieden dabei, mich als junger Verteidiger zu entwickeln. Allein der Gedanke: Hab keine Angst, wenn du mal eine gegnerische Flanke nicht klärst –

Robert ist da. Er strahlte gleichsam Ruhe und Entschlossenheit aus. Er war einer, von dem wir im Fußballjargon sagen: Er geht voran. Ganz wenige Mitspieler hatten einen derart positiven Effekt auf mich und meine Laufbahn wie Robert.

Vor der Spielzeit vom Trainer klar in der Abwehr eingesetzt zu sein machte mir ebenfalls großen Mut. Im zweiten Ligamatch, auswärts bei Borussia Dortmund, setzte ich mich nach einer Ecke im Duell der Kampfgiraffen gegen Jan Koller durch und erzielte in der letzten Minute den 1:1-Ausgleichstreffer mit einem Kopfballaufsetzer. Mein erstes Bundesligator. Einen Monat später, an meinem Geburtstag – der neunundzwanzigste September – war ich bei meiner Freundin, als das Handy klingelte. Unbekannte Nummer. Ich erwartete einen Gratulanten, erkannte aber sofort die Stimme. Der Bundestrainer. Jürgen Klinsmann. Er wusste nichts von meinem Geburtstag und offenbarte mir stattdessen, dass ich zum Kader für das Freundschaftsspiel gegen Iran gehören würde. »Wir wollen frischen Wind in die Nationalmannschaft bringen. Ich hole jetzt neue Spieler rein, die Generation Lahm, Podolski, Schweinsteiger, Hitzlsperger, Huth.« So in etwa drückte er sich aus. Ich kann mich nicht erinnern, viel gesagt zu haben. »Ja, cool, danke. Hört sich gut an.« Mich traf das alles völlig unvorbereitet. Ein paar Sekunden lang stand ich quasi neben mir und sah mir dabei zu, wie ich mit dem Bundestrainer telefonierte. Oder besser gesagt: er mit mir. Das Thema Nationalmannschaft hatte ich nicht einmal ansatzweise auf dem Schirm gehabt. Als Klinsmann auflegte, fühlte ich mich noch einmal fünf Zentimeter größer.

In den Wolken konnte ich allerdings nicht lange schweben. Am Tag nach meiner Berufung in die DFB-Auswahl ging es wieder zurück zum Zivildienst in einer geschlossenen Anstalt für geistig und seelisch behinderte Menschen. Drei bis vier Stunden am Tag Essen vorbereiten, Betten beziehen, mit ihnen auf die Toilette gehen. Das war mein Job.

Mein älterer Bruder war zur Bundeswehr gegangen. Ihm hatte es gefallen. Als Spitzensportler konnte man beim Bund auf zahlreiche Erleichterungen hoffen und seine Trainingszeiten gut koordinieren; die Überlegung, es ihm gleichzutun, war bei mir da gewesen. Aber mein Bauchgefühl sagte mir: Du gehst da nicht hin. Du verweigerst. Ich wollte Menschen helfen, nicht Dienst an der Waffe schieben.

Von diesen moralischen Beweggründen einmal abgesehen wollte ich nichts geschenkt haben. Du bist Fußballer und bekommst dieses und jenes einfacher … Davon wollte ich nie etwas wissen. Das wäre mir vor meinen Freunden, die nach der Schule alle den normalen Weg gehen mussten, sehr peinlich gewesen. Ich hätte ein schlechtes Gewissen gehabt, wenn ich bevorzugt behandelt worden wäre. Wegen der guten Entwicklung bei Hannover 96 hatte ich in der dreizehnten Klasse die Studienreise nach Florenz absagen müssen, das war mir nicht leichtgefallen, vor allem nach den bewegenden Erfahrungen in Polen zwei Jahre zuvor. Ich wollte keine Extrawurst.

Gut, ich spielte am Wochenende für Hannover 96 in der Bundesliga. Aber danach war ich immer wieder schnell bei meinen Jungs in Pattensen, zurück auf dem Boden der Tatsachen. So wollte ich wahrgenommen werden. Nicht wie ein arroganter Fatzke, der denkt, er wäre etwas Besonderes, nur, weil er Fußball spielt.

Im Internet gab es vorgefertigte Versionen von Verweigerungsgesuchen. Ich fand mit Hilfe meiner Mutter die passende Vorlage (»Der Gebrauch von Schusswaffen widerspricht meiner Gesinnung« und so weiter) und schickte sie ab. Das wurde genehmigt. Gemustert wurde man aber trotzdem. Mein Tauglichkeitsgrad war »T2«, nur die zweitbeste Stufe, wegen meiner Körperlänge. »Für einen Panzer oder ein U-Boot sind Sie zu groß«, erklärte der Musterungsarzt gefühlsneutral.

Von Hannes Winzer und Denis Wolf, zwei Freunden aus der A-Jugend, kam der Tipp, im Klinikum Wahrendorff zu arbeiten; in Ilten, zwischen Hannover und Pattensen. Beide hatten dort ihren Zivildienst geleistet und erzählt, dass es eine gute Erfahrung gewesen sei. Wahrendorff kooperierte mit 96. Ich sprach beim Verein vor und bekam die Stelle. In der Klinik sagten sie: »Am besten, Sie gehen in die geschlossene Anstalt. Sie bekommen einen Schlüssel und können sich dort nachmittags nach dem Training die Zeit selbst einteilen. Sie können problemlos rein und wieder raus.«

In meiner Abteilung gab es fünfzehn Patienten, alle zwischen dreißig und fünfzig Jahre alt, die von uns rund um die Uhr betreut wurden. Essen, schlafen, umziehen, ausziehen. Einige waren manisch depressiv, einige waren schwere Autisten, andere lagen dreiundzwanzig Stunden am Tag apathisch in ihren Zimmern, starrten die Wand an und trauten sich nur zu den Essenszeiten raus. Die psychischen Erkrankungen und Symptome waren unterschiedlich. Manche konnten sprechen, manche nicht. Ein Patient war ein guter Schachspieler und erzählte von Gott und der Welt. Ein anderer lief auf mich zu und riss mir das Essen aus den Händen. Man wusste nie genau, was passiert. Einer, ein Einziger, wusste, wer ich bin. Er hieß Manni. Manni schaute Fernsehen, war ein begeisterter Leser von Autozeitschriften und kannte alle PS-Zahlen und Ausstattungen auswendig; er wusste, welches Modell elektronische Fensterheber hatte, welches ein Navi ab Serie. Manni durfte die Sektion auch mal für ein paar Minuten verlassen. Ich ging mit ihm in der Kantine eine Bratwurst essen. Wenn ich auf den Flur kam, stürzte er sofort auf mich zu, knutschte mich überschwänglich ab. Die Patienten waren alle nicht gewalttätig, man musste sich nicht besonders vor ihnen schützen, aber es war nicht grundlos eine geschlossene Anstalt, so wie man sie sich vorstellt. Mit Plexiglas, schweren Türen, und so weiter. Die Männer waren draußen in der Welt nicht überlebensfähig.

Diese Eindrücke täglich zu verarbeiten war nicht so einfach. Ich hatte noch nie zuvor mit psychisch kranken Menschen zu tun gehabt. In unserer Gesellschaft wird dieses Thema zur Seite gedrängt; man sieht diese Leute nicht, man hört sie nicht. Die zehnmonatige Arbeit mit ihnen erweiterte meinen Horizont erheblich. Ich hatte einen gewaltigen Respekt für die drei, vier festangestellten Pfleger, die sich für wenig Geld liebevoll um die Patienten kümmerten und tagtäglich selbst enormen psychischen Belastungen ausgesetzt waren. Sie alle waren 96-Fans. Das war ihre Leidenschaft, der Strohhalm, an den sie sich während dieser unwahrscheinlich schwierigen Arbeit klammerten.

Der Kontrast hätte nicht größer sein können. Du trainierst, schreibst Autogramme, spielst vor sechzigtausend Menschen im Stadion, alle finden dich super. Ein paar Minuten später bist du zusammen mit Menschen in einer geschlossenen Anstalt, die Medikamente schlucken und nicht einmal die einfachsten Dinge alleine bewerkstelligen können. Ich realisierte in Wahrendorff jeden Tag aufs Neue, in welcher glücklichen Lage ich war: Ich konnte Menschen helfen, die auf diese Unterstützung hundertprozentig angewiesen waren. Das war keine lästige Pflicht. Es war ein Geschenk.

Ohne diese Zeit hätte mir in meiner persönlichen Entwicklung etwas gefehlt. Vielleicht wäre ich auch nicht so weit gekommen, weder menschlich noch sportlich. Ich bin überzeugt, dass das eine mit dem anderen zusammenhängt. Die Eindrücke aus der Klinik waren immer präsent und regten zum Nachdenken an. Viele Menschen sind sich nicht im Klaren darüber, wie gut es das Schicksal mit ihnen meint. Im Profifußball, wo man heute als junger Spieler von allen negativen Dingen und Gedanken systematisch abgeschirmt wird, kommt das Bewusstsein für das eigene Glück und die Demut sehr schnell abhanden. Es ist meiner Meinung nach ein Riesenproblem, dass die jungen Spieler in den Nachwuchsakademien außer Bällen kaum noch etwas zu sehen bekommen. Ohne einen gelegentlichen Perspektivwechsel ist es fast unmöglich, auf Dauer nicht den Sinn für die richtigen Relationen zu verlieren. Diese komplette Ich-Bezogenheit lässt dann aus jedem kleinen Rückschlag unverzüglich eine schwere Krise werden.

Die Stimmung bei Hannover blieb in den ersten Monaten der Spielzeit 2004/05 angespannt. Vor dem Auswärtsspiel bei Hansa Rostock waren wir Tabellenletzter. Die Fans im Niedersachsenstadion hatten nach dem 0:1 gegen Aufsteiger Arminia Bielefeld »Lienen raus« gerufen, die Lokalzeitungen waren nicht gut auf ihn zu sprechen. Mit einigen Spielern hatte sich Lienen ebenfalls überworfen, da er öffentlich ihre zu hohen Körperfettwerte moniert hatte. Er stand kurz vor der Ablösung. Aber die Mannschaft rettete ihm mit einem 3:1 in Rostock den Job. Zwei Wochen später traf ich zum zweiten Mal in der Liga, beim 2:0-Sieg über Borussia Mönchengladbach. Ilja Kaenzig, der Manager von 96, fand, dass unsere kollektiven und individuellen Leistungen von der Öffentlichkeit nicht gebührend gewürdigt würden. »Wenn Per Mertesacker so eine Leistung für Bayern München abgeliefert hätte, dann würde ihn jetzt ganz Deutschland feiern«, sagte er ein wenig verbittert. Im *Kicker* bekam ich immerhin eine zwei. Wir gewannen fünf Spiele hintereinander und waren kurz vor Weihnachten unverhofft auf UEFA-Pokalkurs. Am Ende der Runde landeten wir auf einem guten zehnten Platz.

Kaenzig, der zuvor als Adjutant von Reiner Calmund in Leverkusen gearbeitet hatte, war von Lienen dennoch nicht restlos überzeugt. Man hatte den Eindruck, dass er nur auf eine günstige Gelegenheit wartete, um den Trainer auszutauschen und seinen eigenen Mann zu installieren. Nach ein paar Monaten und unbefriedigenden Ergebnissen in der nächsten Saison, der Spielzeit 2005/06, war es dann so weit. Peter Neururer übernahm. Neururer war bekannt für seine großen Sprüche, blieb in den internen Ansprachen aber immer sachlich. »Ich kritisiere den Fußballspieler, nie die Person«, sagte er häufig. Dieser Satz brannte sich in mein Gedächtnis. Er ließ ganz einfache Dinge üben – Standards, Spielaufbau – und verlangte von mir, hinten »Karo einfach« zu spielen. Zudem wollte er mit einem kleinen Trick herausfinden, ob es zwischenmenschliche Probleme im Team gab. Er ließ jeden auf einen Zettel schreiben, mit wem man auf gar keinen Fall sein Zimmer teilen wollte. Mein Zimmerpartner war damals Frankie Juric, der sehr gechillte, super lockere zweite Torhüter aus Australien. Er blieb vor Spielen immer ruhig und war deswegen der perfekte Mitbewohner. Ich schrieb Michael Delura auf den Zettel. Delura war ein netter Kerl, aber sehr jung und übermütig. Er war mit vielen Vorschusslorbeeren von Schalke 04 ausgeliehen worden. Technisch war er hervorragend, aber er hatte auch eine Freundin, die er liebevoll »meine Raketa« nannte und die ihm ein paar Flausen in den Kopf setzte. Ich hatte Angst, abgelenkt zu werden. Was Neururer am Ende rausgefunden hat, weiß ich allerdings nicht.

In meinen drei Spielzeiten bei Hannover kämpften wir dreimal erfolgreich gegen den Abstieg. Eine Fußballweisheit besagt, dass man im Tabellenkeller »beißen und kratzen« müsse, aber ich war der Ansicht, dass sauber und erfolgreich geführte Zweikämpfe für die Mannschaft wertvoller waren. In vierundsiebzig Partien sah ich nur zwei Gelbe Karten. Später kamen ein paar Rote Karten dazu, aber immer nur für Notbremsen, also Fouls, die aus der Verzweiflung geboren wurden, in Situationen, in denen man vor der Qual der Wahl stand: Gegentor oder Platzverweis. Absichtlich tat ich keinem Gegenspieler weh, das war nicht mein Spiel, weil ich mir und damit dem Team mehr geschadet hätte. Ich steckte eher ein. Miroslav Klose ließ mich im Winter 2005, drei Tage vor Weihnachten, in einem DFB-Pokalspiel böse über die Klinge springen. Der Ball war schon im Aus, aber er zog noch mal nach und gab mir einen kleinen Tritt mit. Ich knickte um. Zwei, drei Bänder im Sprunggelenk, am rechten Knöchel, waren gerissen. Ich musste nach einundfünfzig Minuten vom Platz und zum ersten Mal in meiner Laufbahn operiert werden. Das Spiel war 1:4 verloren gegangen.

Als Nationalspieler ging ich zu Müller-Wohlfahrt zur Behandlung nach München, fast alle DFB-Spieler waren bei ihm. Er hatte die besten Chirurgen in Deutschland zur Hand und schickte mich hinterher zu Klaus Eder in dessen Rehaklinik nach Donaustauf bei Regensburg. Dieses Prozedere war beim DFB so vorgegeben, man rutschte in diese Maschinerie unweigerlich hinein. Dem Verein war das auch recht so. Hannover wusste mich dort in guten Händen. In Donaustauf lernte ich, was es bedeutete, nach einer Verletzung zurückzukommen, wie groß die Auswirkungen von fachgerechter Behandlung und täglicher Arbeit auf den Heilungsprozess waren. Das Ziel war natürlich die WM. Miro rief mich während der Reha an, um sich zu entschuldigen, er habe gar nicht richtig mitbekommen, dass der Ball schon ganz woanders gewesen sei und mich nicht aus Absicht erwischt. Damit war die Sache erledigt.

Rückblickend ging es in der Bundesliga fairer zu, als ich es mir vorgestellt hatte. Es gab nur wenige Gegenspieler, die dich auf dem Platz mit Trashtalk provozieren wollten. Einer, Carsten Jancker, damals beim 1. FC Kaiserslautern, schrie während des Spiels wiederholt »Ja komm, geh doch zu deinem Klinsi!« in mein Ohr. So zumindest die druckreife Version. Ich musste dann lachen, weil ich das so aberwitzig fand. Aus der Fassung konnte er mich damit aber nicht bringen. Ich war selbst auch nicht der Typ, der anderen ein Ohr abquatschte oder sie anderweitig mental aushebeln wollte. Mein Markenzeichen war der korrekte Ballgewinn. Blutgrätschen oder Beinbrecher waren nicht mein Metier. Das Gefühl »Ich möchte dem jetzt gerne wehtun« hatte ich sehr selten und verdrängte es auch immer wieder ganz erfolgreich.

Härter wurde es dafür in der Regel, wenn die 96-Amateure zu Testspielen gegen die Profis bestellt wurden. Die Jungs waren sehr engagiert, um sich und den Trainern zu beweisen, dass sie es mit uns aufnehmen konnten. Die Profis wollten meist nur so »tralala« spielen, mit halber Kraft. Wenn sie dann aber merkten, »Wir sehen den Ball nicht«, dann krachte es schon mal. Da wurde im Mittelfeld voll durchgezogen, oder man ließ einen der Jungs über die Klinge springen. Das war gang und gäbe. Heute geht man diesen Situationen von vornherein aus dem Weg. Man mischt die Mannschaften durch.

Im Vorfeld der Weltmeisterschaft lief ich Gefahr, großen Ärger mit Oma Irmgard zu bekommen: Die Bayern interessierten sich für mich. Roman Pletz aber hatte einen Karriereplan für mich entworfen, und der sah eine gezielte, stufenweise Entwicklung vor. Viele Spieler waren zu früh zu den Bayern gegangen und dann aufgrund der wenigen Einsätze aus dem Tritt gekommen. Zu Uli Hoeneß Nein zu sagen kann für Roman nicht einfach gewesen sein, aber er wusste, was für mich besser war. Ein Angebot von HSV-Sportdirektor Didi Beiersdorf schlug er ebenfalls aus. Der nächste logische Schritt war: Werder Bremen. Nur hundert Kilometer entfernt von Hannover, immer in der Champions League, ein gutes Sprungbrett für junge Spieler. Der Werder-Block in der Nationalmannschaft – Torsten Frings, Tim Borowski, Miroslav Klose – hatte mich diesbezüglich bereits bearbeitet und vom Fußballerleben an der Weser geschwärmt. Privat zeichnete sich im Sommer 2006 auch eine Veränderung ab. Ich war knapp drei Jahre lang mit meiner Freundin zusammen gewesen, aber ihr war der Trubel um die WM im eigenen Land zu viel geworden. Sie konnte mit dem Rampenlicht und der allgemeinen Aufmerksamkeit nichts anfangen.

Ich hatte versucht, sie komplett aus der Öffentlichkeit herauszuhalten, aber das gelang nicht immer. In einem *Sport-Bild*-Interview wurde ich gefragt, wie das so funktionierte mit der Freundin, denn ich wohnte ja noch bei meinen Eltern in Pattensen. Ich antwortete ein bisschen flapsig: »Wir pennen immer im Keller. Da sind die Wände dick.« Das war einfach so daher gesagt, aber sie fand das gar nicht gut. Das waren die ersten Anzeichen von Komplikationen.

Während des Turniers wollte sie nie mit den anderen Spielerfrauen auf der Ehrentribüne sitzen, weil sie wusste, dass am nächsten Tag die Fotos in den Zeitungen gedruckt wurden. Die *Bild*-Zeitung wunderte sich, dass inmitten der Traube aus Frauen und Freundinnen einer saß, den sie nicht kannten. »Wer ist Mister X?«, lautete die Schlagzeile. Mister X war Mille, der Zeugwart von 96. Er bekam die VIP-Karte meiner Freundin, weil sie lieber unbeobachtet in einem gewöhnlichen Block sitzen wollte. Mille und ich waren so dicke, dass er mich bei jeder Nationalmannschaftsfahrt als Fan begleitete. Im Sommermärchen war er Mister X. Meine Spielerfrau.

Dass meine Freundin diesen ganzen Rummel und Hype verachtete, fand ich wahnsinnig gut. Im Fußballgeschäft ist ja eher das Gegenteil üblich. Sie dachte und tickte ganz anders als so manche Spielerfrauen, die das Interesse genossen und für ihre eigenen Zwecke nutzten. Sie war, gerade in meinen ersten Jahren als Profi, unheimlich wichtig für mich. Dank ihr – und meinem stabilen Elternhaus – drehte ich nicht durch. Ich hatte nie das Gefühl oder das Verlangen, den Ruhm auszukosten und mich an jeder Ecke in amouröse Abenteuer stürzen zu müssen. Unsere Beziehung war viel zu wertvoll und auch viel zu stark dafür.

Aber ich konnte dem Fußball natürlich nicht den Rücken kehren, nicht runter von dieser Bühne. Ihr wurde das alles irgendwann einfach zu viel. Wir gingen im Guten auseinander.

Werder Bremen

Im August 2006 war der Wechsel zu Werder perfekt. Ich war Bremens Rekordtransfer: 4,7 Millionen Euro Ablöse, plus Nebengeräusche. Fünfzigtausend davon wurden für den Bau eines Kunstrasenplatzes für die Jugendabteilung von 96 verwendet. Das ließ ich vertraglich fixieren. Mir lag das sehr am Herzen, weil ich mit den Jungs dort auf Beton beziehungsweise roter Asche trainiert hatte. Die Bedingungen im Nachwuchsbereich waren damals noch nicht so, wie man sie heute kennt. Martin Kind, der Präsident von Hannover, schrieb mir daraufhin einen Brief, um sich zu bedanken und mir zu versichern, dass er meine Karriere weiterverfolgen werde.

Bei meiner Vorstellung in Bremen – ich hielt neben Klaus Allofs und Thomas Schaaf das grüne Trikot mit der Nummer neunundzwanzig hoch – sagte Pressesprecher Tino Polster zu mir: »Das ist heute eine Riesennummer. N-tv überträgt live. Das hatten wir noch nie.«

Mir war im Juli ein riesiger Stein vom Herzen gefallen, weil ich die WM im eigenen Land gut überstanden hatte.

Zu Werder kam ich als Rekonvaleszent, da ich mich nach dem Halbfinale, dem 0:2 gegen Italien, an der linken Ferse hatte operieren lassen. Die Beschwerden hatte ich eineinhalb Jahre lang mit mir herumgeschleppt. Im Februar 2005 hatte ich im Länderspiel gegen Argentinien einen Schlag auf diese Stelle bekommen. Der Knochen verformte sich und drückte auf die Achillessehne, was wiederum eine chronische Entzündung zur Folge hatte. Während der Weltmeisterschaft konnte ich die Schmerzen noch so eben ertragen, aber das war kein Zustand. Mit Werders Einverständnis ließ ich das begradigen und ging danach wieder zu Klaus in die Reha.

Das Aufnahmeritual in Bremen nahm auf Versehrte keine Rücksicht. Damals war nichts mit auf einem Stuhl in der Kabine stehen und singen. Es ging sehr viel härter zur Sache. Alle trafen sich in einer Bar in der Stadt, die für die Mannschaft reserviert war. Und jeder Neue musste mit jedem Spieler, der schon länger als ein Jahr bei Werder war, einen Drink nehmen. Das machte unter dem Strich fünfundzwanzig Drinks, von Cocktails über Bier bis zu Wodka. Alles durcheinander. Das hieß also: Es endet böse.

Alle paar Minuten ging ein anderer erfahrener Spieler zur Theke und kam mit fünf Drinks auf dem Tablett zurück. Einen für sich und vier für die Neuankömmlinge. Und dann

Prost und runter damit. Ich hatte Angst, dass mein Körper komplett aufschwemmt. Ich hatte zwei riesige Flaschen stilles Wasser neben mir stehen und kippte parallel zu jedem Drink einen halben Liter nach, um mich vor den Folgen des Hochprozentigen zu schützen. Das funktionierte super. Ich war natürlich fünfzehnmal auf der Toilette, aber den Abend habe ich irgendwie überlebt. Es wurde, wie man so schön sagt, feuchtfröhlich, jeder musste ein Lied zum Besten geben. Ich sang: »Er hat ein knallrotes Gummiboot«. Das passte zwar farblich nicht unbedingt zu Werder, war aber zu dem Zeitpunkt auch schon egal.

Zurück im Hotel war ich total zermürbt und wusste auch nicht mehr genau, wo oben und unten war, hatte aber noch die gute Idee, das linke, verletzte Bein auf einen Turm von Kissen zu legen, damit nicht das ganze Wasser und der Alkohol da reinlief, sich die Poren öffneten und so weiter und so fort. Am nächsten Morgen wachte ich auf und war überglücklich. Der Fuß war nicht dick geworden. Dieser Abend zeigte mir, wie viel Leben im stillen Wasser steckt. Bis heute: mein Lieblingsgetränk.

Es gab Neuzugänge, die kamen nicht so heil davon wie ich. Für meinen Freund Mesut Özil, der zwei Jahre später zu uns stieß, wurde es einer der schlimmsten Abende seines Lebens. Er hat ihn nie vergessen. Wir sprachen bei Arsenal oft darüber und mussten lachen. Er wusste nicht mehr, wo er war, und kann sich auch nicht mehr an Einzelheiten erinnern. Er weiß nur, dass er sehr oft auf die Toilette musste, es vielleicht aber auch gar nicht auf die Toilette schaffte. Bremen war eine besondere Zeit. Solche Abende brachten uns als Mannschaft zusammen. Jeder wollte das durchziehen und sich ein bisschen Respekt an der Theke verdienen. Manchen gelang das besser als anderen …

Mein Drink war damals Wodka Ahoi: Wodka gemischt

mit Ahoi-Brause, Himbeergeschmack. Im »Modernes«, der besten Diskothek in der Stadt, hatten sie das ursprünglich nicht, führten es aber für mich ein. Wodka Ahoi müsste es dort heute noch geben. An diesen Mannschaftsabenden zu Saisonbeginn hatte ich zur Sicherheit immer ein paar Päckchen Brause mit dabei. Wodka war ja auch einigermaßen verträglich. Naldo dagegen tischte Strohrum auf, achtzig Prozent Alkoholgehalt, richtig mies. Du nahmst einen Schluck und warst sofort im Betäubungszustand.

Es war nicht so, dass wir dauernd gesoffen hätten. Diese Mutproben gab es nur einmal pro Jahr. Ich weiß nicht, ob diese Tradition in Bremen noch gepflegt wird, seitdem Clemens Fritz dort nicht mehr als Kapitän fungiert. Ich würde es mir wünschen. Solche Abende, an denen man zusammen lacht und singt, vergisst man nicht. Es gibt da die tollsten Geschichten, für mich immer verbunden mit Ahoi-Brause.

Das Schöne in Bremen waren die unterschiedlichen Charaktere, die wir in der Mannschaft hatten. Stadt und Verein waren grundsätzlich norddeutsch unterkühlt, auf Distanz bedacht, aber zugleich unkompliziert und familiär. Die Spieler kamen von allen möglichen Kontinenten und aus verschiedensten Ländern im Weserstadion zusammen und fühlten sich bis auf wenige Ausnahmen immer wohl. Die Herzlichkeit war groß, die Wege kurz. Von meiner Wohnung in Schwachhausen bis zum Stadion: zehn Minuten. Von Schwachhausen zum Flughafen: zehn Minuten. Einmal quer durch die Stadt: zehn Minuten. Jeder kannte jeden in Bremen, und man war stolz auf seinen Verein und seine Stadt. Der Lokalpatriotismus war sehr stark ausgeprägt, ging aber stets mit einer gewissen Bescheidenheit und auch mit Humor einher.

Es gibt wenige Fußballer, die sagen würden, dass ihnen

die Zeit in Bremen nicht geholfen hätte. Selbst Serge Gnabry, der von Arsenal zu Werder ging, sagte mir, dass dies eine seiner besten Entscheidungen gewesen sei. Von London nach Bremen ist es, rein sportlich gesehen, vielleicht fürs Erste ein Schritt zurück. Aber den braucht man manchmal, um Anlauf zu nehmen und einen Sprung zu machen. Serge sagt, Bremen habe ihm gezeigt, wie wichtig es ist, sich als Spieler in seinem Umfeld wohlzufühlen, sich mit einem Verein, einer Stadt und den dazugehörigen Werten wirklich zu identifizieren. Wenn du nur Dienst nach Vorschrift machst und überhaupt nichts für das Trikot und die Leute im Stadion empfindest, kommst du über ein gewisses Niveau nicht hinaus. Das Gefühl, dich für etwas einzusetzen, das größer ist als deine persönlichen Interessen, setzt die zehn, fünfzehn Prozent Leistung frei, die den Unterschied machen. Das ist die Art von Motivation, die wirklich zählt. Kein Geld der Welt wiegt die Freude auf, Menschen, die einem viel bedeuten, glücklich zu machen. Dies alles in Bremen erlebt zu haben hat Serge unheimlich geholfen, obwohl er nur ein Jahr dort spielte.

Wie sehr Form und fußballerischer Output vom persönlichen Wohlergehen fernab von Platz und Stadion abhängen, konnte man unter anderem an den Brasilianern bei Werder sehen. Diese Wechselwirkungen werden von Außenstehenden total unterschätzt.

Naldo lieferte, genau wie Vinicius bei Hannover 96, Topleistungen ab, weil er mit Klima und Kultur im Norden gut klarkam. Diego war ein Riesentechniker, der typische Brasilianer am Ball, aber zugleich auch erstaunlich *tough* und widerstandsfähig. Er konnte sich ganz auf den Fußball konzentrieren und hatte so großen Erfolg bei uns. Bei anderen überwog das Heimweh, die Sehnsucht nach der Familie, den Freunden, dem Essen, der Sonne. Wesley, der 2010 bis

2012 bei Werder unter Vertrag stand, wollte in Bremen zurechtkommen. Er lernte Deutsch, aber die Umgewöhnung war zu schwer. Carlos Alberto, der ein Jahr nach mir zu Werder kam und mich mit einer Ablöse von 8,7 Millionen Euro als Rekordtransfer ablöste, musste sich in den Wintermonaten während des Trainings öfters hinsetzen. Er war kaputt, kaputt vom Wetter. In Brasilien hatte er gezaubert. Thomas Schaaf erzählte mir, dass er dort bei einem Pokalspiel der absolute Held gewesen sei. Er hatte gemacht, was er wollte, nach Lust und Laune gedribbelt, alle vernascht. Und in Deutschland? Ging gar nichts. Die einfachsten Bälle misslangen, das Leder gehorchte ihm nicht. Der Frust, auf dem Rasen nicht er selbst sein zu können, ließ ihn den Kopf verlieren. Er prügelte sich mit Mitspielern und kaufte spätnachts Bier an der Tankstelle. Alle Versuche, ihn zu integrieren, scheiterten.

Es gab viele besondere Spieler bei uns im Kader: »Baumi« – Frank Baumann – war in den ersten Jahren ein Kapitän, der wirklich alles kontrollierte und eine große Souveränität ausstrahlte. Torsten Frings, sein Nachfolger, war der große Rädelsführer. Er schlug zwischendurch mal ein bisschen in die Furche und sprach auch während der Halbzeit, falls es nötig war, Klartext. »Männer, so geht's nicht!«

Ich wuchs mit der Zeit in eine ähnliche Rolle hinein. Es war nicht so, dass ich sofort großartig den Mund aufmachte, aber als Nationalspieler wurde ich von Anfang an respektiert. Man hörte auf meine Meinung. Im Training oder während des Spiels musste jeder akzeptieren, dass ich auch mal laut wurde, um Kommandos zu geben oder Mitspieler zu unterstützen. Auf dem Platz musste man sämtliche Befindlichkeiten ablegen und alles dem Erfolg unterordnen. Was da geschrien wurde, diente der Sache. Es blieb alles draußen, man nahm nichts davon mit in die Kabine. Tim Borowski säbelte junge, schnelle Dribbler, die ihm davonsprinteten, gelegentlich auch aus Frust um. Auf Beschwerden reagierte er sehr allergisch. »Was soll das, Boro?« – »Was willst du? Sei ganz leise.« Aber das war damals eben so und wurde letztlich auch als Teil der Mannschaftskultur akzeptiert. Alles halb so wild.

Ivan Klasnić war für mich einer der besten Stürmer. Ein top linker Fuß, dazu im Strafraum die absolute, kroatische Kaltschnäuzigkeit. Er war besessen davon, Tore zu schießen. Das galt auch für Claudio Pizarro, unsere Lebensversicherung. »Pizza« war immer locker, ein echter Lebemann, aber auf dem Platz war auf ihn absolut Verlass. Mit seiner südamerikanischen Gerissenheit im Strafraum und seiner phänomenalen Technik garantierte er Jahr für Jahr Tore. Pizarro wurde nie laut, half aber vielen jungen Spielern, weil sie ihn jederzeit ansprechen konnten. Er hatte für alle ein offenes Ohr, alle mochten ihn. Deswegen wurde er nach seinen Gastspielen bei Bayern und Chelsea bei uns immer wieder mit offenen Armen empfangen. Wir brauchten ihn.

Tim Wiese passte da mit seinem rosa Torwarttrikot oberflächlich betrachtet eigentlich gar nicht rein. Er polarisierte mit seinem Auftreten und seinen Aussagen, war aber hinter den Kulissen sehr ruhig und diszipliniert, ein Profi durch und durch, dabei aber auch sehr gesellig und lustig. Man konnte ihn immer gebrauchen. Sein Ziel war immer, so drahtig und spritzig wie möglich zu sein, und er arbeitete mit einem unglaublichen Willen an seinem Körper, um auf das richtige Kampfgewicht zu kommen. Jetzt, als Wrestler, macht er das immer noch. Nur eben in eine andere Richtung.

Im Bus saßen wir in der vorletzten Reihe nebeneinander, das verband uns. Wir waren ganz unterschiedliche Typen, aber doch irgendwie auf einer Wellenlänge. Tim war sehr abergläubisch und bestand darauf, dass wir auf dem Weg vom Mannschaftshotel zum Weserstadion gewisse Abläufe wiederholten. Er machte immer die gleichen Bewegungen mit seiner Uhr, und ich musste dann lachen. Und dann sagte er immer: »Heute gewinnen wir. Heute gewinnen wir.« Wenn wir am Krankenhaus vorbeifuhren, war mein Text: »Ja, Wiese, da warst du auch schon mal drin, mit deiner Nierenerkrankung.« Dann antwortete er: »Ja, super, heute gewinnen wir, heute gewinnen wir.« Dieser Dialog wiederholte sich alle zwei Wochen. Wenn ich das Prozedere nicht penibel einhielt, war er sicher: »Heute verlieren wir.« Ich musste mich sofort entschuldigen und meine Sätze nachholen.

Es herrschte immer eine große Anspannung vor den Spielen. Besonders bei Heimspielen, auf diesen kurzen Busreisen, fünfzehn, zwanzig Minuten, immer auf demselben Weg zum Stadion. Ein gewisser Schuss Lockerheit tat uns in diesen Momenten immer ganz gut. Es fühlte sich gut an, Tim an meiner Seite zu haben. Ich glaube, ihm ging das auch so. Wir gaben uns gegenseitig eine gewisse Sicherheit. Tim war einer der wenigen richtig engen Kollegen. Ich konnte immer auf seine Unterstützung zählen und halte noch heute Kontakt zu ihm. Das Gleiche gilt für Clemens Fritz. Wir teilten uns fünf Jahre lang ein Zimmer. Das war für mich angenehmer als für ihn. Er beschwerte sich immer, dass ich am Abend vor Spielen »Gute Nacht« sagte und schon zehn Sekunden später eingeschlafen war – »wie ein Pharao, mit verschränkten Armen auf dem Bauch«, sagte er. Es nervte ihn, dass ich immer sofort weg war, während er sich in seinem Bett noch länger hin und her wälzte. Außerdem zuckte mein rechtes Bein im Schlaf so stark, dass die Decke raschelte. Nach Abendspielen, wenn das Adrenalin nur langsam wieder aus dem Körper sickerte, man unheimlich erleichtert war, die Partie hinter sich gebracht zu haben, und dankbar, dass man die nächsten zwei, drei Tage nicht mehr an Fußball denken musste, konnte aber auch ich keine Ruhe finden. Manches Mal gelang es mir erst um fünf Uhr früh zu entschleunigen. Das Training am nächsten Tag konnte man abschreiben.

Die Freundschaft mit Clemens hielt ich immer hoch, auch nachdem ich nach London zum FC Arsenal ging. Wir pflegen heute auch geschäftliche Beziehungen, leiten gemeinsam eine Immobilienfirma. Man versucht als Mannschaft, immer eine Einheit zu bilden, ein funktionierendes Teamgebilde. Aber nach fünfzehn Jahren als Profi nimmt man aus diesem Leben, wenn es hochkommt, vielleicht drei richtige Freunde mit ins nächste. Diese Zahl sagt viel darüber aus, was dir dieses Geschäft gibt beziehungsweise: nicht gibt.

Mein erstes Spiel für Werder absolvierte ich in der Champions League, gegen den Titelverteidiger Barcelona, mit Samuel Eto'o, Ronaldinho und Messi. Es ging 1:1 aus. Die Spiele in der Königsklasse waren ein absolutes Highlight, und wir hatten jedes Jahr mindestens einen Kracher dabei. Die Gegner unterschätzten uns oft, nahmen uns nicht ernst. Sie kamen an diesem kleinen Flughafen an, waren fünf Minuten später im Hotel und dachten: Bremen? Das ist aber eine sehr kleine Welt hier. Doch dann ging das Flutlicht an, damals noch im alten Weserstadion mit der Tartanbahn. Dieser unglaubliche Zusammenhalt innerhalb der Mannschaft und mit der Unterstützung der Fans, gepaart mit absoluter Überzeugung und einem Offensivfußball, der alle mitriss, ließ uns den einen oder anderen richtig starken Gegner überwältigen.

Wir hatten damals Barcelona, Levski Sofia und den FC

Chelsea in unserer Gruppe. Chelsea, von José Mourinho trainiert, ging bei uns im Stadion unter. Ich setzte mich gegen Didier Drogba durch und traf per Kopf zum 1:0-Endstand, nach einer Ecke von Torsten Frings. Drogba wurde ausgewechselt. Als Innenverteidiger ist es immer ein kleiner Sieg, wenn der gegnerische Mittelstürmer vom Platz muss. Aber die Freude währte nicht lange. Für Drogba kam dreißig Minuten vor Schluss Andrij Schewtschenko, und dazu wurde noch Arjen Robben eingewechselt. Ich war ziemlich platt und konnte eigentlich nicht mehr laufen. Aber die Zuschauer trugen uns zum Sieg. Wir waren richtig gut. Im Weserstadion waren wir meist richtig gut, besonders in der Bundesliga. Die Mannschaft hatte die Qualität, an guten Tagen jeden Gegner zu schlagen. Von den anderen Teams kam niemand gerne hierher. Das lag auch an dem Derby-Star-Ball, der bei Heimspielen zum Einsatz kam. Der hatte irgendwas. Er war ein bisschen schwerer, fester. Man konnte besser einschätzen, wo er hinflog. Keiner dieser Flatterbälle.

Ich hatte zu meiner Zeit in Bremen viel Besuch von Freunden aus Hannover und dem Harz. Sie wussten: Heimspiel gegen schwächere Gegner, das gewinnen wir sicher. Dann können wir abends rausgehen. Sie kamen zehnmal in den fünf Jahren zu einem Heimspiel, zehnmal konnten wir danach tatsächlich feiern und im kleinen Rahmen eine schöne Zeit miteinander verbringen. Die Menschen in Bremen hatten Verständnis dafür. Es war eine heimliche Abmachung: »Wenn ihr gewinnt, könnt ihr auch feiern.« Nach Siegen traf man im Bremer Nachtleben sehr häufig auf Werder-Spieler. Das war wegen der überschaubaren Größe der Stadt unabdingbar und auch ein Teil des besonderen Charmes. Man ging auf den Freimarkt, zum Schützenfest oder in ein bayerisches Zelt und genoss die gute Stimmung, auch mit den Fans. In Bremen konnte man nicht wirklich privat feiern. Man war nahbar, mitten unter den Menschen, stand mit normalen Fans an der Theke. Im »Modernes« ging um Mitternacht das Dach auf. Frische Luft strömte herein, und alle – Fans, Spieler – sangen gemeinsam die Werder-Hymne, »Lebenslang Grün-Weiß«, und allen ging es gut. Ich kann mir nicht vorstellen, dass Ähnliches bei vielen anderen Bundesligavereinen passierte. Auch Bekannte, die weder mit Bremen noch mit Werder irgendetwas zu tun hatten, fühlten sich in diesem gemütlichen Umfeld immer außerordentlich wohl.

Thomas Schaaf hatte in Bremen alles im Griff. Er kannte alle Leute, auch die Besitzer der Bars, der Diskotheken. Man wusste das und verhielt sich entsprechend. Unter der Woche Kino: okay. Party Samstagabend, mit einer Woche Pause vor dem nächsten Match: okay. Sich unter der Woche oder zwei Tage vor Spielen volllaufen lassen: nicht okay. Es gab Spieler, die etwas zu häufig in Kasinos gingen und sich in Absprache mit dem Verein dort selbst sperren ließen oder gesperrt wurden. Der eine oder andere übertrieb es auch mit dem Feiern. Aber Schaaf musste die Mannschaft nie zur Ordnung rufen. Ich kann mich nicht erinnern, dass er uns je in der Gruppe fürs Weggehen bestraft hätte. Er sprach keine Sanktionen aus, er tolerierte das – wenn wir gewonnen hatten. Ich war diesbezüglich sehr pingelig: Feiern nur bei Sieg. Bei einer Niederlage oder einem Unentschieden blieb ich zu Hause und ließ mich nirgends blicken. Mir war dann auch nicht danach zumute, den »Larry« zu machen. Das ging einfach nicht.

Fußball macht unendlich viel Spaß und bringt einem, ab einem gewissen Niveau, finanzielle Sicherheit. Man kommt in der Welt herum und trifft viele spannende Leute. Aber Fußball ist eben auch ein Beruf. Wie in jedem Job gibt es

Dinge, die keinen Spaß machen, aber nicht zu ändern sind. Gewisse Verhaltensweisen sind einfach tabu. Man kann sich nicht alles erlauben. Es gibt Stoppschilder.

Umso schöner war es, in vernünftiger Art und Weise die Früchte der Arbeit zu genießen. Auf Englisch sagt man »*Work hard, play hard*«. Wer hart arbeitet, hat es auch verdient, ab und zu an der Theke sein Bestes zu geben. Das Profidasein ist sehr strikt, sehr intensiv und verlangt viel Disziplin, aber man braucht seine Auszeiten.

Die ersten beiden Jahre mit Werder fielen mit meiner recht kurzen Zeit als Single zusammen, und es ging teilweise schon heiß her. Fußballer waren interessant für Frauen. Sie machten da keinen Hehl daraus. Es war nicht so, dass eine Traube von vierzig Frauen kreischend über einen herfiel, aber Werder-Spieler zogen alle Blicke auf sich. Ich war nicht der Playertyp, der fünfzig One-Night-Stands hat, es gab auch in der Mannschaft keine ungesunden Rivalitäten oder irgendein Wettbewerbsdenken in dieser Sache. Wir amüsierten uns gemeinsam. Das stand an erster Stelle. Nicht, wer jetzt mehr trinkt oder wer mehr Frauen abkriegt. Das waren für uns keine Kriterien, die zählten.

Man freut sich, wenn Leute einen erkennen, wenn du in der Stadt bekannt und beliebt ist. Aber man muss mit diesem ununterbrochenen Interesse auch umgehen können. Eigentlich willst du mit deinen Freunden und Mannschaftskameraden in Ruhe gelassen werden, feiern, ohne die vielen Blicke und vor allem: ohne die Beurteilungen. Was trinkt er? Wie viel trinkt er? Warum trinkt er? Bremen war in dieser Hinsicht nicht das schlechteste Pflaster, denn die meisten Leute hielten einen gesunden Abstand. Wirklich negative Erfahrungen habe ich dort nie gemacht. Ich bin nie aus Angst, beobachtet zu werden, nach Siegen zu Hause geblieben, und es gab auch nie Stress. Manchmal arten solche

Männerabende ja aus, mit zu viel Alkohol im Blut kann alles passieren. Aber in die Situation, irgendjemandem im Affekt eine runterzuhauen, kam ich nie. Das Konfliktpotential war ja auch nicht so groß, da ich nur nach guten Ergebnissen unterwegs war und so nie auf richtig enttäuschte Fans traf. »Was machst du hier? Geh nach Hause und schäm dich!« Solche Sätze kamen mir nie entgegengeflogen.

Es gibt Menschen, die werden im alkoholisierten Zustand aggressiv. Ich aber werde nicht zum Schläger, sondern zum Tänzer. Bei langen Leuten sieht das häufig unorthodox aus. Ab einem gewissen Pegel war mir das egal. Mit dem einen oder anderen Gläschen Wodka Ahoi kam ich in meine ganz eigene Welt. Von den Blicken und dem ganzen Drumherum nahm ich dann nicht mehr viel wahr.

Ich kam ein einziges Mal zu spät zu einem Termin. Das bekam, Gott sei Dank, niemand mit. Wir hatten am Samstag gewonnen, und am Sonntagmorgen war für zehn Uhr eine Massage angesetzt. Ich hatte durchgezecht und verpennt. Das war mir noch nie passiert. Ein Kumpel weckte mich mit einem Anruf. Ich fuhr auf das Trainingsgelände. Unser Masseur Holger Berger sah mir ins Gesicht und wusste sofort Bescheid. Er behielt das für sich. Das war meine einzige Verfehlung bei Werder.

Meine – sehen wir von der eben erwähnten Ausnahme einmal ab – große Verlässlichkeit brachte mir bei Werder den Job des DFB-Doping-Beauftragten ein. Während die meisten Jungs aus dem Kader in Absprache mit dem Verein kontrolliert wurden, mussten die Nationalspieler unabhängig davon rund um die Uhr für Tests verfügbar sein. NADA, die Nationale Anti Doping Agentur Deutschland, verlangte dafür von ihnen vorab die täglichen Aufenthaltsorte, die sogenannten *»Whereabouts«*-Daten. Nationalspieler mussten angeben, wo und wann sie trainierten, wo sie schliefen, ob sie zu Spielen fuhren, und so weiter. Damals waren Smartphones und Apps noch nicht so verbreitet, das funktionierte alles über eine Webseite mit persönlichen Logins und Passwörtern. Eine sehr komplexe, ernste Sache. Wenn die Daten nicht hundertprozentig korrekt waren, sprach die NADA Verwarnungen aus. Drei Verwarnungen, und man wurde – im schlechtesten Fall – mehrere Jahre gesperrt.

Um diesen sehr aufwendigen Vorgang zu vereinfachen, holte ich zusammen mit einem Masseur von Werder jeden Monat die Termine meiner Nationalmannschaftskollegen ein und speiste sie ins System ein. Ich übernahm natürlich nicht die volle Verantwortung, trotzdem war es allen lieb, dass ich mich dieser Sache annahm. Das Programm der Nationalspieler war oft identisch, weil wir dieselben Abläufe und Termine hatten, deswegen war der Aufwand überschaubar. Es lag mir am Herzen, dass diese Aufgabe akkurat gemacht wurde, deswegen erledigte ich sie selbst. Die anderen waren damit sehr zufrieden.

Ich war eine Vertrauensperson, weil ich mich gerne für das Team engagierte und um gewisse Sachen kümmerte, die sonst vielleicht unter den Tisch gefallen wären. Die Trainer und auch die Manager nahmen mich deswegen recht zügig in den Mannschaftsrat auf, ohne dass ich das irgendwie forciert hätte. Es passte einfach.

Als Nationalspieler wurde ich zusätzlich zu den Stichproben nach Spielen bis zu zehnmal im Jahr von den Dopingprüfern unangekündigt getestet. Sie kamen teilweise auch zu mir nach Hause und standen um fünf Uhr früh vor der Tür. Ich habe das nicht als störend empfunden. Aber man konnte sich nicht gänzlich frei bewegen. Spontane Ausflüge oder Urlaubsreisen waren nicht erlaubt.

Nachdem ich aus der DFB-Elf zurücktrat, musste ich

meine *Whereabouts* nicht mehr übermitteln und wurde auch nur einmal pro Saison ad hoc getestet. Das ist im Vergleich zu anderen Spitzensportarten ein relativ laxes Regime und wirft mitunter in der Öffentlichkeit die berechtigte Frage auf, ob das nicht ausgenutzt werden kann. Bei den wenigen Dopingfällen, die ich miterlebte, ging es um Dinge wie Haarwuchsmittel, die verbotene Substanzen enthielten und – so denke ich zumindest – aus Versehen genommen wurden, nicht zur gezielten Leistungsförderung. Vielleicht bin ich in dieser Hinsicht zu gutgläubig, aber ich hatte in all den Jahren in der Bundesliga, Champions League, Premier League und den großen Turnieren mit der Nationalmannschaft nie das Gefühl, dass bei den Gegnern jemand übernatürlich schnell oder viel lief. Im Gegenteil. Bei Spielern, die später überführt wurden, dachte ich mir oft: Das hat jetzt aber nicht so die große Auswirkung gehabt.

Fitnesstrainer oder Ärzte kamen nie mit irgendwelchen komischen Mittelchen oder Spritzen, bei denen ich Zweifel gehabt hätte. Das Einzige, was ich ab und an verweigerte, waren Grippeimpfungen in der laufenden Saison – ich hatte Angst, dass sie meinen Körper zu sehr schwächen würden – und die Einnahme von Kreatin, einem legalen Mittel, das Muskeln aufbaute. Man nahm damit sehr schnell zwei Kilo an Masse zu, das konnte nicht gesund sein. Außerdem vermutete man, dass Kreatin die Muskeln anfälliger für Verletzungen machte.

Es gab Tage, da versetzte der Fußball in Bremen Spieler und Fans in einen ganz legalen Rauschzustand. Wir brachen über gegnerische Mannschaften mitunter wie eine Naturgewalt herein. Ich erinnere mich an 8:1 gegen Arminia Bielefeld, an meinem vierundzwanzigsten Geburtstag. Ein Feuerwerk. In München lagen wir ein Jahr später nach einer Stunde mit 5:0 in Führung und gewannen am Ende 5:2.

Tim Borowski, der damals bei den Bayern spielte, hatte als Einwechselspieler die beiden Ehrentreffer geschossen. Diese Jahre waren ein Traum. Thomas Schaaf war im Widerspruch zu seiner äußerlich spröden Art ein Fußballromantiker, ein schnurrbärtiger Hohepriester des Angriffsfußballs. Mit einem 3:0 war er nicht zufrieden. Er wollte Tore sehen. Viele, viele Tore. »Immer weiter, immer weiter!«, war seine Order.

Werders Spiel wurde sehr stark von der Offensive getragen. Attraktiven Angriffsfußball zu spielen lag in der DNS des Trainers. Das war sein Konzept, davon wich er nicht ab. Als Abwehrspieler dachte ich mir manchmal, dass da doch recht viele Gegenspieler auf mich zu rannten, dass sich die Mannschaft ruhig etwas tiefer hätte fallen lassen können. Unser System mit der Raute im Mittelfeld, also mit nur einem defensiven Mittelfeldspieler, ließ den Gegner gerade gegen Ende des Spiels öfters stärker aufkommen, da nicht mehr alle konsequent nach hinten arbeiteten. Wir bekamen so das eine oder andere Gegentor zu viel, aber das wurde vom Trainer und dem ganzen Verein auch so hingenommen. Schaaf gewann lieber 5:4 als 1:0. In der Stadt war man deswegen erst recht stolz auf die Mannschaft.

Jeder wusste, dass es die Abwehr in diesem Konstrukt nicht einfach hatte und öfters alleine auf weiter Flur stand. Wir wurden nicht zu Sündenböcken gemacht, im Gegenteil: Die Anerkennung für unsere Arbeit war sehr hoch. Naldo und ich waren eines der besten Pärchen der Liga. Wir hatten Renommee.

Solange die Ergebnisse zu achtzig Prozent stimmten und wir durchgehend an den europäischen Wettbewerben teilnahmen, kam nur wenig generelle Kritik an der Spielweise von Seiten der Presse oder der Zuschauer auf. Medien, Umfeld und Mannschaft zogen in Bremen am gleichen Strang.

Mit vereinten Kräften spielten wir die meiste Zeit ziemlich am Limit. Es waren goldene Zeiten unter Schaaf, die 1999 mit dem Gewinn des DFB-Pokals anfingen und 2003/04 mit dem Double aus Meisterschaft und Pokal einen Höhepunkt fanden, der noch die nächsten Jahre nachhallte. Schaaf und Klaus Allofs hatten als kongeniales Tandem eine echte Spitzenmannschaft aufgebaut, die jede Saison ganz oben mitspielen konnte. In der Stadt war eine große Genugtuung zu spüren. Wir sind Werder. Wir kommen aus Bremen. Wir stehen für tollen Fußball, wir sind eine Familie. Welcher deutsche Verein konnte das in jenen Jahren von sich behaupten? Das war in dieser Kombination schon einzigartig.

Gegen Ende der Saison 2006/07 musste ich mich am Knie operieren lassen. Im Spiel gegen Nürnberg, im April, hatte es im Gelenk »klack« gemacht, ganz ohne Fremdeinwirkung. »Klack, klack, klack.« Ich konnte mein Bein nicht mehr bewegen. Diagnose: Meniskusriss. Schon war ich wieder in dieser Maschinerie. Müller-Wohlfahrt schickte mich zu Dr. Boenisch nach Augsburg, der das ausgefranste Stück entfernte. Sechs Wochen Pause, in die Reha nach Donaustauf. Die letzten Spiele der Runde konnte ich wieder bestreiten, und die Länderspiele danach auch. Werder wurde Dritter und qualifizierte sich so erneut für die Champions League – vor dem FC Bayern, der es zum ersten und einzigen Mal in zwei Jahrzehnten nicht in die Königsklasse schaffte.

Schaafs Trainingslager auf Norderney waren legendär. Oder präziser formuliert: berüchtigt. Er machte uns lang. Richtig lang. Morgens um sieben waren Strandläufe angesetzt. Um zehn Uhr Training auf dem Platz, Koordination und Abschlüsse. Nachmittags ein weiteres Mal Training und Spielformen. Dann noch vom Platz zum Hotel zurück:

Laufen. Für mich war das nichts. Patellasehne, Achillessehne, irgendwo zwickte es bei mir immer, das war sehr schmerzhaft. Aber das war seine Methode. Er wollte den Spielern zeigen, was es bedeutet, hart zu arbeiten, in einem Hotel im Jugendherbergsstil, ohne WLAN, ohne Spa, ohne Sauna, ohne Kaltbecken. Abends konnte man ins Bett fallen. Das war die einzige Freizeitbeschäftigung. Am nächsten Morgen ging es weiter. Sechs Uhr dreißig aufstehen, aufs Fahrrad setzen, zum Strand fahren. Dieses Regime haute ordentlich rein. In den fünf Jahren bei Werder musste ich diese Tortur aber nur zweimal über mich ergehen lassen. Dank den Einsätzen mit der Nationalmannschaft hatte ich im Sommer öfters verlängerten Urlaub. *Becker-Faust!*

In der Winterpause fuhren wir meistens in die Türkei, nach Belek, einmal auch nach Dubai. In Belek war es Anfang Januar garantiert wärmer als in Bremen, aber das Wetter war wechselhaft. An manchen Tagen regnete es so stark, dass das Training ausfallen musste. Darüber war niemand im Team allzu traurig. Wir spielten dort Turniere und hatten häufig große Probleme mit örtlichen Schiedsrichtern, die doch recht seltsames Zeug zusammenpfiffen. Einige Ergebnisse kamen schon auf etwas merkwürdige Weise zustande. Aber es waren nur Testspiele. Letztendlich war einem das relativ egal.

Abends kam man aus der Hotelanlage nicht heraus. Der Schwerpunkt lag auf dem Training, ganz selten konnte man sich auswärtig amüsieren. In Belek spielten wir viel Poker. Einige junge Spieler dachten, sie könnten mithalten. Das ist auch eines dieser Phänomene im Profigeschäft: Sobald ein paar Scheine auf den Tisch kommen, wollen Nachwuchsspieler zeigen, dass sie keine Angst haben, und sich als Draufgänger profilieren. Das endete aus Sicht der Youngsters oft sehr ungut.

In meiner zweiten Saison mussten wir am letzten Spieltag bei Bayer Leverkusen gewinnen, um im nächsten Jahr wieder in der Champions League antreten zu können. Zehn Minuten vor Schluss traf Markus Rosenberg zum 1:0. Leverkusen war damit ganz raus aus den internationalen Wettbewerben. Die BayArena versank in Tristesse. Nach der Partie aber trat Carsten Ramelow zu den vielleicht noch zweihundert verbliebenen Bayer-Fans vor die Kurve, und großer Jubel brandete auf. Er beendete nach 333 Bundesligaspielen seine Karriere. Die treuesten Anhänger gaben ihm die Ehre, sangen »Humba« mit ihm, es flossen auch ein paar Tränen. Das Resultat spielte keine Rolle mehr.

Die Szene war surreal, weil wir gleichzeitig auf der anderen Seite wie von Sinnen mit unseren total euphorisierten Fans die Champions-League-Quali zelebrierten. Wir sprinteten zu ihnen und gingen danach in Richtung Kabine, doch sie ließen uns in ihrem Übermut nicht vom Platz. Wir liefen wieder und wieder zu ihnen zurück, bis allen die Puste ausging und einige schon hinkten. Dieses Glück, gemeinsam etwas erreicht zu haben … Man wollte einfach nicht, dass es aufhört. Die Fans waren beseelt von Freude, unendlich dankbar für dieses Gefühl, und ein paar Meter weiter erntete ein verdienter Spieler den aufrichtigen Dank für sein fußballerisches Lebenswerk. Ich sagte zu mir selbst: Halte diesen Moment fest. Vergiss nicht, wie er sich anfühlt. Denn man zieht ja so schnell weiter, zur Europameisterschaft, zur neuen Saison. Du hast weder die Zeit noch die mentalen Kapazitäten, die Schönheit eines solchen Augenblicks angemessen zu reflektieren.

Nach der Europameisterschaft in Österreich und der Schweiz hatte ich drei Wochen Urlaub. Gleich im ersten Training danach laufe ich mich auf dem Platz warm, und es macht wieder »Klack, klack, klack«. Wieder kein Gegner in der Nähe. Wieder ein Meniskusschaden, im linken Knie. Das war eine erschreckende Erfahrung, weil ich damals merkte: Mein Körper war nicht bereit. Ich hatte die ganze Saison durchgespielt, dann noch die EM, und nach den drei Wochen Pause streikte mein Körper. Der Gedanke »Jetzt geht die Vorbereitung wieder los, jetzt musst du wieder eine ganze Saison spielen« hat mich unbewusst psychisch so belastet, dass mein Körper reagierte: »Nein, ist nicht!« Er hat sich die Zeit geholt, die er brauchte, um sich von dem anstrengenden Jahr richtig zu erholen. Er hat mich buchstäblich in die Knie gezwungen.

So ging alles wieder den gewohnten Lauf: Untersuchung bei Müller-Wohlfahrt, OP bei Boenisch in Augsburg, Reha in Donaustauf. Jedes Jahr eine Verletzung. Das gehörte anscheinend dazu.

Das Coole an so einem Reha-Aufenthalt ist, dass du Sportler aus anderen Sportarten triffst. Athleten, die achtmal so hart wie du arbeiten, aber nur ein Hundertstel damit verdienen. Es war sehr interessant, mit Leuten vom Beachvolleyball, Basketball, Badminton, Tennis oder von der Leichtathletik tagtäglich zu sprechen und zu arbeiten. In allen Sportarten, die etwas mit einem Ball zu tun hatten, konnte ich auch ein bisschen mitspielen. Jeder hatte Lust, sich auszutauschen, man lernte dort viele gute Leute sehr gut kennen, obwohl man es als Fußballer zunächst nicht ganz einfach hatte. Fußballer hatten bei den anderen Sportlern nämlich den Ruf weg, arrogant zu sein. Man musste bei ihnen erst einmal Überzeugungsarbeit in eigener Sache leisten; ihnen zeigen, dass man bodenständig war und ein normales Gespräch führen konnte. Wir sind nicht alle überheblich.

Mit Frauenhandball hatte ich bis zu diesem Aufenthalt noch nie Berührungspunkte gehabt, aber das sollte sich gravierend ändern. Eine Handballerin, die mit mir die Reha machte, sah unglaublich gut aus. Athletischer Körperbau, selbstbewusstes Auftreten, sie gefiel mir sofort. Ich vermute aber, dass der erste Eindruck, den sie von mir hatte, weit weniger spektakulär war, denn mit meinen beiden weißen Thrombosestrümpfen an den Beinen fühlte ich mich nicht ganz so sexy wie sonst. Immerhin, sie taugten als Eisbrecher. Ulrike kannte mich nicht, kam aber gleich ganz unbekümmert auf mich zu und wollte wissen, ob ich an beiden Knien operiert worden sei. Den zweiten Strumpf trug ich nur als Vorsichtsmaßnahme. Später sagte sie mir, ihr erster Gedanke sei gewesen: »Was ist denn das für ein Heiopei?«

Man kann sagen: Das Interesse war auf Anhieb da. Ich lief gleich zu Klaus Eder, um mich nach ihrem Alter zu erkundigen; ob das irgendwie passen könnte mit uns beiden. Er sagte: »Baujahr 1984«, sie war also im gleichen Alter wie ich. Damit war die Ampel bei mir endgültig auf Grün. Das könnte was werden, dachte ich mir. Sie reizte mich. Natürlich optisch, aber noch vielmehr aufgrund ihrer Persönlichkeit. Sie nahm kein Blatt vor den Mund und war mutig. Dass ich ein erfolgreicher Fußballnationalspieler war, ließ sie kalt. Ihr Selbstbewusstsein und sportlicher Ehrgeiz machten einen großen Eindruck auf mich. Sie war klug, frisch und hatte einen super Humor. Wir waren einfach auf einer Wellenlänge. Das war von Tag eins an klar.

Leider aber hatte Ulrike von meinem Berufsstand nicht die beste Meinung. »Fußballer sind arrogant, ich kenne die«, sagte sie. Sie spielte professionell Handball beim HC Leipzig und hatte mit einigen Kickern von Sachsen Leipzig und Lok Leipzig aus den unteren Ligen Bekanntschaft gemacht. Das waren sehr nassforsche Jungs, komplett auf Attacke gebürstet, nicht ihr Fall. Ich wollte sie unbedingt davon überzeugen, dass dieses Klischee nicht auf alle Fußballer zutraf, und auf mich aufmerksam machen, weil sie mich mit ihrer natürlichen Art völlig in ihren Bann gezogen hatte. Über das gemeinsame Thema Verletzungen kamen wir ins Gespräch. Sie hatte sich in der Qualifikationsrunde für die Olympischen Spiele in Peking einen Kreuzbandriss zugezogen und war von Nadine, der Physiotherapeutin vom HC Leipzig, nach Donaustauf geschickt worden. »Geh dorthin, das sind die Besten«, hatte Nadine ihr empfohlen.

Als Handballerin hatte sie es schwieriger als ich, dem alle Therapien und die Einzelbehandlung anstandslos gezahlt wurden. Sie hatte nur Anspruch auf eine Behandlung am Tag. Bei mir waren es vier, da gab es einen anderen Satz. Sie musste bei der Berufsgenossenschaft für jede Reha-Woche ein gesondertes Attest einreichen und regelrecht darum kämpfen, dass die Kosten getragen wurden. Sie war nach mehreren Monaten Pause schon fast wieder fit, merkte aber, wie sehr sie von der professionellen Therapie profitierte. Dementsprechend wollte sie gerne länger bleiben. Auch um mehr Zeit mit mir zu verbringen, natürlich.

Ich glaube, es wissen nicht viele, dass Vereine in Deutschland verletzten Profis nur die ersten sechs Wochen das volle Gehalt fortzahlen, ganz egal, in welcher Sportart. Danach übernimmt die Berufsgenossenschaft dein Gehalt – aber nur bei einem Unfall, nicht bei Verschleiß – und auch nur bis zu einem Maximalsatz von sechstausend Euro im Monat. Für Bundesligaspieler bedeutet das in der Regel gewaltige Einbußen. Man kann sich privat versichern, aber diese Policen sind extrem teuer. Dieses Gefüge baut sehr großen Druck auf Profis auf, nach sechs Wochen zurückzukommen beziehungsweise sich nach sechs Wochen von den Ärzten gesundschreiben zu lassen. Aber was heißt »gesund« sein? Heißt das, wieder mit der Mannschaft trainieren zu können, oder heißt das, spielen zu können? Und wer zahlt die Reha, der Verein oder die Berufsgenossenschaft? Es gibt da unterschiedliche Wahrnehmungen und diverse Regelungen. In Deutschland als Fußballprofi verletzt zu sein, ist eine Herausforderung. Man kann sehr viel Geld verlieren. Vielen ist das gar nicht bewusst, sie sind nicht ausreichend abgesichert. Mich hat es zum Glück nie länger als sechs Wochen am Stück erwischt, als ich in der Bundesliga spielte.

In England zahlen die Vereine das Gehalt eineinhalb Jahre weiter voll aus. Das macht einen riesigen Unterschied, gerade bei etwas älteren oder verletzungsanfälligen Spielern. In die Reha zu gehen ist hier auf der Insel überhaupt kein Problem, weil man die Kosten dann ja komplett selbst tragen kann.

Ich versuchte Ulrike mit meinen Handballkünsten zu beeindrucken. Wir spielten einige Male zusammen, und ich wollte ihr zeigen, dass ich auch einen Drehwurf und einen Sprungwurf im Köcher hatte. Anfänglich ging das nicht so gut – auf einem Bein herumzuhüpfen ist ein bisschen schwierig –, aber mit der Zeit sah das ganz ordentlich aus. Wir forderten uns gegenseitig in allen möglichen Sportarten heraus, veranstalteten unseren privaten Mehrkampf. Sie war sicher: Sie kann besser Beachvolleyball spielen als ich. Und auch besser Basketball. Sie hat sich dann aufgeregt, weil ich alles so gut konnte. Ulrike war auch felsenfest überzeugt, dass sie auf zehn Meter schneller sei als ich. In ihrer Heimatstadt Oschatz probierten wir das einige Monate später aus, auf der Straße, zwischen zwei Leitpfosten. Da musste sie leider schnell einsehen, dass gegen mich kein Kraut gewachsen war. Null.

Sie spielt heute noch ein bisschen Handball in London, und wenn ich nach Hause komme, bin ich meistens zu müde, um es sportlich mit ihr aufzunehmen. Aber wenn wir im Urlaub Zeit haben, treten wir gegeneinander an:

zum Mertesacker-gegen-Mertesacker-Battle im Basketball, Beachvolleyball oder Tennis. Tennis besonders gerne. Sie weiß, dass ich früher bei Pattensen im Verein gespielt habe und extrem gut bin. Ich versuche immer, schön gemächlich zurückzuspielen. Das nervt sie dann. Aber wenn ich durchziehe und ihr zeige, wie deutlich ich überlegen bin, ist es auch wieder falsch. Aufgrund unseres sportlichen Ehrgeizes sind Kämpfe vorprogrammiert. Ulrike weiß genau, dass sie auf einen Gegner trifft, der keineswegs zu unterschätzen ist. Diese Lektion hat sie mittlerweile gelernt. Ihr Selbstbewusstsein hat das aber nicht nachhaltig erschüttert. Sie rennt immer wieder an.

Diese Tollkühnheit, die sie an den Tag legte, hat mich von der ersten Sekunde an gepackt. Als halbwegs erfolgreicher Fußballer lebt man ja so in einer kleinen Blase. Überall Schulterklopfer. Überall wird man gerne gesehen und genommen. Ulrike sah nicht zu mir auf. Sie war total unbeeindruckt und gab viel Kontra. Ich dachte: »Aha, das ist jemand auf Augenhöhe, sie ist dir ebenbürtig.« Ich wollte mehr wissen und näher ran. Ich wollte alles wissen.

In Donaustauf bildeten wir nach einigen Tagen eine kleine Schicksalsgemeinschaft. Wir unterstützten uns, aßen zusammen, trainierten zusammen. Ehe wir uns richtig versahen, waren wir ein Paar. Ich wollte es ruhig und unverbindlich angehen lassen. Als Fußballer ist man eher locker. Man schäkert ein bisschen und schaut dann mal, wo die Reise hingeht. Aber Ulrike ließ das nicht zu. Sie stellte mich nach einer Weile zur Rede. »Was ist jetzt? Ist das diese typische Fußballernummer, von wegen: ›Ich hab sonst nichts zu tun, ich mach jetzt mal, und hinterher kannst du dich ja verabschieden‹? Da mach ich nicht mit. Ich möchte jetzt wissen: Ist das was mit uns beiden?« Ich musste erst mal schlucken. »Ja, ich kann mir das schon vorstellen …«

Am Ende ihres zweiwöchigen Aufenthalts konnte Ulrike sich wieder ganz gut bewegen. Der Kreuzbandriss war ausgeheilt, die Muskeln wiederhergestellt, sie sollte wieder sportlich angreifen. Am letzten Tag holten ihre Eltern sie in Donaustauf ab, und sie stellte mich vor. Ihr Vater nahm mich beiseite und sagte zu mir: »Weißt du überhaupt, auf was du dich da einlässt? Meine Tochter ist zickig und launisch. Du wohnst in Bremen, und wir sind in Leipzig. Wie soll das funktionieren?« Ich war perplex. Ich hatte nicht gewusst, dass das schon das Bewerbungsgespräch war.

Es war nach den wenigen gemeinsamen Tagen so weit mit uns, dass wir eine Fernbeziehung versuchten. Mal kam sie nach Bremen, mal fuhr ich nach Leipzig, das waren dann jeweils drei, dreieinhalb Stunden Anreise. Hannover war eine Zeit lang unser Treffpunkt in der Mitte, eine Stunde von mir, zwei von ihr entfernt. Das waren ziemlich anstrengende Monate. Sie war Vollprofi, spielte in der Nationalmannschaft und studierte daneben noch fürs Lehramt, Deutsch und Erdkunde. Die Wochenenden waren blockiert, meistens trafen wir uns an Donnerstagen. Wir realisierten sehr fix, dass das dauerhaft auf keinen Fall halten würde. Wir konnten so nicht weitermachen. Wir fassten den Entschluss, enger zusammen zu sein und eine Familie zu gründen. Diese Schritte, die vielleicht bei anderen etwas länger dauern, gingen wir relativ schnell an. Und selbst ihr Vater hat mich mit seiner Warnung nicht vom Gegenteil überzeugen können. Ich hörte nicht auf ihn. Zum Glück.

Die Lösung für uns hieß: VfL Oldenburg. Der Verein spielte damals in der Handballbundesliga, das traf sich bestens. Ulrike wechselte im Sommer dorthin, um mit mir in Bremen wohnen zu können. Da sie vertraglich noch an Leipzig gebunden war, zahlte Oldenburg achtzehntausend Euro Ablöse für sie. Wir zogen in Bremen in eine gemeinsame Wohnung, und sie fuhr regelmäßig nach Oldenburg zum Trainieren und Spielen. Das war weniger als eine Stunde entfernt.

Ulrike verdiente zweitausend Euro netto im Monat, das war damals im Frauenhandball ein gutes Gehalt. Mitte 2010 entschieden wir uns, eine Familie zu gründen. Unser Kinderwunsch erfüllte sich schnell. Im April 2011 kam Paul, unser erster Sohn, in Bremen zur Welt.

2008 war die beste Reha aller Zeiten. Weil ich dort Ulrike kennenlernte. Dennoch machte ich mir damals ernsthafte Gedanken über meine weitere Karriere. War es wirklich normal, jedes Jahr einige Wochen verletzt auszufallen? War das eine normale, unvermeidliche Folge der Belastungen, denen man ausgesetzt war? Musste man als Profi seinen Körper quasi opfern? War das der Deal? Ich entschied für mich, den Meniskusriss im ersten Training der Saison als ein Alarmsignal zu verstehen. Ich musste im Alltag noch mehr machen, über die Massagen nach dem Spiel und die normalen Behandlungen hinaus.

Miro Klose gab mir den Tipp, über Einlagen in den Schuhen nachzudenken. Er schickte mich zum Orthopädiezentrum nach Bremen-Nord. »Guck dir das an«, sagte er, »die verbessern deinen Laufstil und machen Extratraining mit dir. Dann wird alles besser.« Ich vertraute Miro. Du hörst auf erfahrene Spieler an deiner Seite.

Es wurde eine Laufbandanalyse vorgenommen. In der Zeitlupe sah man, wie mein Becken bei jedem Schritt einbrach und ich diese falsche Bewegung immer mit dem Rücken kompensierte. In der normalen Geschwindigkeit war das nicht zu erkennen. Der Meister, Jens Asendorf, sagte: »Ja, du brauchst Einlagen. Und wir bauen mit Personal Training deinen Muskelapparat auf. Denn du musst dich mehr schützen. Fußball ist leider ein Laufsport, und du machst so viele Bewegungen mit deinen langen Gräten, das wird auf Dauer Schäden hinterlassen.«

Das leuchtete ein. Ich war angefixt. Das Zentrum vermittelte mich an zwei Fitnesstrainer, die ihr Studio in der Nähe des Weserstadions hatten. Sie hießen Jacek und Tomek, stammten aus Polen und waren zwei harte Hunde. Nach dem Auslaufen im Stadion, am Tag nach einem Spiel, fuhr ich um dreizehn Uhr dorthin und trainierte. Meistens einmal die Woche, manchmal auch zweimal.

Eigentlich schraubte man an diesen Tagen die Belastung komplett runter. Man regenerierte nur, aber ich fuhr meinen Körper hoch: neunzig Minuten Stabilisationsübungen, nur mit dem eigenen Körpergewicht. Die amerikanischen Fitnessexperten um Mark Verstegen, die Jürgen Klinsmann zur Nationalmannschaft gebracht hatte, machten ähnliche Dinge, allerdings weitaus komplizierter, mit Gummibändern und Schlitten und so weiter.

In Bremen waren es ganz einfache Bewegungen, wirklich Basics, für Bauch, Rücken, Beine, Po, die aber in der Summe unheimlich anstrengend waren. Ich lag auf dem Boden und bewegte mein Bein vierzigmal rauf und runter. Dann, in einer neuen Position, wieder das Bein vierzigmal heben, bis die Krämpfe kamen. Vierzigmal den Bauch rauf und runter, vierzigmal die Hüfte hoch und zurück. Vierzig Sekunden lang strecken und halten. Es war wie ein Bundeswehrdrill. Absolut *hardcore.*

Am Anfang dachte ich: Das packst du nicht. Aber ich war extrem motiviert, weil einer der beiden neben mir alles mitmachte und einen unglaublichen Körper hatte. Der andere machte mich derweil kräftig zur Sau, wenn ich keine vernünftige Stellung einnahm oder abbrechen wollte. Nach einer Weile merkte ich, wie gut mir das tat. Ich stand auf Wackelbrettern, um die kleinen Muskeln an den Knien zu trainieren, und spürte, dass mir dies mehr Stabilität einbrachte. Danach gab es immer noch aktive Dehnübungen. Meine vordere und hintere Oberschenkelmuskulatur wurde bis in alle Universen gedehnt. Dann ging ich unter die Dusche und kam total aufgeladen wieder raus. Natürlich platt, aber mit dem Gefühl, viel für mich selbst geleistet zu haben. Ich konnte nach den Spielen auch schneller regenerieren. Das war komplett Neuland für mich.

Der Orthopäde machte zudem meine Schuhe an der Ferse weicher, damit ich weniger Druck auf der Achillessehne hatte. Seit ich nach der WM 2006 dort am Knochen operiert worden war, war ich nie komplett schmerzfrei gewesen, die Stelle war latent gereizt. Ich konnte endlich wieder laufen, ohne dass es da hinten wehtat. Wir überprüften auch die Wirkung des Trainings und der Einlagen immer wieder mit Laufanalysen. Man konnte erkennen, dass sich mein Laufstil positiv veränderte, dass die Hüfte stabiler war und ich so weniger mit Beinen und Rücken kompensieren musste. Meine Beine liefen gerader, ausbalancierter. Die Belastungen des Spielbetriebs konnte ich so viel besser abfedern. Ich fühlte mich zwischen den einzelnen Partien weit weniger kaputt.

Ich forderte meinen Körper, investierte Zeit und Geld. Zehn Einheiten pro Monat kosteten dreitausend Euro. Nicht viel Geld für einen Profi, gemessen an dem positiven Effekt. Mir war es das auf jeden Fall wert. Man sagt ja gerne, dein Körper ist dein Kapital. Aber was macht man wirklich dafür? Wie sehr denkt man vor allem am Anfang seiner Karriere daran? Ich hatte keine Ahnung gehabt, welchen Unterschied so ein bisschen Extraarbeit machen konnte. Die engsten Freunde in der Mannschaft, denen ich im Vertrauen davon erzählte, sagten: »Was, dreitausend Euro im Monat? Viel zu viel Geld. Ein Fitnessstudio haben wir doch im Verein.«

Bei Werder hätte man dieses individuelle Vollgastraining mit zwei Trainern nur für mich nicht leisten können. Ich aber brauchte diesen externen Impuls und zog das bis zu meinem Abschied aus Bremen im Sommer 2011 gnadenlos durch. Ich wurde in der Folge nicht komplett von Verletzungen verschont. 2009 rissen mir in einem Spiel gegen den Hamburger SV nach einem Foul von Ivica Olić ein weiteres Mal die Bänder im Sprunggelenk. Aber das war ein unvermeidlicher Unfall mit recht brutaler Einwirkung eines Gegners, keine Reaktion auf chronische Überlastung oder Fehlbewegungen.

Werder wusste nichts von meinem heimlichen Spezialtraining. Es gibt viele verschiedene Theorien, wie man sich zwischen den Spielen am besten wiederherstellt. Der Verein wollte, dass die Spieler am Tag nach einem Match gar nichts machten. Auslaufen plus Massage und dann nach Hause. Einige Spieler machten ein bisschen Krafttraining. Werder bekam von meinem Programm erst am Ende, nach knapp drei Jahren Wind und war im Endeffekt nicht einverstanden damit. Aber da war es schon zu spät. Bremen, mit seinen kurzen Wegen zwischen Wohnung, Stadion, Training und Fitnessstudio bot wirklich die perfekten Bedingungen für mich, um stärker als je zuvor an den physischen Grundlagen zu arbeiten.

Die Saison 2008/09 stand sportlich ganz im Zeichen der Rivalität mit unseren norddeutschen Nachbarn vom HSV. In drei verrückten Wochen spielten wir viermal gegen die Rothosen. Einmal in der Liga, zweimal im Halbfinale des UEFA-Pokals, einmal im Halbfinale des DFB-Pokals, alle Spiele mit dem besseren Ausgang für uns. Und mit einem Abstaubertor von mir im DFB-Pokal im Volksparkstadion.

Es war im Rückspiel des UEFA-Cups, in dem ich nach einem Zweikampf mit Olić umknickte, er mir danach noch auf den Fuß trat und mich dabei so unglücklich erwischte, dass an der Außenseite des Knöchels alle Bänder durch waren. Dadurch fiel ich für die beiden Endspiele aus. Gegen Schachtar Donezk verloren wir, aber das DFB-Pokalfinale gegen Leverkusen in Berlin konnten wir mit 1:0 für uns entscheiden. Meine erste Trophäe.

Die Freude in Bremen war überwältigend. Noch nie hatte ich in einer Stadt so viel Begeisterung erlebt. Den Weg der Mannschaft vom Flughafen zum Balkon des Rathauses säumten gefühlt hunderttausend Menschen. Man kann es gar nicht fassen, wie viele Leute da sind, wie glücklich und zufrieden sie sind, wie dankbar. Und das alles auf einem Haufen, ganz eng beieinander, weil sich alle mit Werder Bremen verbunden fühlen.

Als Spieler steckst du während der Saison in einer Mühle. Du bist so stark auf das nächste Spiel fokussiert, dass vieles aus dem Blickfeld gerät. Man muss sich selbst ständig ermahnen, nicht die einfachsten Zusammenhänge zu vergessen. Warum du dieses Spiel eigentlich spielst, zum Beispiel. Fußball ist in Deutschland Volkssport Nummer eins. Fast alle interessieren sich dafür. Deswegen ist so viel Geld im Spiel. Deswegen verdienen Spieler, Trainer, Funktionäre und Berater so gut. Wir werden nicht nur fürs Spielen bezahlt, sondern auch dafür, den Menschen Freude zu bereiten. Kinder zu treffen, Videobotschaften zu sprechen, einfach da zu sein und Autogramme zu schreiben, auch beim Training, wenn Tausende von Fans da sind: Das ist der Job.

Ein Foto, eine Unterschrift, ein nettes Wort. Es braucht nicht viel, um Kinder glücklich zu machen. So glücklich wie ich damals war, als Ingo Anderbrügge mir kleinem Pimpf fünf Sekunden seiner Zeit und eine Unterschrift schenkte. Sind die Kinder glücklich, sind es auch die Eltern. Immer, wenn ich das Gefühl hatte, ich will das alles nicht mehr, die Leute sollen mich doch bitte alle in Ruhe lassen, habe ich gedanklich wieder die Kurve bekommen und mich daran erinnert, dass mein Leben und mein Beruf die Verpflichtung mit sich bringen, sich bei den Menschen für ihre Zuneigung und Unterstützung angemessen zu bedanken. Man muss es zu schätzen wissen, dass man anderen mit so geringem Aufwand so schöne Momente bescheren kann.

»Sei froh. Sei froh, dass du in dieser Position bist.« Mir klangen immer wieder diese Worte meiner Eltern in den Ohren. Sie hatten gleich zu Beginn meiner Profikarriere darauf bestanden, dass ich meine Autogrammpost jede Woche selbst erledigte. Ich hatte nicht immer Lust darauf und auch nicht immer die Zeit. Ich ertappte mich dabei, dass ich einige Briefe länger liegen ließ. Ich wollte meine Ruhe haben. Aber es dauerte nie lange, bis mich das schlechte Gewissen wieder einfing. Du kannst nicht davor weglaufen, das Richtige zu tun.

Die meisten Fans wollten Autogrammkarten. Aber viele schickten auch Panini-Aufkleber oder Match-Attax-Karten, Fotos und Trikots. Alles was man unterschreiben konnte. Unterwäsche von weiblichen Verehrerinnen kam bei mir nie an. Dafür schickten Fans aus China und Japan gerne selbstgemalte Bilder. Es gab auch sehr viele Anfragen für Benefizaktionen. Unterschriebene Trikots wurden für wohltätige Zwecke versteigert, mit ein paar Hundert Euro Erlös konnte man schon etwas Vernünftiges anfangen. Das war auch einer der Gründe für mich, 2006 meine eigene Stiftung ins Leben zu rufen. Mir war bewusst geworden, wie leicht es war, Geld für eine gute Sache zu sammeln. Ich hatte die Möglichkeiten dazu. Ich wurde zum Training gefahren, ich hatte Trainingsklamotten, ich hatte Schuhe. Es gibt viele, die das nicht haben. Damals war mir das nicht so bewusst. Heute bin ich überglücklich, dass wir in einem kleinen Rahmen einen großen Unterschied machen können. Ich glaube daran, dass wir den Auftrag haben, diese bei Weitem nicht perfekte Welt mindestens ein winziges Stückchen besser zu machen. Mit den Möglichkeiten wächst auch die persönliche Verantwortung, Gutes zu tun.

Nach dem Olić-Bänderriss wurde wieder das gewohnte Protokoll aktiviert: Müller-Wohlfahrt, OP, Donaustauf. Ich hatte meinen festen Zirkel aus Ärzten, Betreuern und Trainern und fühlte mich gut versorgt. Die Verletzung hat sich gegen Ende der Saison 2009/10 zugetragen, rechtzeitig zur neuen Spielzeit war ich wieder fit.

Durch den Gewinn des DFB-Pokals hatten wir uns für den UEFA-Pokal qualifiziert. Aber in der Bundesliga waren wir nur auf Platz zehn gelandet. Ein kleiner Abwärtstrend deutete sich an. Werder, das die Abgänge von großen Stars jahrelang mit sehr viel Geschick auf dem Transfermarkt kompensieren konnte, hatte mit zwei, drei teuren Neuverpflichtungen kein Glück gehabt und musste zudem das Budget für Gehälter und Transfers nach unten anpassen. Die zwanzig Millionen Euro, die aufgrund der verpassten Königsklasse fehlten, rissen ein Riesenloch in den Etat. Die Folge dieses wirtschaftlich sehr vernünftigen Kurses war ein unweigerlicher Qualitätsverlust. Große Stars wurden nun noch schneller verkauft und nicht mehr ebenbürtig ersetzt. Der Verein geriet in einen Teufelskreis: Ohne die Champions League fehlte das Geld, eine Champions-League-taugliche Mannschaft zusammenzustellen.

2009/10 konnte wir als Mannschaft diesem schleichenden Prozess ein letztes Mal trotzen. Wir wurden mit einem großen Kraftakt Dritter und spielten damit abermals in der Champions League. Es war jedoch absehbar, dass die hohe Fluktuation im Kader im Verbund mit dem immer enger werdenden finanziellen Rahmen mittelfristig auf Kosten der sportlichen Leistungsstärke gehen würde. Das war schlichtweg vorprogrammiert.

Mit Mesut Özil verließ nach der Weltmeisterschaft in Südafrika auch schon wieder der nächste Topspieler den Verein. Ich deutete gegenüber Klaus Allofs an, dass ich ebenfalls mit dem Gedanken spielte, Werder zu verlassen. Arsenal FC hatte Interesse an mir bekundet, und die Versuchung war sehr groß. Arsenal hatte seit den Tagen bei Tante Ute in Plymouth seinen Platz bei mir im Hinterkopf, und das Ziel Premier League hatte ich nun erstmals konkret vor Augen. Dieses Jahr kannst du es schaffen, dachte ich. Ich hatte bereits so viel aus mir herausgeholt, so viel aus meinen eigentlich gar nicht vorhandenen Fähigkeiten gemacht. Ich wollte es nun komplett ausreizen. Ich wollte eine Auslandserfahrung machen; ohne zu wissen, was das bedeutet, was das alles mit sich bringt. Ich wollte es nur unbedingt versuchen. In England. Das war mein Wunsch.

Aber Klaus Allofs wollte in diesem Sommer keinen zweiten Leistungsträger verlieren. »Wir lassen dich auf gar keinen Fall gehen«, verfügte er. »Du stehst hier noch zwei Jahre unter Vertrag.« Ich akzeptierte das.

Wir spielten eine fürchterliche Saison. In der Champions League flogen wir hochkant nach der Vorrunde raus, wir konnten nicht einmal Dritter in einer Gruppe mit Inter Mailand, Tottenham Hotspur und Twente Enschede werden. Noch schlechter sah es in der Liga aus. Spiel um Spiel ging verloren. Es gab richtige Packungen, ein 0:6 bei Stuttgart, ein 0:4 auf Schalke. Zu Hause fehlte die gute alte Weserstadion-Atmosphäre, da das Stadion umgebaut wurde. Die Angst bei den Gegnern verschwand. An Weihnachten standen wir nur vier Punkte über dem Relegationsplatz und mussten uns endgültig eingestehen: Wir sind im Abstiegskampf.

Ich kannte die Situation aus Hannover, aber in Bremen traf es uns alle völlig unvorbereitet. Man war angetreten, um wieder um die Champions-League-Plätze zu spielen. Nach einigen Monaten ging es nur noch darum, in der kommenden Saison Spiele gegen Rot-Weiß Oberhausen oder Erzgebirge Aue zu verhindern. Für eine Mannschaft, die es gewöhnt war, die meisten Spiele zu gewinnen, war es sehr schwierig, mit diesen ständigen Rückschlägen umzugehen. Der Trainer war unzufrieden. Die Spieler waren unzufrieden. Die Fans verstanden die Welt nicht mehr. Was war mit ihrem geliebten Werder passiert? Die üblichen Mechanismen griffen nicht mehr. Aber wir wussten nicht, warum. Wir kamen aus diesem Abwärtsstrudel nicht raus und fühlten uns, auf Deutsch gesagt, beschissen. Wir ließen unseren Klub und unsere Stadt im Stich. Im Zuge dieses Misserfolgs passierten ein paar emotionale Dinge. Die Nerven waren angespannt.

Marko Arnautovič, der österreichische Stürmer, ließ seiner Frustration freien Lauf. »Saftladen« entfuhr es ihm vor laufenden Kameras, als die Mannschaft auf dem Weg zum Training für eine Besprechung zurück in die Kabine beordert wurde. Er hatte überragende Fähigkeiten, hatte es mit seiner sehr eigenbrötlerischen Art aber nicht einfach, sich zu integrieren. Die Menschen wunderten sich, warum er eine weiße Mauer um sein Haus bauen ließ, und auch über die Aufschrift »Champions-League-Sieger 2010« auf seinen Schuhen. Er hatte für Inter Mailand im Vorjahr keine Minute in der Königsklasse gespielt. In der Kabine firmierte er unter dem Spitznamen »Astro«, weil er mit dem Kopf oft ganz woanders war. »Astro« war im Grunde in Ordnung, nur mit seinen einundzwanzig Jahren vielleicht noch etwas unreif. Ganz sicher war er nicht alleine an der Misere schuld. Die Versuche, es mit schwierigen Charakteren, die anderswo schon gescheitert waren, zu probieren, waren in Bremen Teil des Geschäftsmodells. Viele dieser komplexen Persönlichkeiten kamen in dem ruhigen, nachsichtigen Umfeld voll zur Entfaltung. Ein Ailton funktionierte zum Beispiel nur bei Werder. Im Abstiegskampf sah man solchen Individualisten ihre Extravaganzen aber weniger nach. Wer sich von sich aus außerhalb des Kollektivs stellt, steht, wenn es regnet, auch als Erster alleine ohne Schirm da.

Es gab einige Krisensitzungen. Thomas Schaaf verlangte von jedem Spieler, dass er sich zur Lage äußerte und seine jeweilige Sicht vortrug. Er und Klaus Allofs hörten sich das alles ungerührt an, fünfundzwanzig verschiedene Erklärungen und Ideen. Dann sagte er: »Das ist ja alles toll, was ihr hier erzählt. Aber jeder redet nur über andere. Nicht einer von euch hat etwas über sich gesagt, was er verbessern könnte an der Situation. Nicht einer von euch ist mit sich selbst ins Gericht gegangen und hat gesagt: ›Ich habe da Mist gespielt und einen Fehler gemacht!‹ Wenn ihr euch nicht schleunigst Gedanken über eure eigenen Leistungen macht und die Probleme weiter auf andere schiebt, können wir das alles gleich lassen!«

Schaaf führte uns in dieser Besprechung vor Augen, wie schwer sich Fußballer mit Selbstkritik tun. Schuld waren immer andere. Wir mussten umdenken. Schaaf setzte damals auch ausgiebige Nachbesprechungen von Spielen an, um alle Defizite schonungslos aufzuarbeiten. Wir sahen Partien noch einmal komplett an, vereinzelt sogar zweimal hintereinander. Er hielt das Bild an, spulte vor und zurück und erklärte so lange die Fehler, bis es alle kapiert hatten. Und dann noch ein weiteres Mal, zur Sicherheit. Manchmal saßen wir drei Stunden zusammen. Er war da rigoros. Thomas Schaaf wollte, dass wirklich jeder verstand, was er wollte, und das dauerte nun mal. Ich persönlich empfand das mehr als Hilfe, weniger als Zumutung. Aber natürlich war das auch eine Art von Bestrafung. Einige Spieler waren zum letzten Mal vor fünfzehn Jahren zur Schule gegangen. Auf einem Stuhl zu sitzen und sich zwei Stunden lang auf einen Vortrag zu konzentrieren waren sie nicht gewöhnt. Es nervte sie. Sich als Fußballer drei Stunden am Tag mit dem Job auseinanderzusetzen, war schon zu viel. Thomas Schaaf wusste jedoch genau, was er machte. Diese Form von, sagen wir mal, konstruktiver Härte war nun gefragt. Jeder Trainer hat da seine eigenen Methoden.

Manchmal muss man bestraft werden, um Dinge wirklich zu ändern. Negatives wird im Fußball gerne weggewischt, man geht oft den Weg des geringsten Widerstands. Schaaf aber zeigte unmissverständlich auf, dass das Konsequenzen hatte. Und wer erfolgreich sein wollte, musste diese auch spüren, wenn er durch eigenes Fehlverhalten auf dem Platz Erfolge gefährdete oder verhinderte. Diese ewiglangen Besprechungen bewirkten, dass man seine eigenen Leistungen stärker hinterfragte und die Niederlagen nicht mehr auf so schwammige Gründe wie »Abstimmungsschwierigkeiten« oder auf die »Versäumnisse der Nebenleute« abwälzte.

Mit Kritik umgehen, kritikfähig zu sein, ist ein großes Thema. Niemand möchte vor der Gruppe bloßgestellt werden, das ist in einer Profimannschaft nicht anders als in der Schule. Man fühlt sich nackt, schutzlos. Man hat Angst um seine Position in der Truppe, um seine Reputation. Kritik tut weh, weitaus mehr als ein Tritt gegen das Schienbein. Der Trick ist, zu verstehen, dass das zwar persönlich, aber nicht böse gemeint ist. Erst, wenn der Trainer gar nichts mehr über dich oder zu dir sagt, wird es richtig gefährlich. Kritik ist immer auch ein Zeichen, dass der Trainer noch auf dich zählt und dir helfen will. Selbst wenn dabei deutliche Worte fallen. Die Saison 2010/11 war zwar von allen

Spielzeiten in Bremen die unangenehmste, zugleich aber auch die lehrreichste.

Zwischen Mannschaft und Fans hatte in Bremen wirklich kein Blatt gepasst. Aber ihre Liebe schlug in jener Saison in Enttäuschung um. Sie konnten es sich nicht erklären, dass ihr Werder auf einmal am falschen Ende der Tabelle stand. Viele dachten, es müsse am mangelnden Einsatz liegen, die Mannschaft konnte ja spielen. Einige vermuteten, den reichen Fußballern seien die Sorgen der Anhängerschaft egal. Man musste sich von den Menschen auf der Straße oder am Trainingsplatz kritische Fragen gefallen lassen, sich rechtfertigen. Vieles wurde explizit an der Abwehr festgemacht. An mir. Das war nach den Jahren der Erfolge und der phantastischen Siege eine große Umstellung. Aber es gab bei Weitem nicht nur negatives Feedback. Die Fans hatten auch aufmunternde Worte für einen übrig. »Wird schon. Nicht aufgeben«, und so weiter. Ein paar Autogrammjäger waren bei Wind und Wetter da, sie hielten uns unabhängig von den Resultaten die Treue. Es gab viele unterschiedliche Begegnungen, die mich alle auf gewisse Weise weiterbrachten. Diesen Kontakt und Austausch mit den Fans vermisste ich in London ein wenig. Hier war man als Spieler vollkommen isoliert.

Die Zusammenarbeit mit den Pressevertretern änderte sich ebenfalls in jenen düsteren Tagen. Die unkomplizierte Zugänglichkeit, die das Profidasein in Bremen kennzeichnete, wurde jetzt ein bisschen unangenehm. Auf dem Parkplatz vor dem Trainingsgelände hatte man praktisch jeden Tag eine *Mixed Zone*, das heißt, die Reporter standen dort Spalier und sprachen einen auf die negative Stimmung an. Zwischen Kabine und Trainingsplatz konnten sie dich auch abfangen. Man war quasi umzingelt und zum Abschuss freigegeben, auch für Fotografen. Das stört niemanden, wenn man dauernd gewinnt und alle lachen. Nach Niederlagen ist das anders. Du läufst mit einem Riesenhals durch die Gegend, du gehst dir selbst auf die Nerven und sollst dann noch irgendetwas halbwegs Intelligentes erzählen. »Sorry, heute nicht.« Von den Journalisten kam da der eine oder andere Spruch zurück, was aber in Ordnung war. Es war auch für sie eine missliche Lage. Die meisten waren selbst Werder-Fans und litten unter dem Absturz kaum weniger als wir.

Wir mussten fast bis zum Ende zittern, konnten aber mit einem 2:0-Heimsieg gegen Borussia Dortmund am vorletzten Spieltag den Klassenerhalt sichern. Die Borussen waren mit Jürgen Klopp eine Woche zuvor Meister geworden; im Weserstadion hatten einige offensichtlich noch Restalkohol im Blut. Einen geraden Ball konnte kaum einer von ihnen spielen. Wir gewannen die Partie ungefährdet und konnten einen Haken hinter diese schreckliche Saison setzen.

Im darauffolgenden Sommer wurde ich vor Beginn der neuen Spielzeit zum Kapitän ernannt. Da Werder ohne internationalen Fußball wieder Geld über Spielerverkäufe einnehmen musste, stand ein Abschied zum Arsenal FC jedoch weiter im Raum. Klaus Allofs gab mir zu verstehen, dass ich für zehn Millionen Euro vorzeitig aus meinem Vertrag entlassen werden würde. Auf sein Wort konnte man sich verlassen, in Bremen reichten mündliche Absprachen. Man brauchte nichts Schriftliches.

Roman stand im Kontakt mit den Gunners, aber ein konkretes Angebot aus London ließ auf sich warten. Die Saison fing wieder an, und wir spielten gut. 2:0 gegen Kaiserslautern, 5:3 gegen Freiburg, 2:1 gegen Hoffenheim. Drei Siege in vier Spielen, eine Niederlage (0:1 in Leverkusen), Platz drei in der Tabelle, punktgleich mit dem Spitzenreiter FC Bayern. Ich stellte mich darauf ein, dass in Sachen Arsenal nichts mehr passieren würde.

Doch dann passierte etwas bei Arsenal, im Old-Trafford-Stadion von Manchester United. Die Elf von Sir Alex Ferguson schlug die von Verletzungen und Sperren gebeutelten Londoner mit 8:2. Eine Demütigung. Die Arsenal-Fans rebellierten gegen die vorsichtige Transferpolitik von Arsène Wenger. Das war am Sonntag, dem achtundzwanzigsten August. Noch am selben Abend teilte mir mein Berater mit, dass Arsenal mich jetzt doch verpflichten wollte.

Ich ging zu Klaus Allofs ins Büro und ließ mir bestätigen, dass unsere Absprache noch Bestand hatte: Für zehn Millionen würde er mir die Freigabe erteilen. Mein Traum von England, von Arsenal, schien drei Tage vor Ende der Transferperiode in Erfüllung zu gehen, doch diese unerwartete Wendung stimmte mich auch nachdenklich. Konnte ich mich als frischgebackener Kapitän bei Werder nach vier Spielen einfach so vom Acker machen? Es fiel mir schwer, von heute auf morgen Tschüss zu sagen und diesen Verein, diese Stadt und viele vertraute Weggefährten hinter mir zu lassen. Das war ein großer Schritt. Andererseits hatte ich nach dem erfolgreichen Saisonstart nicht mehr die Angst, dass ohne mich alles die Weser runtergehen würde. Die Mannschaft würde bei Clemens Fritz, meinem Nachfolger, in guten Händen sein. Das wusste ich. Ich sagte: »Clemens, du musst jetzt den Staffelstab übernehmen.« Wir waren nach fünf Jahren als Zimmernachbarn sehr enge Freunde geworden.

Die Ära des großen Bremer Blocks in der Nationalmannschaft war leider endgültig vorbei. Torsten Frings, Tim Borowski, Tim Wiese und Clemens wurden von Löw nicht mehr berücksichtigt. Miro Klose war schon 2007 zu den Bayern gewechselt, Mesut Özil spielte bei Real Madrid. Wir waren gemeinsam jahrelang zu den Länderspielen gefahren, mit einem Gefühl der kollektiven Stärke und des Stolzes auf unseren Klub aus dem Norden, der auf seine ganz eigene Weise mit den Großen mithalten konnte. Das war eine besondere Geschichte gewesen.

Anstelle der Bremer wurden nun vor allem Dortmunder zum DFB-Team berufen und bildeten dort den Gegenpart zu den Bayern. Aktuell gibt es bei Werder keinen Nationalspieler, und der Verein spielt fast jedes Jahr gegen den Abstieg in die zweite Liga. Thomas Schaaf und Klaus Allofs sind nicht mehr da. Sie konnten die ständigen Abgänge nicht mehr auffangen und ohne die zusätzlichen Einnahmen aus den internationalen Wettbewerben die Mannschaft nicht ausreichend verstärken. Von den großen Momenten sind nur schöne Erinnerungen geblieben.

Natürlich schweißt auch ein Abstiegskampf zusammen und löst, wenn das Unheil vermieden wird, gigantische Glücksgefühle aus. Aber Werder stand so lange für Glanz und Gloria, und nun geht es nur noch ums nackte Überleben. Es ist traurig zu sehen, wie sich die Situation in nur zehn Jahren komplett gedreht hat. Im Fußball geht alles so schnell; das ist immer wieder aufs Neue verblüffend. Zugleich ist das aber auch ein großer Ansporn für Bremen, wieder dorthin zu kommen, wo diese grün-weiß-infizierte Stadt und ihre großartigen Fans hingehören: nach ganz oben. Ich wünsche mir sehnlichst, dass die guten Zeiten ins Weserstadion zurückkehren.

3

Premier League

Ich war auf meinem Zimmer im Hyatt Regency in Düsseldorf am Rheinhafen, dem Teamhotel der Nationalmannschaft, als Arsène Wenger anrief. Er sprach auf Deutsch mit mir und machte damit gleich großen Eindruck auf mich. Es knisterte in der Leitung, was aber nichts mit der Verbindung zu tun hatte – von so einem großen, vielfach dekorierten Trainer kontaktiert zu werden war ein aufregender Moment. Wenger erklärte mir, dass er einen Spieler brauche, der auf dem Platz Verantwortung übernimmt, der seine Qualitäten einbringt und sich mit dem Verein identifiziert. Das einzige englische Wort, das in dem Gespräch fiel, lautete *leadership*. Ich konnte mir denken, was er damit meinte. Er hatte sehr präzise Vorstellungen. »Alles klar.« Mehr brauchte ich nicht zu sagen.

Wenger hätte mir auch die Speisekarte seines elsässischen Lieblingsrestaurant vorlesen können. Das hätte für mich keinen Unterschied gemacht. Ich wollte unbedingt für ihn und Arsenal spielen. Sein Anruf bestärkte mich nur in meiner Entscheidung, das Wagnis einzugehen. Der Wechsel musste jedoch verflixt schnell über die Bühne gehen. Das Transferfenster war nur noch den nächsten Tag über geöffnet. Es stand ziemlich Spitz auf Knopf.

Ich sprach bei Jogi Löw mit der Bitte vor, für ein paar Stunden nach London zum Medizincheck fliegen zu dürfen, und betonte, wie gerne ich diesen Schritt machen wollte. Die Situation hatte etwas Surreales, da ich nicht mehr erwartet hatte, diese Chance zu bekommen. Umso entschlossener war ich, sie zu nutzen. Löw und alle Mitarbeiter beim DFB waren sehr hilfreich. Er unterstützte den Wechsel ausdrücklich. »Der Schritt ins Ausland wird dir guttun«, sagte er.

Ein Fahrer von Arsenal holte mich am Flughafen Heathrow ab und hielt an einem typisch englischen Reihenhaus in einem Vorort. Ich fragte mich, ob wir dort wirklich richtig waren. In Deutschland wird man vor der Vertragsunterschrift in großen, modernen Krankenhäusern untersucht. Die Klinik in London war im Vergleich dazu winzig klein, ein Puppenhaus mit engen, verwinkelten Räumen und Maschinen, die nicht mehr auf dem allerneusten Stand waren.

Ich lag fünf Stunden lang in der Magnetresonanztomographieröhre. Viel Zeit zum Überlegen und zum Sorgen machen, Zeit für Stoßgebete. Bitte lass alles in Ordnung sein. Hoffentlich komme ich durch. Die müssen mich durchwinken. Hoffentlich ist mein Körper, mein Kapital, gut genug, damit sie mich auch wirklich wollen.

Anschließend wurde ich zum Trainingsgelände gebracht. Arsenals Physiotherapeut wollte sich meine Gelenke anschauen. Arsène Wenger bekam ich nicht zu Gesicht. Ein kurzer Blick in die Kabine: Torhüter Manuel Almunia und Verteidiger Sébastien Squillaci saßen dort. Sonst war keiner der Profis anwesend. Länderspielpause.

Zurück in Düsseldorf kam die gute Nachricht: Test bestanden. Der Vertrag von Arsenal kam per Fax in das provisorische Büro, das der DFB im Hyatt eingerichtet hatte. Ich unterschrieb und faxte zurück.

Im Jahr darauf hätte ich ablösefrei wechseln können. Für mich und meinen damaligen Berater Roman Pletz wäre dann höchstwahrscheinlich mehr Geld herausgesprungen, aber ich wollte es nicht darauf ankommen lassen. Es war ein Wechsel zwischen Tür und Angel. Aber er war nun perfekt.

Nach den zwei Länderspielen (6:2 gegen Österreich, 2:2 in Polen) kam ich nach Bremen zurück, um meine Sachen zu packen. Einige Fans und ein paar Journalisten verabschiedeten mich am Trainingsgelände. Gemessen an den Gefühlen, die mich mit Werder und der Stadt nach fünf gemeinsamen Jahren verbanden, war das ein viel zu schnelles Ende, aber leider nicht untypisch für unseren Sport. Im Fußball fehlt oft die Zeit für die wesentlichen Dinge.

Mir war vor meinem Dienstantritt ein bisschen mulmig. Arsenal hatte ja das Match bei Manchester United vor der Länderspielpause mit 2:8 verloren. Ich war sicher: Da brennt jetzt der Baum. Nach einem 2:8 mit Werder gegen einen Rivalen in der Liga wäre die ganze Woche über ein riesiges Tamtam gewesen, mit Pressevertretern und erbosten Fans am Trainingsgelände und Krisenstimmung. Das war mein erster Gedanke. Du kommst zu einem neuen Verein und erlebst gleich Stress pur. Ohne diese krasse Niederlage hätte mich Wenger vielleicht gar nicht verpflichtet, aber das machte die Ausgangslage nicht viel besser. Einige englische Zeitungen stuften mich als Panikkauf ein. Ich stellte mich auf eine harte Woche und massiven Druck ein. Es würde sofort um Leben und Tod gehen, dementsprechend wollte ich mich im ersten Training gleich zeigen und voll da sein, mit Mentalität, Präsenz und Einstellung.

Doch es kam alles ganz anders. Viele Spieler waren an jenem Donnerstag noch nicht wieder von den Reisen mit ihren jeweiligen Nationalmannschaften zurück. Zwei Tage vor dem nächsten Match, zu Hause gegen Swansea, war nur Regeneration angesagt. Wir liefen auf, machten ein paar Passübungen und gingen dann gleich wieder rein. Ich war verwundert. Mit der Zeit fand ich heraus, dass in England überhaupt etwas weniger trainiert wurde. Vor Champions-League-Spielen gingen wir rund um das Hotel höchstens ein paar Schritte spazieren; ein Anschwitzen oder eine echte Einheit gab es nicht. Das war gewöhnungsbedürftig. Aber es half mir. Für mich war es besser zu regenerieren. Ansonsten waren die Abläufe ähnlich, bis auf die Tatsache, dass man zum Nachmittagssnack ganz traditionell Tea und Toast bekam, oder auch mal Porridge (Haferbrei) nachmittags.

Eine ausführliche, kritische Aufarbeitung des 2:8 fand wider mein Erwarten nicht statt. Der Fokus lag alleine auf dem kommenden Spiel. Von Anspannung oder gar Krise war nichts zu spüren. Dadurch, dass auf dem Trainingsgelände in London Colney, einem sehr ländlichen Vorort, weder Fans noch Pressevertreter zugelassen waren, blieb die negative Stimmung im reinsten Sinne des Wortes außen vor. Das war eine gewaltige Umstellung für mich.

Bei Werder standen nach einem schlechten Spiel am nächsten Morgen fünf Kamerateams am Gelände. Du denkst: Jetzt kommen sie wieder aus ihren Löchern gekrochen. Und du bist gleich schlecht gelaunt. Wenn wir gewannen, war keiner da. Man konnte die Journalisten nicht einfach ignorieren. Die Kommunikationsverweigerung wäre als Zeichen von Schwäche oder Duckmäusertum interpretiert worden. »Was, die Mannschaft stellt sich nicht? Der Kapitän redet nicht? Da weiß niemand, wie es weitergehen soll!« Die englische Fußballkultur ist in dieser Hinsicht ganz anders. Spieler sollen spielen, nicht reden. Außer dem Trainer äußert sich niemand im Verein zur sportlichen Situation.

Die Mannschaft arbeitete in aller Ruhe, als sei nichts geschehen. Ich wurde auch nicht der Presse vorgestellt, was mir ganz recht war. Mit meinem Schulenglisch wäre ich auf Anhieb nicht weit gekommen, und so konnte ich mit kleinen Schritten anfangen, fast schon inkognito. Die Geschichten von Tante Ute und dem Arsenal-Trikot packte ich erst später aus, als ich mich besser ausdrücken konnte.

Einen Dolmetscher zu Interviews mitzunehmen wäre für mich nicht in Frage gekommen. Ich war nie der Sprachentyp in der Schule gewesen, aber ich nahm mir fest vor, mich von Tag eins an im Verein und vor den Medien nur auf Englisch zu verständigen. Es war klar, dass mir da viele Fehler unterlaufen würden, aber das war mir egal. Nur so würde ich mich verbessern, nur so würden die Leute sehen: »Er ist hier nicht zur Durchreise, er nimmt das ernst, er will an sich arbeiten.« Das war einer der Gründe, denke ich, warum die Leute mir gegenüber von Anfang an sehr aufgeschlossen waren. *German efficiency*, deutsche Effizienz, das war eines der Schlagwörter, denen ich begegnete. Das war positiv gemeint. Jens Lehmann hatte lange für Arsenal gespielt und einen guten Eindruck hinterlassen. Auch das kam mir zugute.

Die Wertschätzung für unser Land war auf der Insel allgemein höher, als ich gedacht hatte. Die Leute verbinden mit uns Kompetenz, sie denken an Autos, Küchen, Infrastruktur. Ich war in ihrer Vorstellung so etwas wie die Poggenpohl-Küche unter den Innenverteidigern. In gewisser Weise passte das auch. Ich erledigte konstant meine Arbeit, ruhig und gewissenhaft, ohne Showelemente. Ich wurde dem Klischee gerecht.

Man fühlt sich im Ausland viel deutscher und wird automatisch auch ein wenig zum Botschafter seines Landes, ob man es will oder nicht. Von der Nationalmannschaft kannte ich diese repräsentative Rolle schon ein bisschen, doch in

England war das noch einmal ausgeprägter. Die Vergangenheit, der Erste und Zweite Weltkrieg, sind im öffentlichen Bewusstsein sehr präsent. Es werden sehr viele Witze darüber gemacht, was aber nur zeigt, wie ernst das Thema immer noch ist. Den wirklich wichtigen Dingen, das lernte ich mit der Zeit, nähern sich die Briten immer mit Humor.

Eine Stadt wie London öffnet dir die Augen für ganz neue Perspektiven. Man wird mit ganz neuen Situationen konfrontiert, trifft ganz andere Menschen. London ist ein Schmelztiegel der Kulturen, mit einer unheimlichen Vielfalt und Gelassenheit gegenüber anderen. Unsere damaligen Nachbarn waren Juden. Eines Tages luden sie Ulrike und mich zu einem traditionellen Freitagabend ein. Da wurden vor dem Essen Segenssprüche aufgesagt, und meine Frau und ich standen da erst mal, schauten uns gegenseitig an und wussten nicht, wie wir uns verhalten sollen. Die Last der Geschichte lag auf uns wie ein unsichtbarer Sack Zement. Die Großeltern der Familie waren aus Deutschland nach England geflohen, sie sprachen aus der Wut und der Trauer heraus, ihre Heimat verloren zu haben, nie wieder Deutsch zu Hause. Unsere Nachbarn erzählten uns das, aber sie waren ganz normal und unheimlich liebenswürdig zu uns. Sie sagten »Ihr könnt nichts dafür, was passiert ist.« In diesem kleinen, bewegenden Moment wurde mir wieder einmal bewusst, wie wichtig es ist, mit der Vergangenheit verantwortungsvoll umzugehen, um aufrecht durchs Leben zu gehen.

Beim Training von der Außenwelt derart abgeschottet zu sein, wie wir es in London Colney waren, ist erst einmal sehr angenehm. Super professionell. Du kannst dich voll auf das Wesentliche konzentrieren und musst dir keine Sorgen machen: Welches Auto fahre ich? Welche Klamotten ziehe ich an? Wie wird das interpretiert? Macht jemand vielleicht eine Geschichte daraus, wenn ich auf dem Weg zum Training ein Lächeln im Gesicht trage, obwohl wir verloren haben? Alle diese Dinge spielen auf der Insel keine Rolle, weil du nicht greifbar bist. Du wirst null abgelenkt.

In Deutschland geht die Entwicklung in eine ähnliche Richtung. Immer mehr Trainer und Mannschaften trainieren zumindest teilweise unter Ausschluss der Öffentlichkeit, um dem kommenden Gegner keinen Einblick in taktische Überlegungen zu geben und unnötige Unruhe rund um das Spielfeld zu vermeiden. Jede kleinere Meinungsverschiedenheit auf dem Platz, die nach wenigen Sekunden geklärt ist, wird heute fotografiert und zum großen Thema aufgebauscht. Das kostet den Verein und den Trainer viel Energie, die man sinnvoller aufwenden könnte.

Auch Sicherheitsbedenken spielen zunehmend eine wichtige Rolle. Es ist leider viel los in dieser verrückten Welt. Spitzensportler sind, wie man bei den Olympischen Spielen in München 1972, in Paris im November 2015 oder zuletzt beim Anschlag auf den Dortmunder Mannschaftsbus gesehen hat, Ziele. Training hinter verschlossenen Türen reduziert das Gefahrenpotential, deswegen wird sich das in England auch nicht mehr ändern. »Wir müssen abgeschirmt sein, sonst kann etwas passieren.« Dieses Denken sitzt in den Köpfen. Und es wurde leider mit den Jahren immer schlimmer. Es kamen immer mehr Securityleute dazu, der Personenschutz nahm einen immer größeren Rahmen ein. Im Mai 2017 sagte Arsenal nach unserem Sieg im FA-Pokal die traditionelle Busparade ab, aus Sicherheitsgründen. Zwei Tage vorher hatte sich bei einem Ariana-Grande-Konzert in Manchester ein Terrorist in die Luft gesprengt und dreiundzwanzig Menschen, darunter viele Kinder, in den Tod gerissen.

Diese rigorose Abgrenzung hat nicht nur Vorteile. Der

Unterschied zwischen den Übungseinheiten in der Wohlfühloase und einem Spiel vor Tausenden von Zuschauern ist sehr groß; mitunter zu groß für einige Nachwuchsspieler. Es gibt in England auch so gut wie keinen Austausch mit den Fans. Wer nicht genügend Geld für die teuren Eintrittskarten hat, bekommt die Spieler nie live zu Gesicht. Das führt dazu, dass man auf dem Weg aus dem Parkhaus im Emirates oder an der Einfahrt zum Trainingsgelände regelrecht belagert wird. Ab und an springt dir einer vors Auto, der ein Autogramm will. Es gibt keinen normalen Umgang zwischen Spielern und den Menschen auf der Straße. Du wirst so kaum mit anderen Sichtweisen konfrontiert, bekommst gar nicht hautnah mit, wie viel der Verein den Menschen bedeutet, und musst dich auch nur selten mit Pressevertretern unterhalten. Ohne dass du es merkst, hast du nur noch mit Leuten aus dem Verein zu tun. Sich auch mal unbequemen Fragen zu stellen ist aber wichtig. Profis denken meiner Meinung nach eher zu wenig als zu viel über ihren Beruf nach. Man tut ihnen auf Dauer keinen Gefallen damit, jeglichen normalen Zugang zu ihnen komplett zu unterbinden. Sie schweben so im luftleeren Raum und wissen irgendwann nicht mehr, wo eigentlich oben und unten ist. Für die Persönlichkeitsentwicklung ist es nicht gut, so abgekapselt zu leben.

Ich fand es gut, in Bremen ab und an direktes Feedback zum vorherigen Spiel und zu meiner Rolle zu bekommen, von Kindern, von Erwachsenen. Man bekam mit, wie man gesehen wurde. Du warst Situationen ausgesetzt, in denen du oft Ja gesagt und gerne Fotos gemacht hast, aber manchmal auch Nein. Man hatte die Möglichkeit, sich zu artikulieren; deutlich zu sagen, was man wollte. Es war teilweise so, dass die Leute in Deutschland ankamen und »Foto!« oder »Autogramm!« riefen. Dann stellte ich schon mal die Ge-

genfrage: »Gibt es auch so etwas wie Satzbau?«. Oder »Ist das eine Frage?«, »War das eine Bitte?«. In England kann ein solcher Dialog gar nicht stattfinden, das ist von den Klubs explizit nicht gewollt. Ein deutscher Verein dagegen sagt, das gehört mit dazu: »Wir wollen, dass die Leute im Fanshop das Trikot kaufen, dass sie damit zum Trainingsplatz gehen können und eine Unterschrift bekommen. Das ist unser Geschäft. Das ist unsere Marke. Das ist Werder Bremen. Wir sind offen und familiär, wir verstecken uns nicht.« In England gibt es diese Tradition nicht, weil Klubs keine demokratisch organisierten Vereine sind, sondern Firmen. Vielleicht erachten sie den täglichen Kontakt mit Fans auch nicht für zwingend nötig, weil durch die Fernsehrechte und Eintrittskarten sowieso genug Geld in die Kassen gespült wird.

In den Tagen nach dem 2:8 in Manchester war es für die Mannschaft aber durchaus von Vorteil, die Welt um sich herum so konsequent ausblenden zu können. Anhand der relaxten Atmosphäre wäre niemand auf die Idee gekommen, dass wir gerade eine der blamabelsten Niederlagen in der Geschichte des Vereins kassiert hatten und die Fans bei einer neuerlichen Niederlage am Samstag gegen Aufsteiger Swansea City wahrscheinlich das Stadion abgefackelt hätten. Der englische Ansatz, was den Zugang zum Training anbelangt, unterscheidet sich so extrem von dem, was ich in Deutschland erlebt hatte, das ich das gar nicht richtig vergleichen kann, also gar nicht sagen kann, was besser oder schlechter war. Manchmal wünschte ich mir in London, dass es ein bisschen mehr wie in Bremen gewesen wäre. Und in Bremen hatte ich es mir manchmal andersherum gewünscht.

Es gab 2011 keine weiteren Deutschen im Arsenal-Team, und auch keine deutschsprachigen Spieler. Nur Wenger. Da

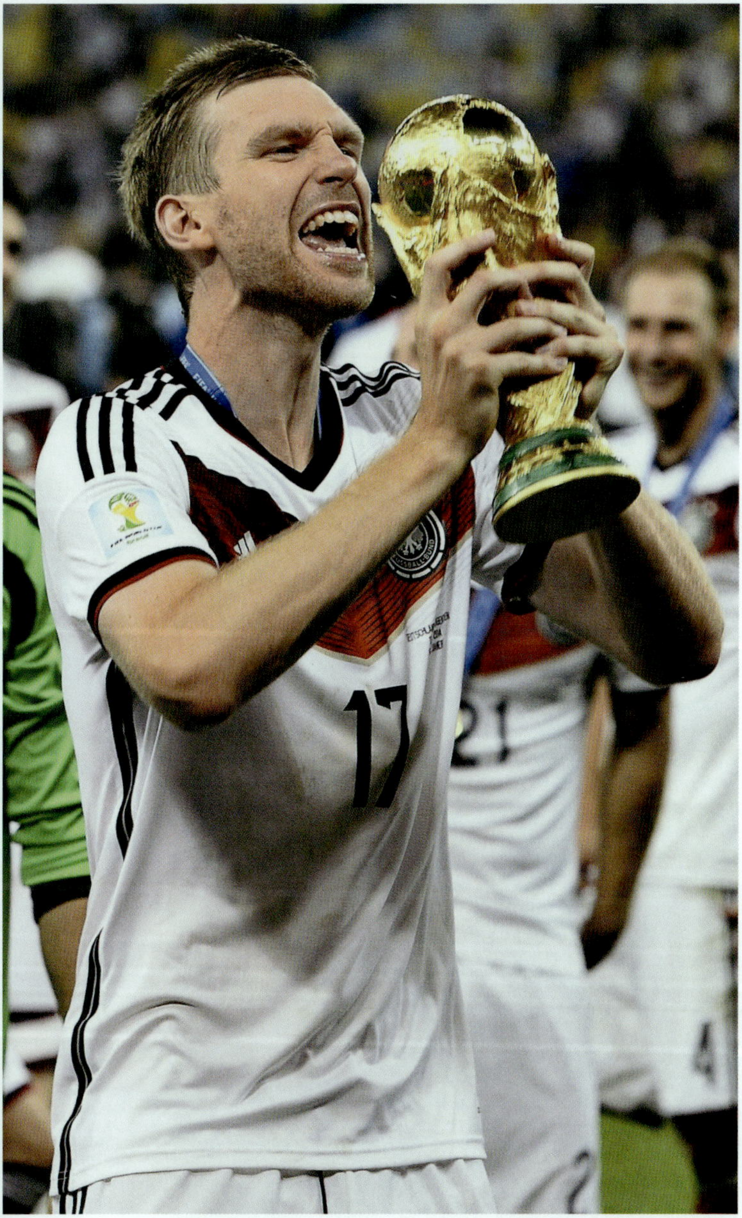

WM 2014 in Brasilien – Weltmeister, ein sportlicher Traum, den ich noch immer nicht voll realisiert habe.

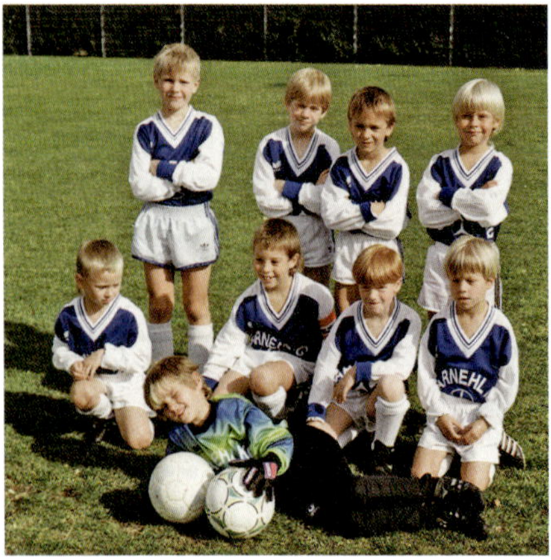

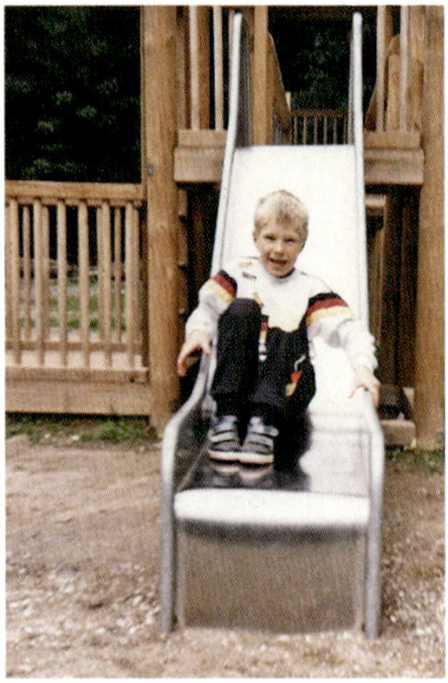

Spieler-Paß

Paß-Nr. 034170 25624

Name: MERTESACKER,PER

geb. am: 29.09.1984

Verein: HANNOVERSCHER SV V.1896

HSV von 1896 e.V.
FUSSBALL-JUGEND
Clausewitzstraße 2
30175 Hannover

Spielerlaubnis:

PFLICHTSP.	AB	01.08.1995
FREUNDSCH.SP.	AB	10.07.1995
A-JUGEND	BIS	31.07.2003
B-JUGEND	BIS	31.07.2001
C-JUGEND	BIS	31.07.1999
D-JUGEND	BIS	31.07.1997

Per Mertesacker

Unterschrift Spieler / Spielerin

Niedersächsischer Fußballverband e.V.

oben links: 1992 – F-Jugend TSV Pattensen.

oben rechts: Kinderträume im DFB-Pullover der WM 1990.

Erster Spielerpass bei Hannover 96.

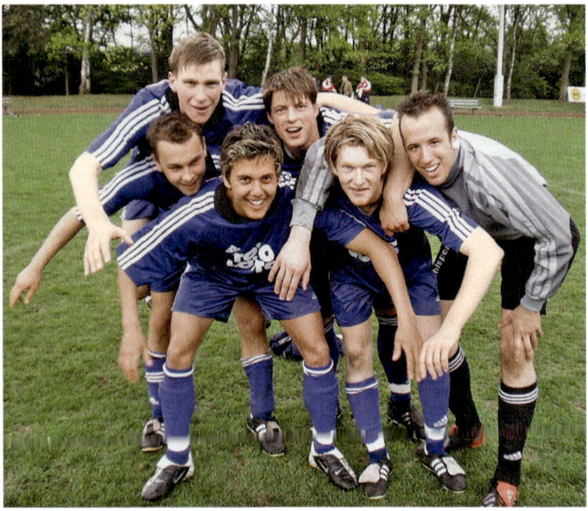

2003 – U20-Länderpokal in Duisburg mit dem niedersächsischen Fußballverband.

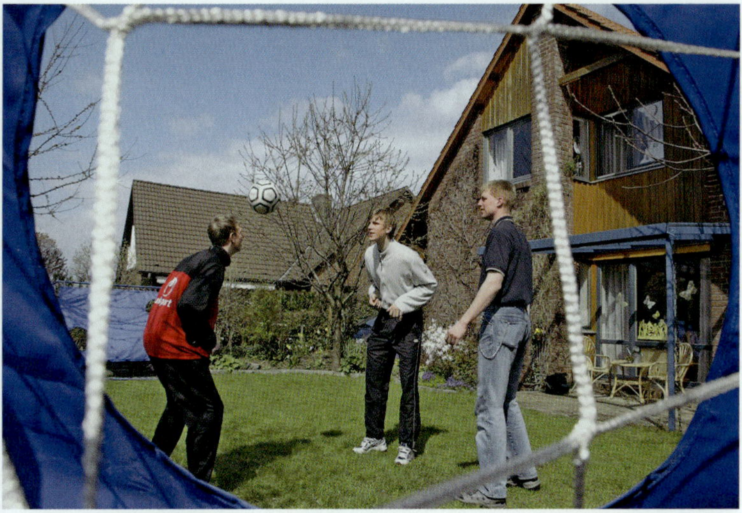

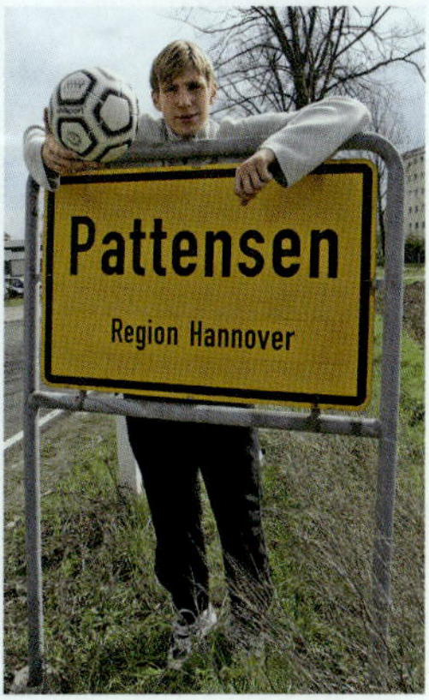

oben: Frühjahr 2004 – Mit den Brüdern im elterlichen Garten.

links: Shooting für mein erstes größeres Interview mit der HAZ.

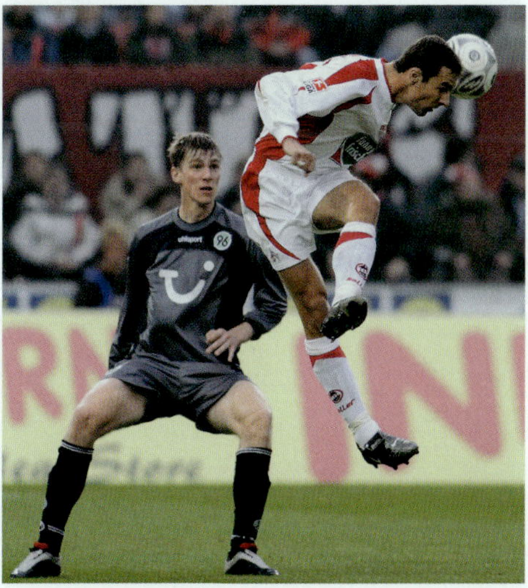

1.11.2003 – Bundesligadebüt für Hannover 96 als rechter Verteidiger.

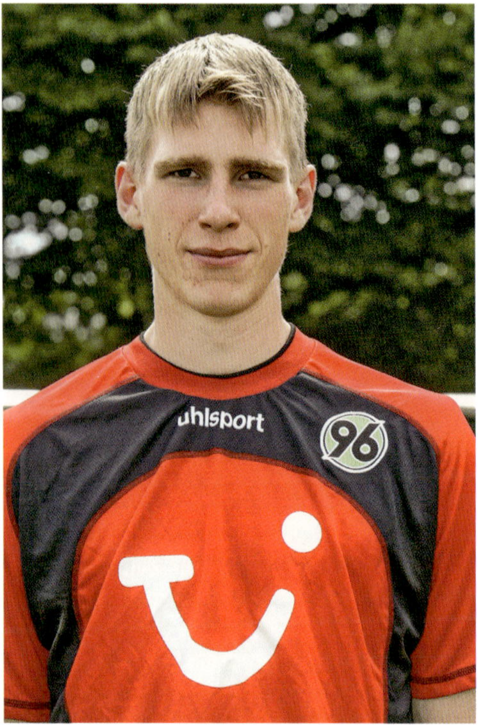

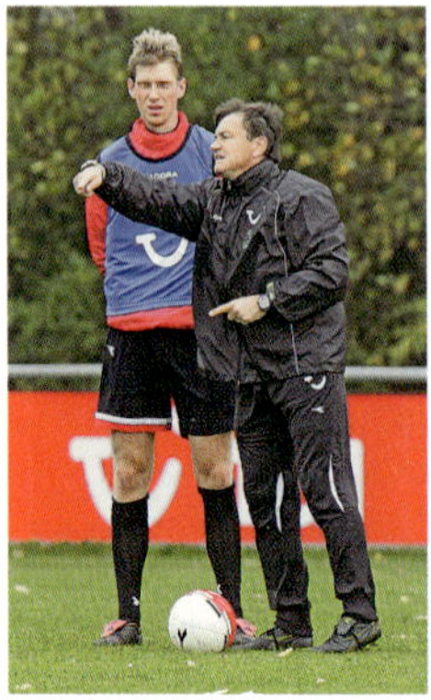

Instruktionen von Ewald Lienen.

links: 2003 – Die erste Autogrammkarte bei Hannover 96

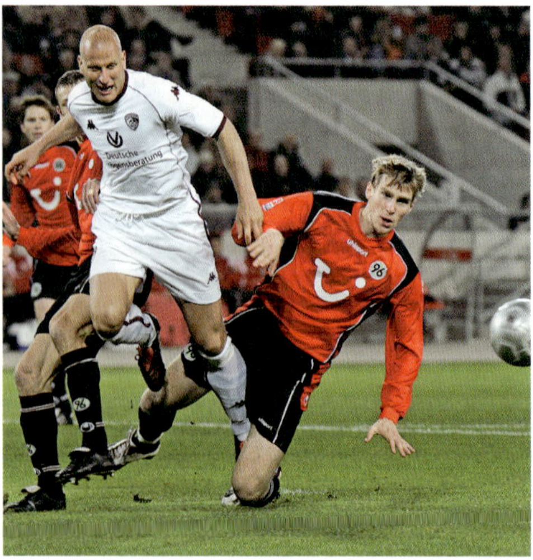

Saison 2004/2005 – Im Duell mit Carsten Jancker.

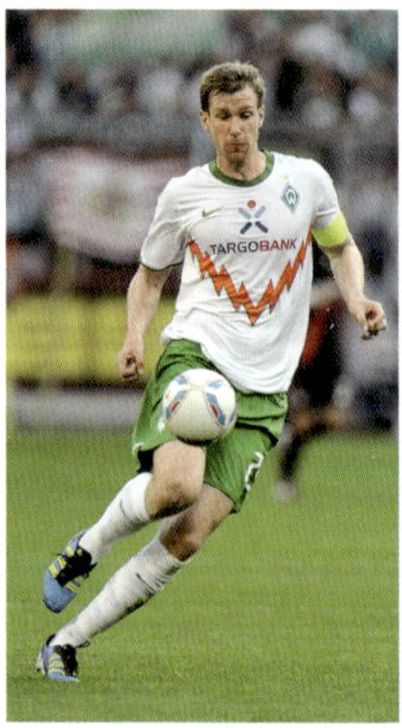

Saison 2011/2012 – Einer der letzten Einsätze für Werder Bremen vor dem Wechsel zu Arsenal.

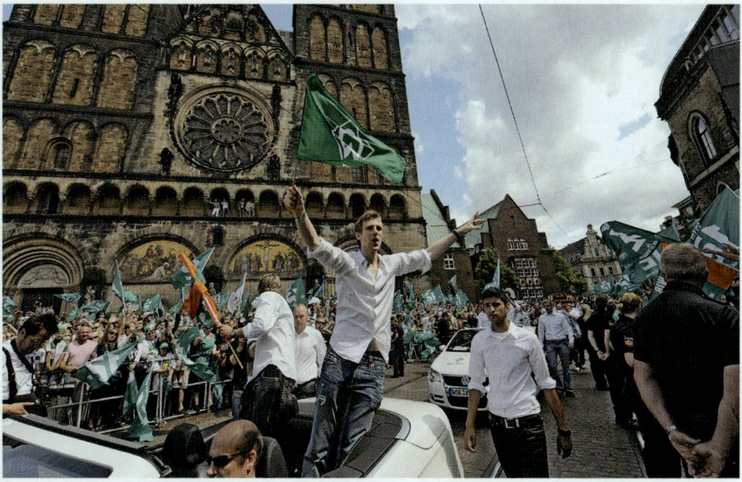

Pokalsieg 2009 – Das Finale leider verletzt verpasst, aber voller Einsatz beim Autokorso.

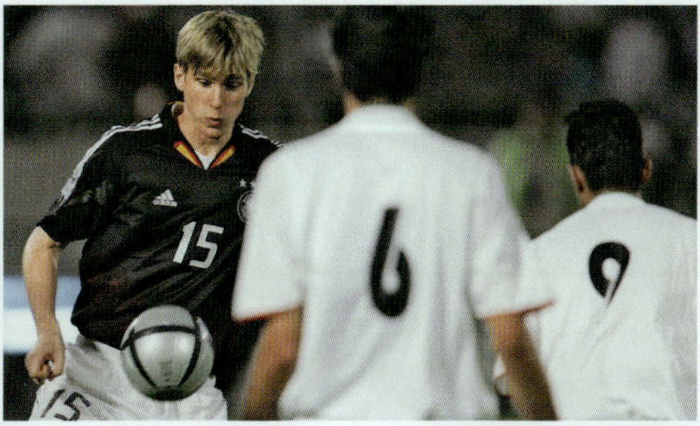

9.10.2004 – Länderspieldebüt für die Deutsche Fußballnationalmannschaft in Teheran.

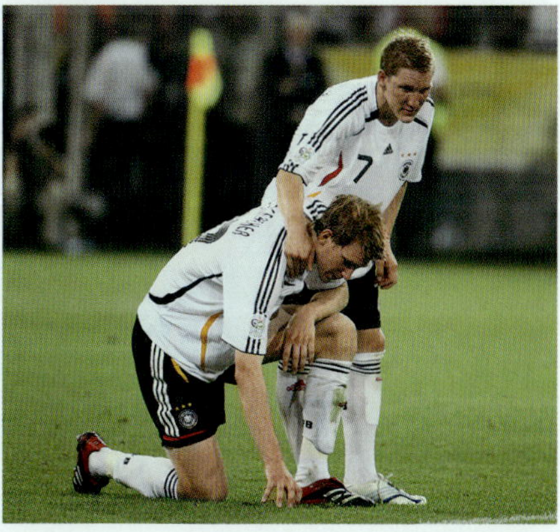

WM 2006 – Das bittere Aus im Halbfinale gegen Italien.

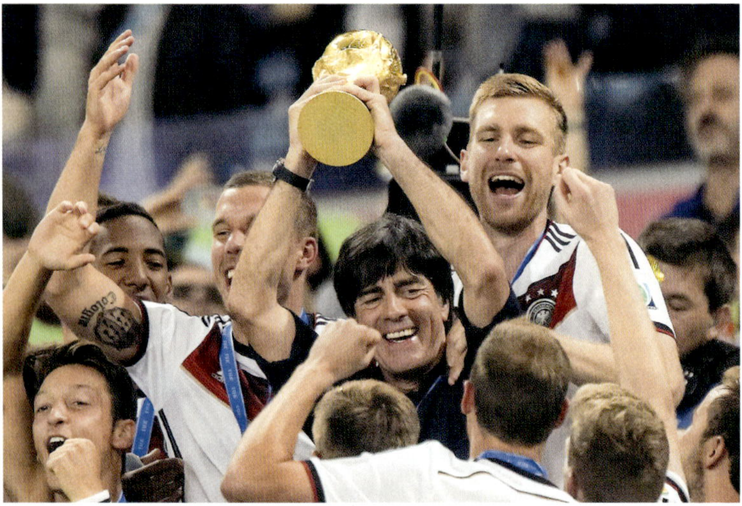

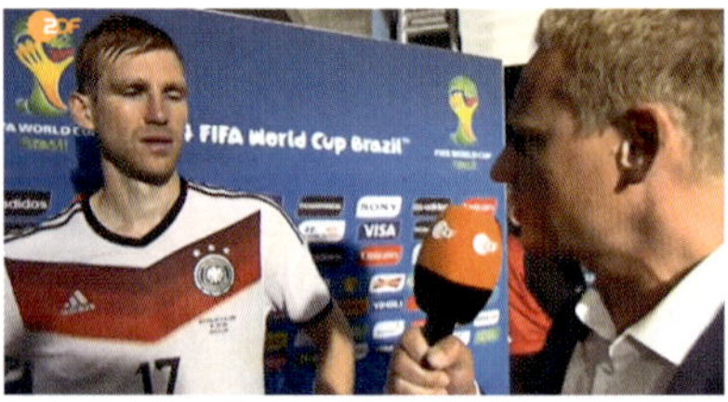

oben: WM 2014 – Freude und Ekstase in Rio.

links: Mein Eistonnen-Interview.

unten: Fanmeile in Berlin.

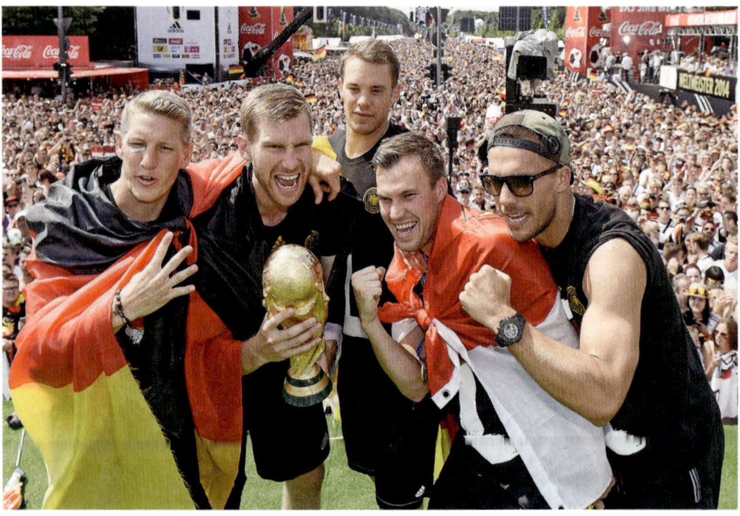

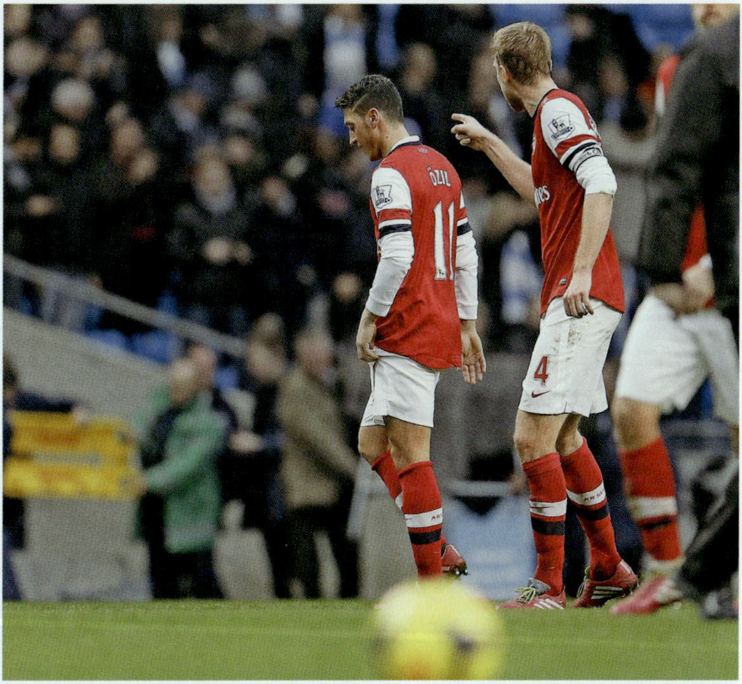

Dezember 2013 – Niederlage gegen Manchester City.

2014 – FA-Cup-Sieg gegen Hull City.

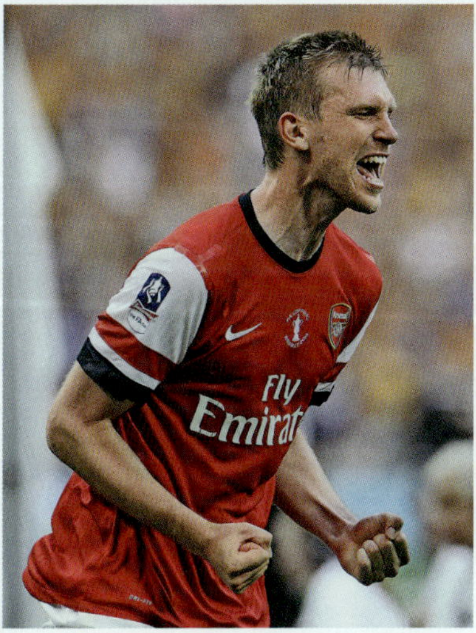

2017 – FA-Cup-Sieg gegen Chelsea.

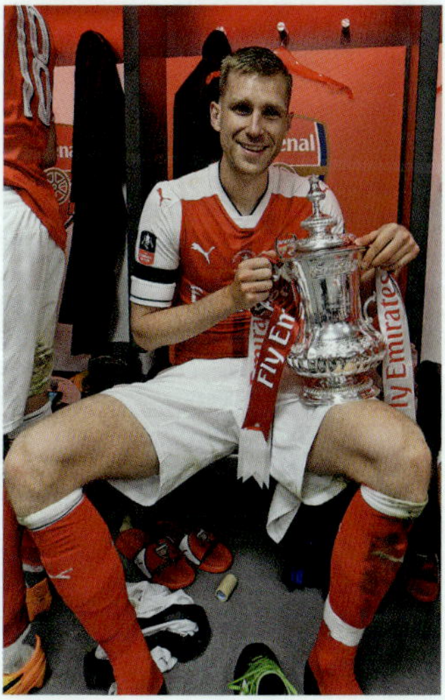

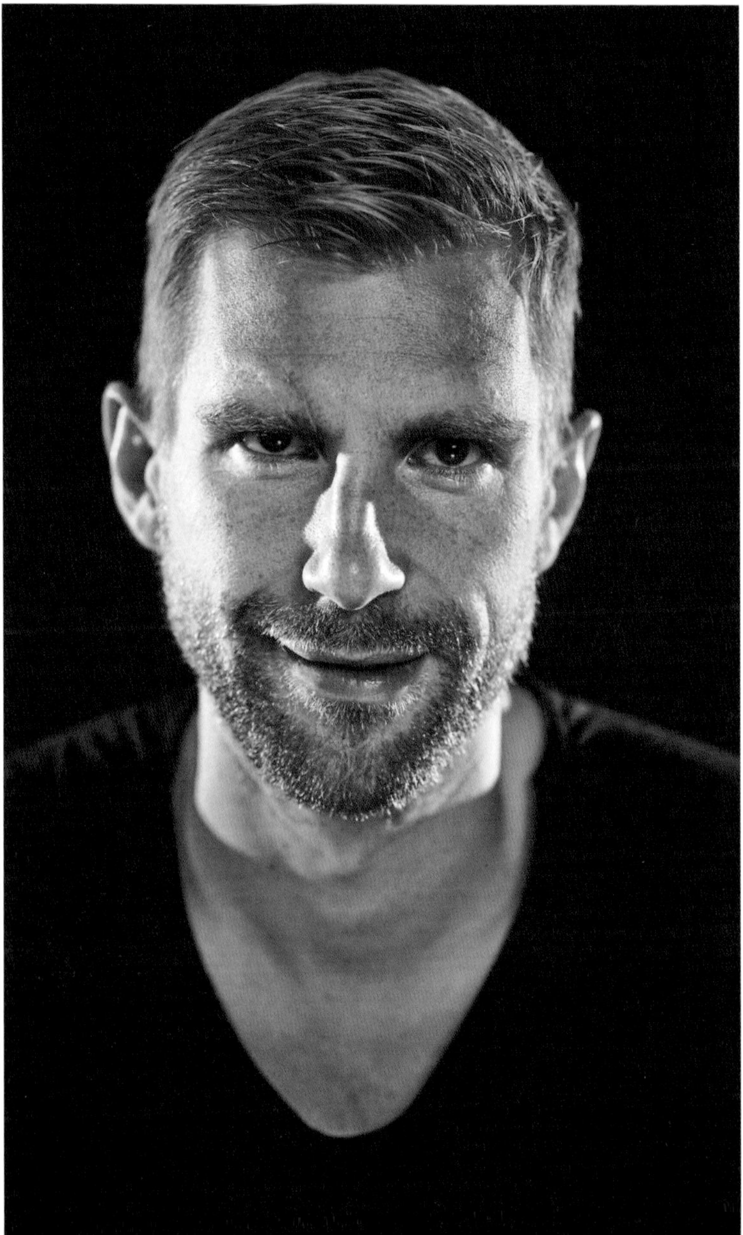

Angekommen im neuen Leben. Der Blick geht gespannt nach vorne.

er von mir Anweisungen für die Nebenmänner verlangte, musste ich mir so schnell wie möglich das englische Fachvokabular aneignen. »Left shoulder, right shoulder« – der Gegner kommt von links, von rechts. »Man on« – Hintermann. Ich wollte mich auch verbal so schnell wie möglich integrieren.

Jeder Trainer hat seine eigene Art, seinen eigenen Sound in der Ansprache. Wenger war sehr ruhig und sachlich. Er wurde ganz selten laut. Ab und zu sprach er davon, dass wir den Gegnern »wie eine Anaconda« die Luft zum Atmen nehmen oder »wie ein Rudel Wölfe« nach dem Ball jagen sollten. Als Lukas Podolski das hörte, heulte er laut in der Kabine auf. Wenger lachte, ihm gefiel das. Meist waren seine Sätze weit weniger blumig. Große Motivationsreden waren ihm fremd.

Am Anfang übersetzte ich im Kopf noch jeden seiner Sätze und musste überlegen, was er genau meinte und wie ich das umzusetzen hatte. Die Videoanalysten zeigten uns die Stärken und Schwächen von Swansea, aber der Schwerpunkt der theoretischen Vorbereitung lag sehr stark auf unserem eigenen Spiel. Anhand einiger Ausschnitte aus dem United-Spiel wurde verdeutlicht, was wir besser oder vielleicht anders machen sollten. Wengers Credo war, dass wir mit unserer Art, Fußball zu spielen – schnell, kombinationssicher, variabel in der Offensive –, dem Gegner absolut überlegen waren. Das war seine Grundüberzeugung, von der sich alles andere ableitete. Er sagte: »Ich vertraue euch, meinen Spielern. Ich verlange, dass ihr alles gebt, aber wie ihr die Dinge genau umsetzt, liegt an euch. Ich lasse euch viele Freiheiten.« Er betonte das immer wieder.

Vor dem Spiel wurden die Standardsituationen durchgegangen, wie wir uns prinzipiell organisieren. Die Details sprach ich mit Kapitän Robin van Persie ab. Die holländisch-deutsche Fußballrivalität schlug in der Kabine zwischen uns gleich voll durch. Er nannte mich spaßeshalber »Bratwurst«, das war eines der wenigen deutschen Wörter, die er kannte. Im Gegenzug sagte ich »Tulpe« zu ihm. Diese kleinen verbalen Gefechte waren lustig und ließen die Eingewöhnungszeit zügig vorbeigehen. Ich war sehr schnell im Betrieb drin.

Wenger, der seit 1996 die Geschicke in dem Traditionsklub führte und ihn mit visionärem Kurzpassspiel zur internationalen Spitzenadresse gemacht hatte, hatte für mich einen seiner fußballerischen Grundsätze über den Haufen geworfen. »Ich werde nie einen Spieler verpflichten, der größer ist als ich«, hatte der einen Meter einundneunzig große Straßburger ein paar Jahre zuvor ausgelobt. Er kannte mich vor meiner Ankunft nicht persönlich, vertraute mir aber dennoch auf Anhieb, als deutscher Nationalspieler mit einer gewissen Reputation für sauberes, konzentriertes Spiel. Ich hatte nicht das Gefühl, dass er irgendwie Zweifel gehabt hätte, oder mir vielleicht aus Kalkül das Gefühl gegeben hätte: »Du schaffst das nicht.« Es gibt Trainer, die mit solchen Druckmitteln und Psychospielchen arbeiten. Wenger gehört nicht dazu. Er ließ mich spüren: »Ich baue auf dich. Du machst dein Ding. Du hilfst der Gruppe, so wie du bist. Komme, was wolle, du wirst damit umgehen und hier viel lernen.« In einem Interview mit einem französischen Fußballmagazin beschrieb er seine Rolle als die eines »Vermittlers«. Wenger will Spieler nicht drillen und herumkommandieren, sondern ihnen ermöglichen, ihr Talent zu verwirklichen. Er begleitet Spieler unterstützend auf ihrem Weg. Er gibt ihn nicht vor.

Thomas Schaaf erzählte mir später, dass er mit Wenger über mich geredet hatte. Ich denke, es waren überwiegend gute Dinge. »Ich habe dich so dargestellt, wie du bist«, sagte

Schaaf. Wenger hatte sich im Vorfeld wohl schon ein bestimmtes Bild gemacht, aber dem musste ich in der täglichen Arbeit nun auch gerecht werden.

Die Atmosphäre in der Kabine vor Anpfiff war gelöst und positiv. Es lief laute Musik. Auch die Zuschauer schienen mit dem Anpfiff ihren Ärger über die Schmach von Old Trafford vergessen zu haben und gingen gut mit. Neu für mich war, dass hier auch gelungene Abwehraktionen frenetisch gefeiert wurden. Unprätentiös geführte Zweikämpfe zogen Szenenapplaus nach sich. Die Wertschätzung für einen gewonnenen Ball ist in England stärker ausgeprägt als in Deutschland, es wird danach fast so viel gejubelt wie nach einem Tor. Die Fans schätzen es, wenn jemand im Dienste der Mannschaft die sogenannte Drecksarbeit verrichtet, am besten mit donnernden Grätschen gegen Ball und Schienbein. Letzteres war nicht unbedingt mein Metier, aber die Zuschauer unterstützten mich mit ihrem aufmunternden Applaus mehr als sie wussten.

Gleich im ersten Spiel den Mund vor den Kollegen aufzumachen war schwierig für mich. Ich wollte nicht den Marktschreier geben, sondern durch einfache, gute Aktionen Sicherheit für mein Spiel gewinnen – und diese Sicherheit dann weitergeben. Gehör verschafft man sich auf dem Platz nicht durch Worte. Man muss erst liefern. Deine Kommandos zählen sonst nicht die Bohne. Einfach spielen, die Duelle gewinnen, den Ball an den Mann bringen. Das war das, was ich gelernt hatte; das, womit ich immer Erfolg hatte. Bei Arsenal konnte ich nicht plötzlich anfangen, Fünfzigmeter-Diagonalbälle zu spielen. Lieber: effektiv sein. Man muss sich immer wieder auf seine Stärken und Schwächen zurückbesinnen und das spielen, was man am besten spielt. Gerade bei seinem Debüt. Der erste Eindruck bei der ersten Härteprobe ist ganz wichtig. Ich wollte meinen Mitspielern, dem Trainer und den Leuten beweisen, dass Arsenal einen guten Spieler verpflichtet hatte. Keine Bratwurst, um es mit Robin van Persie zu sagen. Wegen meiner Körperlänge gab es vor meiner Ankunft Bedenken, ich sei für Arsenals offensive Spielweise mit einer weit vorne postierten Abwehrkette zu langsam. Einige Fans hätten sich wohl auch lieber einen Wiedergänger von Ex-Kapitän Tony Adams für die Innenverteidigung gewünscht, den Typ »Kämpfer« und »harter Hund«. Mit meinem Namen konnten sie vielleicht nicht so viel anfangen. Der ehemalige Profi und BBC-Experte Robbie Savage war auch nicht restlos begeistert. »Ich halte gar nichts von Mertesacker«, erklärte er im Radio. »Er hat bei Real Madrid nicht überzeugt.« Savage hatte mich mit meinem Nationalmannschaftskollegen Christoph Metzelder verwechselt.

Mein Anliegen war, von der ersten Sekunde an so zu spielen, dass sowohl Teamkameraden und Zuschauer sahen: »Der meint es ernst hier. Er ist hier, um uns weiterzubringen.« Das gelang auch einigermaßen. Ich machte bis auf einen kleineren Fehler ein solides Spiel.

Insgesamt waren wir nicht sehr gut. Aber wir gewannen mit 1:0. Swanseas Torhüter Michel Vorm warf einen Ball in den Rücken von Verteidiger Angel Rangel, Andrej Arshavin musste nur ins leere Tor einschieben. Hauptsache zu null, Hauptsache gewonnen. Es war gut, nach dem United-Desaster und der sehr kurzen Vorbereitung für mich so in die Saison bei den Gunners einzusteigen.

Ulrike und Paul, der gerade ein paar Monate alt war, waren in diesen ersten Tagen noch in Deutschland. Ich wohnte im The Grove Hotel in Hertfordshire, einer feudalen Unterkunft vor den Toren der Stadt, in der auch die englische Nationalmannschaft vor Heimspielen im Wembley-Stadion logierte. Mikel Arteta war dort ebenfalls untergebracht, deswegen fuhren wir anfangs gemeinsam zum Training. Er war aus Everton gekommen und hatte schon Erfahrung damit, auf der linken Straßenseite zu fahren. Er konnte mich ein bisschen coachen, Fahrlehrer spielen. Einige ausländische Profis fahren aus alter Gewohnheit jahrelang mit ihren Autos vom Festland in der Stadt herum, an Schranken oder in Parkhäusern sitzen sie dann auf der falschen Seite und müssen immer einen Beifahrer im Wagen haben, der auf den Knopf drückt. Ich wollte mir sofort einen Rechtslenker nehmen, keine halben Sachen machen. Eine Woche habe ich gebraucht, um klarzukommen; wenn man immer die gleichen Strecken fährt, kommt man gut rein. Unbekannte Routen fahre ich aber noch heute nicht gerne. Die Verkehrsführung ist ganz anders. Du biegst links kurz ab und rechts lang, gegen den Verkehr, das ist alles auf den Kopf gestellt und dazu in einer Stadt, die im Grunde gar keine Stadt ist, sondern eine Ansammlung von Hunderten von Dörfern mit kleinen, verwinkelten Straßen, die schon für die Postkutschen vor zweihundert Jahren viel zu eng waren.

Nach dem Swansea-Match ging es direkt weiter nach Dortmund. Champions League. Am Abend vor dem Spiel im Signal Iduna Park hieß es nach dem Essen plötzlich: »Alle Neuen müssen singen!« Ich hatte eine Vorahnung gehabt, dass dieses Ritual kommen würde und mich dementsprechend vorbereitet. Ich wollte mich nicht hinstellen und, wie es einige Ausländer machen, peinlich die Nationalhymne singen. Das war nicht der erste Eindruck, den ich bei meinen neuen Mitspielern hinterlassen wollte.

Selbst bei solchen eher unwichtigen Dingen kann man zeigen, was für ein Typ man ist, mit welcher Einstellung man an die Aufgabe herangeht und ob man Leute mitreißen kann. Ich überlegte: Was war ein Riesenrenner in

Deutschland, aber zugleich englischsprachig? Ein universell einsetzbarer Hit. Das musste es sein.

Meine Wahl fiel auf »Hey Baby« von DJ Ötzi. Ich dachte mir, wenn ich ein, zwei Strophen singe und dann in den Refrain einsteige, können alle mitmachen. Ich stellte mich auf einen Stuhl mit einem Brötchen als Mikrofon. *»I saw you walking down the street … She's so pretty, she's so fine, I wanna make her mine oh mine …«* Und dann waren alle schon lautstark dabei. Es lief sehr gut. Ein großer Spaß. Bis heute gibt es Leute, die sagen, ich sei damit bei Arsenal in den *all-time* Top drei. Kieran Gibbs, der bis 2017 bei uns spielte, erzählte mir jeden Sommer, wie sehr ihm mein Auftritt in Erinnerung geblieben war.

Arteta war an dem Abend auch gut. Er sang »Macarena«. Wenger und sein Trainerstab lagen am Boden vor Lachen. Die neue Generation, die eigentlich mit Handy und Musik sehr kreativ ist, hat meiner Erfahrung nach Probleme, ein Lied gut vorzutragen. Viele kommen nicht so recht aus sich heraus.

Die absolute und wahrscheinlich ewige Nummer eins bei »Arsenal sucht den Superstar« ist Petr Čech. Der tschechische Torhüter kam 2015 zu uns ins Team und stellte sich mit einem Freestyle-Rap vor. So etwas hatte noch niemand erlebt. Er ging von Tisch zu Tisch und sang zu jedem einen passenden Reim. *»Mesut Özil and Per Mertesacker, you won the World Cup, and everyone thinks you're motherfuckers.«* War im Spaß gemeint, natürlich. Dann ging er weiter zum Tisch, an dem die Trainer saßen. *»Right here at the top, now I need to be careful, so I better stop.«* Das war ganz stark. Hat alle weggeblasen. Petr hat das auf einer Reise nach China vorgetragen und diese Show im vergangenen Sommer in Fernost noch einmal wiederholt, um damit auch junge Spieler zu inspirieren. Damit sie sahen, was es heißt, kreativ zu sein, und wie man sich auch abseits des Platzes Respekt verschaffen kann. Bei den Teamkollegen punktet man mit so einer Aktion, das wird nicht so schnell vergessen. Im Anschluss verbesserte sich die Qualität der Vorführungen tatsächlich ein bisschen.

Ich wunderte mich, dass ich damals nicht zur Pressekonferenz vor dem Dortmundspiel musste. Wenn deutsche Mannschaften in Europa spielen, werden immer Spieler ausgewählt, die aufgrund ihrer Herkunft oder einer anderen Verbindung am besten zum Gegner passen. Bei Arsenal war das komplett anders. Sie sagten: Wir wollen nicht, dass sich alles auf einen Spieler fokussiert. Wir schicken lieber jemand anderen, der vielleicht für die Medien uninteressanter ist, aber dennoch die Mannschaft vertritt. Eine einzelne Person sollte nicht wichtiger als das Team oder das Spiel sein. Das gab mir zu denken. Von der Nationalmannschaft war ich es gewöhnt, dass der Torschütze vom Vortag am nächsten Tag zur PK gebeten wurde. War es aber wirklich eine gute Idee, irgendwelche Geschichten oder auch einen Hype um einen Spieler zu kreieren, der vielleicht bei einem Gruppenspiel einer EM ein Tor geschossen hatte? Im nächsten Spiel konnte alles schon wieder vorbei sein. Warum teilten wir die Aufmerksamkeit nicht besser auf alle Spieler auf? Warum lassen wir den vermeintlichen Star nicht in Ruhe und seine Leistung sprechen? Er muss sich doch gar nicht erklären. Die englische Handhabe war also komplett anders, und ich muss sagen: vielleicht auch gar nicht so verkehrt. Das war wenige Tage nach meiner Übersiedlung schon eine interessante Lektion für mich. Der deutsche Fußballweg musste nicht der einzig richtige sein.

Die Partie in Dortmund ging 1:1 aus. Wir hatten durch ein Tor von van Persie lange geführt, aber Ivan Perišić hämmerte den Ball in der letzten Minute in den Winkel. Das war der Schlusspunkt einer sehr extremen Woche, in der ich immer mit dem Wörterbuch unterwegs war und mich in allen Dingen des Lebens neu zurechtfinden musste.

Ulrike kam nach London, um mit der Hilfe von Arsenal für uns ein Haus zu suchen. Ich war zwar an der finalen Entscheidung beteiligt, stellte mich mit meinen Wünschen jedoch hintenan. Frau und Kind müssen glücklich sein. Wenn es der Familie gutgeht, dann geht es dir umso besser. Dann kannst du auch besser Fußball spielen.

Es war ein toller September, hell und warm. Die Stadt sah im Sonnenschein schön aus. Der Oktober war auch trocken. Anfangs waren wir überrascht, wie gut das Wetter war, nicht schlechter als in Hannover oder Bremen, und auf jeden Fall besser als sein Ruf.

Ein paar Monate später lernten wir allerdings die Eigenarten der britischen Architektur kennen. Unser Ziegelsteinhäuschen im Hampstead Garden Suburb, einer Gartenstadt aus den Dreißigerjahren, war denkmalgeschützt, mit klapprigen Fenstern, die nicht richtig zugingen. Es zog und pfiff überall. Das Dach war nicht dicht, nach jedem kleineren Sturm tropfte es von der Decke. Den einen oder anderen Rohrbruch gab es gratis obendrauf. Der arme Paul, ein halbes Jahr alt, war ständig krank. Ich war mit der Mannschaft viel unterwegs und bekam das alles nur am Rande mit. Aber für Ulrike war es eine harte Zeit.

Die Entscheidung, nach London zu gehen, bedeutete zwangsläufig das Ende ihrer Handball-Profikarriere. Das war uns bewusst. Ulrike war in Leipzig mit dreizehn auf ein Handballinternat gekommen und dort systematisch für diesen Beruf ausgebildet worden, Handball war ihr Lebensinhalt gewesen, und nun war das mit einem Mal vorbei. Die Engländer haben es ja nicht so mit Handball, und mit Frauenhandball schon gar nicht. Von hundert auf null in ganz kurzer Zeit, das ist für Leistungssportler sehr schwer zu bewältigen.

Im Zuge der Olympischen Spiele im folgenden Sommer kam in London erfreulicherweise ein kleiner Handballtrend auf. Es wurde unter anderem eigens eine britische Frauen-Nationalmannschaft gegründet. Ulrike fand Anschluss an eine Hobbytruppe von skandinavischen Studentinnen, die in einer kleinen Liga spielten. Sie trainierte ab und an und warf extrem viele Tore, weil sie natürlich eine der Besten war. Für ihr Selbstbewusstsein war das sehr gut. Mit Profisport hatte das zwar nichts mehr zu tun, aber sie konnte immerhin wieder das machen, was sie am liebsten machte. Diesen Ehrgeiz, zu gewinnen und dein Bestes zu geben, das bleibt in dir drin. Du bekommst das nicht weg, genau wie das Bedürfnis, dich zu bewegen, dich körperlich zu pushen. Sie konnte nicht nur zu Hause sitzen oder mit dem Buggy durch Hampstead Heath spazieren. Das hätte sie wahrscheinlich verrückt gemacht. Sie brauchte diesen Ausgleich unbedingt. Ich konnte das gut nachvollziehen.

Dennoch war es im Endeffekt ein ganz neues Leben für sie. Mit einem Neugeborenen, in einem Haus, mit dem wir buchstäblich nicht warm wurden, in einer riesigen, ziemlich anonymen Stadt. Im Gesamtpaket war das schon ein ziemlicher Schock. Mit diesen Herausforderungen mussten wir gemeinsam zurechtkommen.

Am Anfang unterschätzten wir ein wenig die Größe der Stadt sowie die Zeit und die Kraft, die man für sie aufbringen muss. Zum Trainingsgelände fuhr man von uns dreißig bis vierzig Minuten. Wenn man Pech hatte, stand man eine Stunde im Stau. Jedes zweite Wochenende führte mein Arbeitsweg an der afrikanischen Steppe und am Regenwald vorbei. Im Rückspiegel erspähte ich manchmal ein paar Kahlkopfgeier und Giraffen: Es war eine abwechslungsreiche, aber manchmal auch sehr, sehr lange Fahrt von Hampstead am Freigehege des Regent's Park-Zoos entlang durch Camden zum Emirates-Stadion. In der ständig verstopften, hektischen Achtmillionen-Metropole von A nach B zu kommen war so ein Aufwand, dass man es oft lieber ganz bleiben ließ und sich nur im eigenen Viertel bewegte. Zu Fuß, wenn es ging.

Zahlreiche Bekannte und Familienmitglieder besuchten uns, und wir fühlten uns verpflichtet, jedes Mal das komplette Sightseeing-Programm zu absolvieren – Big Ben, Westminster, die Kronjuwelen, London-Eye-Riesenrad, Madame Tussaud's, Tower Bridge. Am Abend fielen wir erschöpft ins Bett. Fußballspieler haben vergleichsweise viel Freizeit, aber eine Tätigkeit als Hobby-Fremdenführer war mit diesem Beruf dauerhaft nicht zu vereinbaren. Als Mann halte ich es nicht länger als eine Stunde in der Stadt aus. Meine Frau kann länger shoppen, sie schafft zwei Stunden. Aber unser Alltag war schon anstrengend genug, um diesen Trubel mitzumachen. Wir stellten unseren Gästen in der Folge aufgeladene Oystercards (Fahrkarten für Bus und U-Bahn), Stadtpläne und gute Tipps zu Verfügung und blieben zu Hause, während sie sich durch die Horden von Touristen kämpften.

Sozial waren wir gut eingebunden, unternahmen aber wenig mit meinen Kollegen. Man zog seine Kontakte nicht unbedingt aus dem Fußball, sondern aus der Krabbelgruppe oder vom Babyschwimmen. Unser großes Glück war, dass wir mit Nadine und Richard Baum zwei dicke Freunde vor Ort hatten, die uns jederzeit beistanden und in allen Dingen halfen. Beide waren von Anfang mit dabei in diesem Abenteuer und wirklich ein Teil unserer kleinen Familie.

Die Idee, beide mit nach London zu nehmen, war mir gegen Ende der Saison 2010/11 gekommen, als sich ein

Wechsel zu Arsenal erstmals abgezeichnet hatte. Mein Nationalmannschaftskollege Jérôme Boateng, der damals bei Manchester City spielte, hatte mir erzählt, dass die ärztliche Betreuung in England nicht optimal sei. Ich wollte deswegen unbedingt meine eigene Therapeutin mit in die Premier League bringen und das im Vorfeld in Bremen schon einmal ausprobieren. Nadine arbeitete, wie bereits erwähnt, als Physio für Ulrikes Handballmannschaft und war zudem ihre beste Freundin. Sie hatten in Leipzig auch zusammengewohnt. Nadines Mann war ausgebildeter Fachsportlehrer. Er hatte unter anderem für Sachsen Leipzig Fußball gespielt. Da wir vier uns sehr gut verstanden, fragten wir Nadine und Richard, ob sie sich vorstellen könnten, fest als mein persönlicher Rund-um-die-Uhr-Betreuerstab zu arbeiten. Sie fanden die Sache spannend. Finanziell hatten wir uns schnell geeinigt, sodass sie mit ihrer kleinen Tochter Charlotta im Frühjahr 2011 zu uns in die Wohnung nach Bremen zogen mit der Perspektive, dass es bald von der Weser an die Themse gehen könnte.

Das Set-up war für England konzipiert. Aber ich hätte beide auch noch für die Dauer meines Vertrages ein weiteres Jahr lang in Bremen beschäftigt, falls der Wechsel nicht zustande gekommen wäre. Ich wollte eine professionelle Betreuung, unabhängig vom Verein, da ich merkte, dass die Belastung immer größer wurde. Ich brauchte eine speziellere, individuellere Pflege. Im Verein bist du einer von fünfundzwanzig. Die Physiotherapeuten haben alle nur je zwei Hände und können sich nicht zerteilen. Externe Reize, das hatte ich gelernt, taten mir gut. Ich wollte ein Team aufbauen, das mir weiterhalf, das mich besser machte.

Nadine und Richard standen quasi Gewehr bei Fuß für alle Aktivitäten. Wenn ich wollte, konnte ich mich von Nadine eineinhalb Stunden am Tag behandeln lassen oder extra Trainingseinheiten mit Richard einlegen. Bremen wusste von nichts. Das lief alles heimlich ab.

Ich merkte schnell, dass das für mich funktionierte. Nadine ist eine super Therapeutin, jeder Tag bei ihr in Behandlung half mir enorm. Beide sind von Natur aus unheimlich positiv eingestellt und bringen gute Energie mit. Solche Leute im Umfeld zu haben ist für einen Sportler Gold wert. Gerade, wenn man in einer neuen Stadt ansonsten auf sich alleine gestellt ist.

Unterkunft, Kinderbetreuung, wir mussten mit Hilfe von Arsenal vor Ort alles doppelt suchen. Es gab auch einige bürokratische Hürden zu meistern. Aber wir wollten, dass es klappt. Mir war bewusst, dass ich nur sportlichen Erfolg haben konnte, wenn ich gesund und extrem gut vorbereitet war und wenn ich die Sicherheit hatte, dass hinter mir im Fall der Fälle gute Leute standen.

Es blieb nicht bei Nadine und Richard. Ich gab ihr den Auftrag, die Welt der Sportmedizin zu erforschen. Was sie als Physiotherapeutin und er als Fitnesstrainer nicht abdecken konnte, wollte ich mir extern dazu holen. Nadine sagte nie: »Ich kann alles.« Sie schickte mich auch zu anderen Physiotherapeuten, die vielleicht ein paar spezielle Dinge besser konnten. Wir ließen Osteopathen einfliegen, Kinesiologen, aus Spanien, aus Berlin, um immer wieder unterschiedliche Kniffe auszuprobieren. Mit Flug, Hotel und Gehalt kamen da bei jedem Dreitagesaufenthalt vierstellige Summen zusammen. Ich wollte auch, dass sich beide weiterentwickeln. Sie belegten Kurse in neuen Techniken. Nadine lernte die Liebscher-Bracht-Schmerztherapie, eine Form der Behandlung, die mit punktuellem Druck von Sehnen und Muskeln und bestimmten Bewegungsübungen arbeitet. Noch ein Werkzeug für den Werkzeugkoffer der Physiotherapeuten. Wir waren unsere eigene Miniklinik, ein Versuchslabor. Immer auf der Suche nach wirksamen Methoden, mit dem übergeordneten Ziel, Leistung auf den Platz zu bringen.

Nadine behandelte mich nach jedem Training. Ich fuhr direkt von London Colney in das Haus der beiden und wurde bis zu zwei Stunden am Tag manuell therapiert. Entweder prophylaktisch oder eben da, wo es gerade zwickte, oft an der Ferse oder im Knie. Liebscher-Bracht, Akupunktur, Fußbäder, Kinesiotape: Nadine konnte das alles. Hauptsächlich ging es jedoch darum, Verspannungen zu lösen und Fehlbelastungen zu korrigieren. Wir schauten, wie mein Becken steht. Läuft es gerade, kann ich mich gut bewegen? Nadine renkte mich wieder ein. Diese ein, zwei Stunden Extrabehandlungen machten einen gewaltigen Unterschied.

Mit Richard habe ich teilweise auch an der Fitness gearbeitet, aber dieser Aspekt trat im Vergleich zu dem, was ich in Bremen gemacht hatte, mit den Jahren in den Hintergrund. Es ging auch nicht mehr in diesem Maße. Ich fand andere Wege, schmerzfrei und überhaupt gesünder zu werden. Zum Beispiel über die Schiene der Ernährung. Nadine und Richard können sehr gut kochen und haben sich über die Jahre sehr viel Wissen angeeignet. Ich wollte von ihnen den Input: Was brauche ich, was hilft mir, wie kann ich jeden Tag ein bisschen besser werden? Wir variierten viel, mit Sojaprodukten, mit Kokosnussjoghurt, Früchten und Leinsamen, mit Ölen, Nüssen und weniger Fleisch.

Richard kam oft frühmorgens zu mir, um vor dem Frühstück, das er für mich zubereitete, mit mir zu arbeiten – Dehnübungen oder Drills, um gewisse Bereiche des Gehirns zu aktivieren. Wenn jemand dabei ist, bist du konzentrierter.

Ich investierte sehr viel in meine Fitness. Das ist durchaus wörtlich zu verstehen. Mein persönliches Netzwerk kostete mich im Jahr zehn Prozent meines Nettogehalts, mehrere hunderttausend Euro. Es war eine goldrichtige Entscheidung, die sich auch rentierte, da ich nach zwei Spielzeiten meinen Vierjahresvertrag um drei weitere Jahre verlängerte. Ohne diese zusätzlichen Therapien hätte ich nie sieben Jahre in der Premier League bei einem Spitzenverein spielen können.

Meine Erfahrung hat mich gelehrt, dass man gar nicht genug machen kann. Ich war zum Beispiel auch von Anfang an ein Fan von Yoga. Als junger Hüpfer hatte ich das bei der Nationalmannschaft kennengelernt und gleich gesehen, aha, da gibt es etwas, das Stabilität und Flexibilität bringt. Im Alter von dreiunddreißig war ich in der abgelaufenen Spielzeit bei Arsenal einer der Flexibelsten, was die hintere Muskulatur betraf. Wenn ich sah, wie dicht und zu der Bewegungsapparat bei einigen Kollegen war, fasste ich mir an den Kopf. Zu den Yoga-Sessions, die vom Verein angeboten wurden, ging aber außer mir fast niemand hin. Héctor Bellerín, Nacho Monreal, Tomáš Rosický, meistens waren wir zu viert. Ein Intensivkurs. Aber mit mittlerem Härtegrad. Ein bisschen Stretching, ein paar Figuren, ein bisschen Stabilität. Eine Stunde Anspannung und wieder Entspannung. Beim DFB und in der Reha war das ein anderer Schnack. Das war Yoga als Workout.

Die Jungs, die bei Arsenal hochkamen, belächelten diese Übungen. Sie dachten, wir meditierten. »Kein Ball in der Nähe: uncool.« Mit der Pille zwischen den Beinen waren sie glücklich. Für alles andere fehlte der Anreiz. »Ich spiele Fußball und gehe ins Training. Das reicht schon.« Nein, das reicht eben nicht, wenn du ein gewisses Niveau länger halten oder dich steigern willst. Es war schwer, das zu vermitteln. Entweder du lernst von der Pike auf, von deinen

Eltern und den Lehrern und Trainern um dich herum, Eigenverantwortung zu übernehmen, oder gar nicht mehr. Wir müssen dieser Verdummung entgegentreten.

Im Herbst 2017 kam ein U18-Spieler zu mir und fragte, ob wir uns mal hinsetzen, mal sprechen können. Ich wäre vor Schreck fast umgefallen. Das war in sechseinhalb Jahren im Verein noch nie passiert. Er wollte mit mir über Leadership sprechen. Vielleicht hatte ihn sein Trainer angeschoben.

Ich brachte viel Energie auf, Mitspieler davon zu überzeugen, mehr für ihren Körper zu machen und sich einige Dinge bei uns mal anzuschauen und auszuprobieren. Langfristig bereit, gezielt an seinen Defiziten zu arbeiten, war aber kaum einer.

Die ersten Spiele bei Arsenal liefen ganz gut. Doch beim 2:1-Auswärtssieg gegen Norwich City wurde ich von meinem Gegenspieler einfach aus dem Weg gedrängt und realisierte gar nicht, was los war, bevor der Ball in unserem Netz zappelte. Ich hätte schneller am Ball sein müssen, um die Situation zu klären. In Deutschland hätte ich in dieser Szene vielleicht ein bisschen mehr Zeit gehabt oder den Körper dazwischenstellen können. In der Premier League ging das nicht. Technisch war das Niveau mit der Bundesliga vergleichbar, aber die Wege, die man in Deutschland sah, musste man hier aufgrund des höheren Spieltempos neu berechnen. Viele Gegenspieler waren entweder enorm schnell, regelrechte Sprinter, oder richtige Kanten, gebaut wie Zehnkämpfer, mit einer unglaublichen Präsenz. Man konnte die im Kopfballduell nicht so einfach wegdrücken. Darüber hinaus ließen die Schiedsrichter viel mehr laufen. Du denkst, »Das war jetzt ein Foul!«, und dann geht es einfach weiter. Es gab da mehrere Aha-Effekte: Okay, so geht es nicht. Ich musste meine Spielweise den hiesigen Gepflogenheiten anpassen und mich auch des Öfteren persönlich bei Robin van Persie bedanken. Er spielte eine überragende Saison. Einige seiner insgesamt siebenunddreißig Treffer halfen mir nach nicht so ganz gelungenen Aktionen aus der Patsche.

Ecken und Freistöße gegen uns waren extreme Stresssituationen. Wir wollten gegnerische Standards grundsätzlich vermeiden, weil wir als Mannschaft eher klein waren. Ich stand als großer Innenverteidiger hinten drin, aber auf der anderen Seite hattest du mindestens zwei Stürmer und dazu noch zwei Abwehrspieler, die auch als Wandschränke bei IKEA stehen könnten. Die physische Power, mit der man es in der Premier League zu tun bekam, war ziemlich brutal. Da wir den meisten Teams am Boden überlegen waren, verlegten sich viele auf lange Bälle nach vorne und auf die Jagd auf den sogenannten »zweiten Ball«, den Abpraller. Besonders auswärts war das knackig. Im Emirates, auf unserem eigenen Platz, konnten wir unser Spiel durchziehen; viele der kleineren Teams fuhren mit dem Gefühl nach Nord-London, dass es bei uns nichts zu holen gab. Aber auswärts war es eine andere Geschichte. Enge Stadien, viel Wind. Es war weitaus schwieriger, unseren gepflegten Stil dorthin zu übertragen. Wir bekamen es zu oft nicht hin.

Es gab Kabinen, die nicht viel größer als eine Telefonzelle waren, man saß praktisch aufeinander. Jede Bezirkssportanlage in der deutschen Provinz war luxuriöser ausgestattet. Bei den Queens Park Rangers, einem Verein aus dem Westen der Hauptstadt, hatte sich der Innenarchitekt etwas besonders Schönes einfallen lassen: Mitten in der Umkleide stand eine Toilette, mit einer Tür, die unten und oben offen war.

Ich kann mir nicht vorstellen, dass so etwas in Deutschland erlaubt ist, aber es hatte schon seinen Charme. Mir machte das Spaß. Wenn du in so einen Raum kommst, weißt du genau, was an dem Tag auf dem Programm steht und gleich draußen im Stadion los sein wird. Man spürte richtig: Hier wohnt die Arbeit. Hier wirst du geprüft. Hier checken sie dich gleich weg, und die Fans brüllen los. Da ist nichts mit Friede, Freude, Eierkuchen. Man wurde außerhalb des eigenen Stadions noch stärker ausgebuht als in Deutschland, aber es kam auch vor, dass man nach einer besonders guten Leistung von den gegnerischen Fans mit anerkennendem Applaus verabschiedet wurde.

Je mehr es in alten Blechschachteln wie dem QPR-Stadion stank, je enger es war, desto näher rückte man auch als Mannschaft zusammen, desto näher kam man auch wieder zurück zu den Wurzeln des Fußballs. Die Kabinen der Auswärtsmannschaften waren bis auf ein, zwei Ausnahmen in modernen Stadien wie dem Emirates (oder dem Etihad von Manchester City) absichtlich unbequem konzipiert. Aus den zwei Duschköpfen für fünfundzwanzig Mann sprudelte grundsätzlich nur kochend heißes Wasser. Auf den Holzbänken musste man aufpassen, dass man nicht mit Splittern im Hintern wieder aufstand. Das alles sollte die besseren Teams einschüchtern, aber der Effekt war interessanterweise oft genau entgegengesetzt. Man rückte in diesen muffigen Besenkammern physisch und auch im übertragenen Sinne zusammen, man unterhielt sich untereinander mehr als in der weitläufigen, blitzblanken Kabine in unserem Stadion.

Die größten Probleme bei Auswärtsspielen machten mir die niedrigen Decken in den Zimmern und Gängen. Ich konnte nur geduckt stehen und gehen. Im Laufe der Jahre schlug ich mir so oft den Kopf an, dass mir über der Stirn ein richtiges Horn wuchs, eine bleibende Beule. Einen Monitor im Bus, den Türrahmen … ich nahm alles mit. Vielleicht hätte ich mir wie unser Torwart Petr Čech einen Schutzhelm zulegen sollen. Petr hatte 2006 eine schwere Kopfverletzung in einem Spiel für den FC Chelsea erlitten und trug seitdem eine spezielle Haube bei den Spielen.

Nach dem Schnitzer gegen Norwich ließ ich mich noch einige Male überlisten. Das negative Echo in den Gazetten blieb nicht aus. Die *Daily Mail* attestierte mir »die Grazilität eines kaputten Liegestuhls«, der *Daily Mirror* fühlte sich durch mich an die kurz zuvor vor dem Emirates-Stadion aufgestellten Bronzestatuen von Tony Adams, Trainerlegende Herbert Chapman und Stürmerstar Thierry Henry erinnert.

Ich las diese Kritiken damals nicht. In Hannover war ich mit den Lokalzeitungen aufgewachsen, mit *Bild* und *Kicker*, als Profi schaute ich da schon mal gelegentlich rein, um mir die Noten anzusehen. In London kannte ich keines der Blätter, also ging ich auch nicht zum Kiosk, um mir welche zu kaufen. Bei Arsenal waren Zeitungen in der Kabine verboten; von den Schlagzeilen oder schlechten Kritiken bekam ich so gar nichts mit. Man kann das gut weghalten und entspannt bleiben.

Unangenehm wurde es allerdings, wenn deutsche Zeitungen oder Agenturen diese Sprüche eins zu eins abschrieben, ohne das Spiel gesehen zu haben und ohne dem Boulevardcharakter der englischen Blätter Rechnung zu tragen. Auf Deutsch übersetzt hörte sich alles noch viel härter an, als es ursprünglich gemeint war, und wurde dann für mich auch zur Belastung. Du denkst: »Das geht jetzt in Deutschland so rum, das liest jeder, auch der Bundestrainer, und alle glauben: Der Mertesacker kackt voll ab in England.« Das löste Stress aus. Mein Vater bestellte vor Wut über die unreflektierten Kritiken den *Kicker* ab.

In einer solchen Phase brauchst du als Spieler einen nachsichtigen Trainer wie Wenger, der zu dir sagt: »Ja, du machst Fehler. Aber du bist intelligent genug, deine Lehren daraus zu ziehen. Ich bin sicher: Du wirst das abstellen. Ich habe keinen Zweifel daran, keine Zweifel an dir. Du wirst für die Mannschaft wichtig sein.« Ich konnte mit ihm ganz offen über meine Probleme reden und ihm viele Fragen stellen. Er hatte Geduld mit mir, ließ sich von externen Meinungen nicht beeindrucken. Ein anderer hätte mich in dieser Situation wahrscheinlich eiskalt abgesägt; allein schon, um sich selbst zu schützen.

Ich musste in jenen Wochen Lehrgeld zahlen, »von allen Neuverpflichtungen war seine Lernkurve am steilsten«, umschrieb das offizielle Arsenal-Stadionheft meine anfänglichen Schwierigkeiten mit britischer Zurückhaltung. Doch dank Wengers unerschütterlichem Vertrauen war es ein Lernprozess *deluxe* für mich. Bis Weihnachten war ich so weit, dass ich Tempo und Härte einigermaßen gut annehmen konnte. Die Fans von Arsenal fingen an, meine Spielweise auf ihre spezielle Art zu honorieren. Sie intonierten *»Big fucking German, we have a big fucking German«* zur Melodie von »Guantanamera« im Stadion. Zunächst wusste ich nicht, was ich davon halten sollte, doch die Kollegen klärten mich auf, dass das als Liebesbekundung zu verstehen war. Die Anhänger der Gunners freuten sich, so einen verdammt langen Kerl im Team zu haben, der die Dinge da hinten drin mit deutscher Gründlichkeit erledigte.

Ich merkte allerdings, wie hart es war, eine Saison ohne Winterpause zu spielen. In England gibt es zwanzig Mannschaften in der Liga, zwei mehr als in der Bundesliga, und zusätzlich zwei Pokalwettbewerbe. Um all diese Spiele im Terminkalender unter zu bekommen, wird traditionell auch an Weihnachten und Neujahr gekickt. Als Spieler ist man also von August bis Ende Mai ununterbrochen im Einsatz. Man vermag sich kaum vorzustellen, wie anstrengend das ist, besonders für die Psyche. Wenn im November in Deutschland die Kräfte gegen null gingen, dachte man sich: »Jetzt noch vier Wochen zusammenreißen, dann hast du frei und kannst dich erholen.« Die Aussicht auf zwei Wochen Urlaub, mit Weihnachtsfest und Neujahr mit der Familie, half dir über diese düstere Zeit hinweg. Du konntest das Licht am Ende des Tunnels sehen. In England sagen sie dir im November: »Jetzt noch vier Wochen, und dann geht's erst richtig los, mit Spielen an jedem dritten Tag, alles noch einmal eine Stufe höher in der Intensität.« Das war nicht sehr erbaulich.

Die Tage wurden so kurz, dass man mittags schon das Gefühl hatte, dass es Abend ist. Alles ist grau in grau. Auch in dir drinnen. Du führst einen Abnutzungskampf gegen dich selbst. Anfang Januar brach ich regelrecht zusammen. Ich lag drei Tage im Bett in meinem kalten Haus wie in einer Dunkelkammer und wollte auch nicht mehr raus. Was ich genau hatte, wusste ich nicht. Aber ich hatte offenbar eine Grenze überschritten. Ich quälte mich durch die Spiele, war weit weg von meiner Bestleistung und auch mental angegriffen. War ich hier vielleicht doch fehl am Platze? Wird mich Löw bei der EM aufstellen, wenn ich bei Arsenal nicht überzeuge?

Es war alles zu viel für mich. Der Körper schrie nach einer Pause. Und er sollte sie bekommen.

Im Spiel gegen Sunderland hatte ich nach einem Kopfball ein komisches Gefühl bei der Landung. Irgendetwas knackte im rechten Knöchel auf der Innenseite. Ich dachte, ich spiele weiter und laufe den Schmerz aus. Dann wollte ich zu einem Sprint anziehen, und es zerfetzte mich. Ich dachte wirklich, mich schießt einer ab, ganz ohne Fremdeinwirkung. Weil die Tibia, das Schienbein, angebrochen war, hatte sich der ganze Bandapparat gelöst. Die Bänder lagen frei und rissen bei nächster Gelegenheit komplett auseinander.

Drei Monate Pause. Meine schlimmste Verletzung als Profi bis dahin. Und das so kurz vor der Europameisterschaft. Die Diagnose war erschütternd. Schon wieder auf dem OP-Tisch, trotz all der Arbeit, all der Schinderei. Wie jedes Jahr. War das normal? Unter normalen Voraussetzungen, wenn ich voller Energie und Kraft gewesen wäre, wäre in so einer an sich harmlosen Situation nie etwas passiert. Aber wenn Kopf und Muskeln müde sind, wird jeder größere Schritt zur Gefahr. Die Ansteuerungen und Abstimmungen funktionieren dann nicht mehr, und Teile des Körpers rutschen in die falsche Richtung weg. Wie Zugabteile, die entgleisen.

Es war ein Rennen gegen die Zeit, um rechtzeitig zum Turnier in Polen und der Ukraine gesund zu werden. Die Chancen waren realistisch betrachtet minimal. Von meinem damaligen Adidas-Betreuer Daniel Delonga kam während der Reha in Donaustauf der Tipp, mit Lars Lienhard zusammenzuarbeiten. Lars ist ein ehemaliger Leichtathlet und Sportwissenschaftler und ein Pionier des neuronal gesteuerten Athletiktrainings. Der Grundgedanke dieser aus den USA stammenden Methodik ist, dass Sportler nur so stark wie ihre schwächste Stelle sind, weil im menschlichen Bewegungssystem alles miteinander verbunden ist, in gegenseitiger Wechselwirkung zueinander steht und von Gehirn und Nervensystem gesteuert wird. Ich war immer offen für neue Therapieformen und traf mich abseits der Rehaklinik mit ihm. Ich wollte damit Konflikten aus dem Weg gehen; unter Physiotherapeuten gibt es oft verschiedene Meinungen und Ansätze, die sich in der Praxis womöglich blockieren. Die Dogmen beißen sich. Aber davon darf man sich nicht abhalten lassen. Für mich waren zusätzliche Reize immer sehr wichtig. Ich machte, was mir guttat – auch wenn das teilweise nicht abgesprochen war, konträr oder vielleicht sogar kontraproduktiv.

Lars erklärte mir, dass Muskeln wie Soldaten sind. Sie führen nur aus, was das Gehirn befiehlt, ohne dass man das bewusst wahrnimmt. Gleichzeitig senden Muskeln, Sehnen und Gelenke Informationen an das Gehirn zurück. Wenn von einer der beiden Seiten oder auch von beiden nicht genügend Informationen kommen – zum Beispiel, weil es Probleme mit der Wahrnehmung gibt oder die Nerven nach einer Verletzung beschädigt sind –, funktioniert der Bewegungsapparat nicht perfekt.

Nach meinen vielen Operationen war die Ansteuerung für gewisse Muskelpartien praktisch weg. Jeder Eingriff fügt dem Körper Schaden zu, jede Narbe unterbricht die Signalübertragung. Man muss sich das wie einen toten Punkt vorstellen, wie ein Funkloch. Das Gehirn sagt: »Über diese Stelle weiß ich nichts. Dort droht womöglich Gefahr.« Der Befehl wird so nur widerwillig, unkontrolliert und schlampig ausgeführt, was wiederum anderswo Probleme hervorbringt. Du läufst dann von OP zu OP. Und der Körper weiß gar nicht mehr, was los ist. Bei mir wirkte sich die eingeschränkte Bewegungsfähigkeit auf Knie und Gelenke aus. Lars machte mit mir sehr individuelle, konzentrierte Übungen, um diese blockierten Informationswege wieder frei zu bekommen. Ich war geschockt, wie gut das funktionierte. Die Arbeit mit ihm war extrem erfolgreich.

Wir gehen immer davon aus, dass wir richtig laufen und gucken können. Dass alles in Ordnung ist, solange nichts wehtut. Das ist aber ein Fehler. Lars zeigte mir, dass die Augen ein extremer Faktor sind. Bei allem. Aber vor allem für das Timing. Auf meiner rechten Seite war mein Timing super. Aber wenn der Ball von der linken Seite kam, dann hatte ich ein bisschen das Gefühl, mein linkes Auge will nicht so richtig. Warum war das so? Wie konnte man trainieren, dass ich nicht meinen Kopf drehen musste, um auf die linke Seite zu gucken? Warum war mein rechtes Auge stärker in der Wahrnehmung? Um diese Zusammenhänge ging es. Wie oft kommt der Ball von der linken Seite, wenn du in der Innenverteidigung spielst? Mindestens zu fünfzig Prozent. Und bei mindestens fünfzig Prozent dieser Situationen sagte mein Gehirn: »Ey, du, ich kann da den Ball nicht wirklich sehen. Dann springe ich lieber nicht hoch.« Da mein linkes Auge auch nicht wirklich zu dem Ball schauen wollte, verrenkte ich immer den Hals, um das rechte, dominante Auge zur Hilfe zur nehmen.

Im Fußball beschäftigt man sich wenig bis gar nicht mit solchen Dingen, obwohl sie entscheidend sein können. Es wird lieber mit Gewichten gearbeitet, mit isolierten Übungen mit Hanteln und so weiter. Aber was brachte mir das auf dem Platz? Was ist wirklich gut für die Bewegungen, die während eines Spiels gefragt sind? Das ist ein Feld, das quasi noch kaum besetzt ist. Jürgen Klinsmann holte vor der WM 2006 amerikanische Spezialisten für Stabilisationsübungen, das wird in dieser Form noch praktiziert, ist jetzt aber auch schon mehr als zehn Jahre alt. Was ist der nächste Schritt? Wie kann man den Körper wirklich individuell auf Belastungen vorbereiten? Man spricht ja immer davon, den Körper vor dem Training zu aktivieren, mit ein paar Dehnübungen oder Ähnlichem. Dabei geht es aber immer nur um mechanische Faktoren. Sollte man nicht auch ein paar Augenübungen vor dem Training durchführen, wenn die dazu führen, dass du dich besser fühlst, dass du weiter mit den Händen runterkommst, beweglicher im Rumpf bist? Das ist doch mal interessant.

Bei den Übungen mit Lars sah man ganz deutlich, wie sich meine beiden Augen unterschiedlich bewegten, wenn er einfache Gegenstände auf mich zukommen ließ. Mein linkes Auge blieb immer in der Mitte, anstatt sich auf den Gegenstand zu fokussieren. Er zeigte mir einen Weg, um das linke Auge stärker zu aktivieren. Ich setzte eine Piratenklappe auf das rechte Auge und zwang damit das linke, sich wieder auf die Gegenstände zu konzentrieren. Das führte nach einigen Wochen wirklich dazu, dass ich im Spiel den Unterschied merkte. Es kam ein hoher Ball von der linken Seite, und ich hatte ein viel besseres Gefühl für den Ball. Auch für das Timing beim Kopfball. Mein Auge war sicher, mein Kopf musste sich deswegen nicht drehen. Wenn die Halswirbelsäule sich drehen muss, dann entsteht immer Gefahr. Je besser du stehst, je gerader du bist, je gerader deine Wirbelsäule besonders im Nackenbereich liegt, desto besser bist du, desto schneller bist du, desto besser kannst du performen. Lars sagte immer: »Schau dir Cristiano Ronaldo an. Wenn der läuft, sieht es aus, als ob er einen Stock hinten im Rücken hätte. Jetzt weißt du, warum der so schnell unterwegs ist.«

Mein Körper reagierte super auf dieses Training. Wir machten Vorher-nachher-Tests. Welche Übungen tun gut? Welche Übungen sind zu viel Stress für die Augen? Es gab Übungen, durch die ich mehr Kontrolle über meine Knie bekam, die Ansteuerung war besser; auch in meinem lädierten Knöchel. Das kam alles wieder zurück. Lars kam nach meiner Reha alle fünf Wochen eingeflogen, um mit mir in London prophylaktisch zu arbeiten. Ich blieb mit seiner Hilfe viereinhalb Jahre gesund, durchbrach den Teufelskreis von Verletzung-Reha-Verletzung und hatte sportlich meine beste Zeit. Die Begegnung mit ihm veränderte mein Fußballerleben.

Der Trick war, sich nicht nur auf die periodischen Übungen mit Lars zu verlassen, sondern sich vor den Spielen immer wieder selbst zu justieren. Zum Beispiel mit Liegestützen für die Augen: Du führst einen Stift zum Kopf und deine Augen gehen zur Mitte. Wenn du damit am Trainingsgelände aufschlägst, denken sich viele: »Was hat der jetzt? Ist der noch ganz dicht?« Das ignorierte ich geflissentlich. Meist trainierte ich zu Hause oder vor Spielen auch im Hotelzimmer. Ich hatte sechs, sieben Übungen auf Video, die ich wiederholte. Manchmal auch direkt vor Anpfiff in der Kabine. Die Reaktionen waren mir wurscht. Ich war schon im gehobenen Alter, Ende zwanzig, und nahm mir einfach heraus, solche befremdlichen Dinge zu machen. Ob dann einer lachte oder nicht – egal. Aber man sieht wieder einmal, dass das Neue, das Unbekannte, eher zu Lachern führte, als zu der Frage: »Was machst du da eigentlich?« Mir fehlte in unserem Geschäft immer so ein bisschen die Neugierde.

Arsène Wenger ließ mich gewähren. Er vertraute seinen Spielern. Im Laufe der Jahre wurde das Angebot bei Arsenal stetig ausgebaut, es kamen einige Physiotherapeuten dazu, eine Yogalehrerin, ein Osteopath, einige Psychologen. Wer wollte, konnte auf diese Optionen zurückgreifen. Der Schwerpunkt lag jedoch weiter bei der klassischen Physiotherapie und den Massagen. Auch zu Recht. Was ich mit Lars machte, brachte zwei bis drei weitere Faktoren ins Spiel, die ich bis dahin im Fußball nicht gesehen hatte. Ich versuchte, ein gesundes Mittelmaß zu finden, da man auch die Abläufe im Verein akzeptieren musste.

Zur Weltmeisterschaft 2014 wurde Lars auf meine Anregung hin mit nach Brasilien genommen. Fünf, sechs Spieler arbeiteten in der Nähe unserer Unterkunft gezielt mit ihm. Benedikt Höwedes, der in dem Turnier zum ersten

Mal in seinem Leben als Linksverteidiger spielte, wurde von Lars auf den damit einhergehenden neuen Blickwinkel vorbereitet. Mario Götze und Jérôme Boateng trainierten auch mit ihm. Ideal war die Konstellation jedoch nicht. Lars' Methoden waren neu, anders. Die Betreuer vom DFB hatten Sorge, dass sich seine Übungen mit gewissen physiotherapeutischen Maßnahmen von ihrer Seite nicht vertrugen. Der Fußballsport ist im Moment noch nicht bereit für einen Paradigmenwechsel; weg von der Arbeit an einzelnen Wehwehchen, hin zu einer ganzheitlichen Behandlung des Athleten, die alles umfasst: Körper, Geist und Seele.

Gerade psychische Faktoren werden stark vernachlässigt. Es passiert so viel, auf dem Platz, außerhalb des Platzes. Es gibt viele Geschichten, von denen man denkt, dass sie nach einer Weile keine Rolle mehr spielen, die aber tief im Unbewussten weiterwirken und dich langsam auffressen. Das kann eine Scheidung der Eltern vor fünfzehn Jahren sein, genauso wie die Wut auf eine Person. Es gibt so viele Dinge, die dich bewusst und unbewusst bedrücken, dir die Energie rauben. Der Körper speichert das alles ab, und irgendwann bekommst du dann die Quittung. Der Körper ist die einzige Chance für die Seele, auf sich aufmerksam zu machen.

Was für einen Effekt hat die Psyche auf das nächste Training oder auf die nächste Verletzung? Ist es ganz abgesehen davon eine gute Idee, sich als Sportler ein Tattoo stechen zu lassen, also Tinte in den eigenen Körper zu spritzen? Wahrscheinlich nicht.

Im Moment ist der Sport, sind die Fußballer noch nicht bereit dazu, sich diese Fragen zu stellen, geschweige denn, sie zu beantworten. Dafür müsste man Zeit und Geld aufwenden. Fußballer sind es leider gewöhnt, nur drei Stunden am Tag zu arbeiten, während andere Leistungssportler sich den ganzen Tag mit ihrem Beruf beschäftigen. Und von den drei Stunden, die Fußballer auf dem Trainingsgelände verbringen, hängen sie gefühlt anderthalb Stunden am Handy.

Wir haben alles Geld der Welt, aber wir schaffen es nicht, zu realisieren, wie wichtig der Körper ist. Man hat durchschnittlich nur sieben Jahre als Profi; zehn bis fünfzehn, wenn es optimal läuft. Müsste man in dieser kurzen Zeit von Vereins- und Spielerseite nicht alles tun, um das Maximum auszuschöpfen? Viele wissen gar nicht, was das Maximum ist, ihnen geht es eher darum, auf dem Platz Spaß zu haben. Zum Profisein gehört aber mehr dazu.

Die Mühlen mahlen langsam in unserer Branche, man hält an den Methoden fest, an die man sich gewöhnt hat. Wir sind zu engstirnig. Dabei gäbe es so viele interessante Ideen. Bei Werder Bremen kam eine Zeit lang ein Bio-Energetiker, Kurt Schweinberger, mit speziellen Wässerchen und Schallwellen. Wir setzten einen Kopfhörer auf und hörten ein Rauschen. An Spieltagen legte man sich hin und hörte das im Schlaf, für jede Verletzung gab es ein spezielles Programm und ein spezielles Massageöl. Die Hälfte der Mannschaft hat mitgemacht, die andere hat gesagt »Hokuspokus, glaube ich nicht daran«. Ich zog das damals komplett durch, um mir selbst ein Bild machen zu können. Mir half es sehr. Die Erfahrung, sich neuen Einflüssen zu öffnen, einen Appetit dafür zu entwickeln, sich mit neuen Menschen und neuen Ideen zu befassen, war für mich immer sehr wichtig. Für jeden interessanten Ansatz gibt es mindestens einen, der sagt, »Das ist Schwachsinn, das bringt nichts«. Bei mir klingelten dann immer die Alarmglocken. Ich wollte dann erst recht wissen, ob ich damit etwas anfangen konnte.

In der Sportmedizin gibt es so viele spannende Sachen, die auch für den Fußball in den nächsten Jahren interessant werden können. Die Vereine werden umdenken und sich umorientieren müssen, allein schon aus finanziellen Gründen. Wenn du Kosten von zweihundert Millionen im Jahr für den Spielerkader hast und ein Viertel davon verletzt ausfällt, sind fünfzig Millionen inaktiv. Das sind unglaubliche Summen. Was läge näher, als dementsprechende Prioritäten zu setzen und alles für die Gesundheit der Spieler zu tun?

Die Zusammenarbeit zwischen mir und Lars wuchs über Jahre. Ich blieb konstant dabei, auch wenn ich zwischendurch mal kurz Zweifel an dem Nutzen hatte oder eigentlich keine Lust, schon wieder mein Gehirn anzustrengen. Es ist eine Arbeit, die erst einmal nervt – weil sie auf die Nerven abzielt. Der Schlüssel war, konsequent dabeizubleiben und den Effekt auch zu spüren. Es bringt nichts, das einmal zu versuchen und dann zu sagen: »Könnte etwas sein, könnte auch nichts sein. Noch nie davon gehört. Ich vertraue lieber meinen Fitnessübungen.« Das war bei einigen Kollegen, die es ausprobierten, der Fehler. Ich zog es über Jahre hinweg durch und bin der lebende Beweis, dass es etwas bringt. Lars, Nadine, Richard und all die anderen Leute in meinem Set-up halfen mir, die letzten zehn bis fünfzehn Prozent auf den Platz zu bringen.

Ich bin keiner, der jetzt nach dem Karriereende sagt: »Tolle Erfahrung, hat mich weitergebracht, wird aber wahrscheinlich keinem anderen helfen.« Es gibt Überlegungen, das Netzwerk, das ich hier aufgebaut habe, aufrechtzuerhalten, damit andere davon profitieren können. In meinem neuen Leben als Leiter des Arsenal-Nachwuchsleistungszentrums werde ich alles in meiner Macht Stehende tun, um jungen Spielern Denkanstöße zu geben. Ich habe extrem viel erlebt und gesehen, extrem viele Erfahrungen gemacht, gerade, was die Gesundheit angeht. Ich will Leute herausfordern, dass sie sich mit Ideen befassen, und sie vor allem so gut wie möglich vor Verletzungen an Leib und Seele bewahren. Ich will sie davon überzeugen, dass sie etwas tun müssen, um an die Weltspitze zu kommen, und ihnen ein Beispiel sein. Für mich gab es eigentlich keinen Weg nach ganz oben, aber ich kam doch irgendwie dort an, weil ich auf eigene Faust alles dafür tat, mir selbst die bestmöglichen Chancen zu geben. Talent ist das, was man daraus macht.

Ich kehrte nach der Reha für die zwei, drei letzten Wochen der Saison nach London zurück, kam aber nicht mehr zum Einsatz. Wenger war klar, dass ich nicht mehr *match-fit* werden würde und ließ mich vorzeitig zur Nationalmannschaft reisen. »Lass dich checken, ob du bei der EM dabei sein kannst oder nicht. Und dann greifen wir nächstes Jahr wieder an«, sagte er zu mir. Arsenal gewann das letzte Spiel der Saison 3:2 bei West Brom, damit waren wir Vierter und in der nächsten Saison wieder für die Champions League qualifiziert.

Das Erreichen der Königsklasse war für den Verein sehr wichtig. Arsenal gehört mehrheitlich einem amerikanischen Investor, Stan Kroenke, trägt sich aber finanziell selbst. Die Spielerverträge waren dementsprechend leistungsbezogen gestaltet. Für die Champions League bekam man zwischen zehn und zwanzig Prozent des Jahresgehalts als Bonus obendrauf. Insgesamt dürften das zwanzig bis dreißig Millionen Pfund gewesen sein.

Die Honorare werden auf der Insel öffentlich als Wochengehälter kommuniziert, das erinnert noch an die alte *working-class*-Kultur des Sports: Arbeiter werden traditionell Woche für Woche bezahlt. Auf das Konto wird aber monatlich eingezahlt. Auch Mieten werden in Anzeigen pro Woche angegeben, aber am Monatsende fällig. Ausländer machen gerne den Fehler, den Betrag einfach mal vier zu nehmen. Aber das Jahr hat zweiundfünfzig Wochen, nicht achtundvierzig, deswegen muss man mit dem Faktor 4,3 rechnen. Wie hieß es noch so schön bei Asterix und Obelix über die Briten?

Ich fuhr zur EM – und machte kein einziges Spiel. Löw ließ in der Abwehr anderen den Vortritt. Ich ärgerte mich unheimlich darüber, nahm es aber auch als Motivation mit in den Sommer: Du greifst in der Saisonvorbereitung wieder neu an. Ich war in der Nationalmannschaft nicht mehr erste Wahl und bei Arsenal wegen der langen Pause auch erst mal weg vom Fenster. Das konnte ich nicht auf mir sitzen lassen.

Letztlich war es trotz der persönlichen Enttäuschung ein heimlicher Segen für mich, bei der Europameisterschaft nicht zum Einsatz gekommen zu sein. Ich bin nicht sicher, ob ich so kurz nach der schweren Knöchelverletzung dem Druck und den Anstrengungen des Turniers standgehalten hätte. Wir werden es nie wissen. Aber mein Bauch sagt mir: Das wäre nicht gut gegangen.

Ich fühlte mich ganz anders als nach den drei Turnieren mit der Nationalmannschaft zuvor. Nach den beiden Weltmeisterschaften in Deutschland und Südafrika sowie der EM in Österreich und der Schweiz war ich jedes Mal entweder verletzt oder völlig entkräftet zurückgekommen, anfällig für neue Blessuren. 2012 ging ich im Gegensatz dazu richtig fit in den Urlaub. Coole Sache. Ich konnte gleich weiter trainieren, musste nicht im komatösen Zustand alle viere von mir strecken und verlor so über die Ferien hinweg auch nicht an Spritzigkeit. Die Ausgangssituation war eine völlig andere. Ich hatte eine gute Basis.

Mittlerweile waren wir umgezogen, das neue Haus lag nur fünf Minuten entfernt, war aber viel moderner, mit Doppelverglasung. Es regnete nicht mehr ins Wohnzimmer, pfiff nicht mehr eisig durch alle Gänge, und es gab keine

Überschwemmungen. Wir fühlten uns bedeutend wohler und ein Stück weit heimisch. Innerhalb von wenigen Monaten zweimal mit einem Kleinkind umzuziehen war zwar nicht gerade angenehm gewesen; aber immerhin eine gute Gelegenheit, auszumisten. Wenn man öfters die Bleibe wechselt, bleiben die unwichtigen Dinge unweigerlich auf der Strecke. Man nimmt nur das Nötigste mit.

Mit Lukas Podolski hatte ich einen neuen Mannschaftskameraden aus Deutschland und auch Nachbarn gewonnen. Er wohnte gleich um die Ecke, wir bildeten eine Fahrgemeinschaft zum Training. Poldi bestand zu meinem Glück nicht darauf, dass im Auto Die Höhner liefen. Er war da liberal.

Vor Saisonbeginn waren wir beide zusammen mit Rechtsverteidiger Bacary Sagna nach Nigeria zu Sponsorenterminen geflogen. Die Privatmaschine landete in Mallorca zum Auftanken, von dort ging es weiter nach Lagos. Ich hatte zuvor noch nie eine Auslandsreise nur zu Werbezwecken gemacht. In Lagos fuhren überall gelbe Busse durch die Stadt, und im Hotel fiel ab und zu der Strom aus. Ich dachte: Was ist denn hier los? Unsere Mission war, bei einem Event auf der Bühne einen Tanz aufzuführen. Die Choreographie mussten wir vorher einstudieren. Wir rockten den Laden. Später gab es ein Fanfest mit fünfhundert Leuten, und wir tanzten ein weiteres Mal. Die Menschen gingen ab ohne Ende. Man spürte zum ersten Mal, welche Strahlkraft Arsenal im Ausland hatte, davon hatten wir uns keine Vorstellung gemacht. Und es war gut, dass Poldi mit dabei war. Er ist ein Junge, der alles positiv sieht und sich selbst nicht so ernst nimmt. Für so einen Trip war er genau der Richtige. Ein Jahr später, während einer Asienreise, standen wir beide in Japan als Samurai auf dem Podest und hauten mit Schwertern aufeinander ein.

Es war einfach schön, so einen Typen in der Mannschaft zu haben, der Spaß hat am Leben, Spaß daran hat, Fußballer zu sein. Und das jeden Tag, unabhängig von der Wetterlage. Das half auch mir. In seinen drei Spielzeiten bei Arsenal schoss er ein paar sensationelle Tore mit seinem linken Hammer. Und in der Nationalmannschaft passte es in der Folge auch optimal, weil wir uns aus London noch besser kannten.

Im ersten Jahr war ich in der Kabine sprachlich fast auf mich alleine gestellt gewesen. Mit dem Ex-Dortmunder Tomáš Rosický wechselte ich ein paar Worte auf Deutsch, bei van Persie hatte es ja nur zur »Bratwurst« gereicht. Ich konnte so gut an meinen nur rudimentär vorhandenen Englischkenntnissen arbeiten. Mit Poldi in der Kabine und mit Mesut Özil, der noch ein Jahr später zu uns stieß, konnte man auch mal einen Witz auf Deutsch machen und sich unterhalten. Das half uns allen dreien, gut klarzukommen. In einer Mannschaft wie Arsenal, wo mehr Ausländer als Engländer spielen, entwickeln sich automatisch kleine Grüppchen. Die einen sprechen Französisch, die anderen Spanisch. Ab 2013 bildeten wir unsere kleine deutsche Gang. Wir hatten eine gute Zeit zusammen.

Poldi konnte gut Englisch, er war ein echtes Sprachtalent. Für ihn war die Eingewöhnung überhaupt kein Problem. Mesut sprach eigentlich auch sehr gut Englisch, aber er zeigte es nach außen nicht so. Wenn er wollte, konnte er. Trotzdem war es für uns drei natürlich angenehm, Bezugspersonen zu haben. Viele Dinge, die für mich neu und kompliziert gewesen waren, wie zum Beispiel die Anmeldung bei der Stadtverwaltung, waren für Poldi und Mesut problemlos, weil wir uns gegenseitig unterstützten.

Poldi war zusammen mit Mittelstürmer Olivier Giroud als Ersatz für van Persie gekommen, der nach seiner Wahl zum Spieler des Jahres vor Saisonbeginn zu Manchester United gewechselt war. Er schoss seinen neuen Verein auf Anhieb zur Meisterschaft, der letzten unter Sir Alex Ferguson. Als Kapitän und echter Superstar hinterließ er bei uns ein Vakuum. Es war nicht so, dass man Angst haben musste, dass die Mannschaft auseinanderfallen würde, aber wir brauchten einen neuen Anführer. Die Wahl fiel auf meinen Abwehrkollegen Thomas Vermaelen. Das war, rein egoistisch betrachtet, erst mal keine gute Nachricht für mich, denn als Kapitän war Thomas selbstverständlich gesetzt. Um den zweiten zentralen Platz musste ich mich nun mit Laurent Koscielny streiten.

Es war bei Arsenal leider normal, dass viele gute Spieler verkauft wurden. Der Neubau des Stadions, das 2006 fertiggestellt worden war, hatte viel Geld gekostet, dementsprechend vorsichtig wurde an der Holloway Road gewirtschaftet. Arsenals Pech war es, dass der finanziell aufwendige Umzug vom alten Highbury-Stadion in den Stahl- und Glaspalast des Emirates mit dem Einstieg mächtiger Investoren bei Klubs wie Chelsea (Rohstoffoligarch Roman Abramowitsch) und Manchester City (Scheich Mansour aus Abu Dhabi) einherging, für die Geld quasi keine Rolle spielte. Im nationalen Wettbewerb gerieten wir ein wenig ins Hintertreffen. Seit 2005 (FA-Pokal) hatten die Gunners keinen Titel mehr gewonnen.

Unser Team war dennoch gut genug, um jedes Jahr um die Meisterschaft mitzuspielen. Die ersten drei Spiele der neuen Serie gewannen wir, dreimal zu null. Das war defensiv Arsenals bester Saisonstart seit 1934. Ich gab Wenger keinen Grund, mich draußen zu lassen. Bis Weihnachten verpasste ich nur ein einziges Match in der Liga.

Mein absolutes Highlight der Saison kam im November, im Nord-London-Derby gegen Tottenham Hotspur. Arsenal und die Spurs, das muss man wissen, sind Luftlinie nur sechstausend Meter voneinander entfernt und sich so was von spinnefeind, dass es regelmäßig im Karton rappelt. Das 1886 von Arbeitern einer Waffenfabrik im Süden der Stadt gegründete Arsenal zog 1913 auf die andere Seite der Themse, nach Islington, was den in der Nähe ansässigen Spurs gar nicht in den Kram passte. Besiegelt wurde die Feindschaft, als nach dem Ersten Weltkrieg der Zweitligist Arsenal in die damals neu formierte erste Liga aufgenommen wurde, nicht jedoch das kürzlich aus dem Oberhaus abgestiegene Tottenham.

Im Norden spürt man schon Tage vor dem Duell, dass sich etwas ganz Spezielles zusammenbraut. Es liegt eine ganz besondere Stimmung in der Luft, eine elektrische Spannung, wie vor einem Gewitter. Ein Sturm zieht herauf. Und wenn es dumm läuft, bläst er dich weg.

Nein, es ist kein normales Spiel. Man merkt den Unterschied im Stadion sofort. Im Emirates war es bei 08/15-Liga-Partien gemeinhin eher ruhig, auch in der Champions League dauerte es immer ein bisschen, bis das von vielen Titeln und ästhetisch hochwertigem Fußball verwöhnte Publikum Feuer fing. Gegen die verhassten Lokalrivalen aber ging es sofort zur Sache. Die Fans feierten jeden Einwurf. Auf dem Platz spürte jeder: Ich muss heute noch mehr geben. Das hört sich komisch an, denn als Profi hat man ja den Anspruch, in jedem Spiel hundert Prozent zu geben, doch im Verbund mit den Emotionen auf den Rängen packt man irgendwie doch noch zehn Prozent extra mit drauf. Das war die Derby-Zulage.

Tottenham ging im Emirates schon nach zehn Minuten in Führung. Wir hatten auf Abseits gespielt, aber nur mit drei Mann aus der Viererkette; Emmanuel Adebayor, der ehemalige Arsenal-Stürmer, lief frei vor unser Tor und machte das 0:1. Sieben Minuten später flog er wegen einer Mördergrätsche gegen Santi Cazorla vom Platz.

Das Spiel drehte sich. Nach einer zunächst abgewehrten Standardsituation in der Spurs-Hälfte sprintete rechts an der Seitenlinie unser Flügelspieler Theo Walcott an seinem Gegner vorbei und schlug eine wunderbar weiche Flanke vors Tor, die sich vom Torhüter wegdrehte. Ich stand genau richtig, im Rücken des Abwehrspielers, stieg hoch und wuchtete den Ball in den Winkel. Mein erstes Tor in England, mein erstes Tor für Arsenal. Und das gegen Tottenham. Dieses Gefühl zu erleben und mit den Arsenal-Fans zu teilen, war eine Erfahrung, vor der Worte versagen. Es gibt keine größere Genugtuung, als Tausende von Leute in dieser einen Sekunde vor Freude ausflippen zu sehen. Wir gewannen am Ende mit 5:2. Ein kleines Stück Geschichte. Ein kleiner Schritt, um dem Verein, den ich schon als Jugendlicher verfolgt hatte, etwas zurückzugeben. Ich war vor lauter Stolz außer Rand und Band.

Bedauernswerterweise genehmigten wir uns nach Jahreswechsel eine Schwächephase. Wir schieden aus dem FA-Pokal aus, verloren an Boden auf den so wichtigen vierten Platz in der Liga, der zur Teilnahme an der Champions League im nächsten Jahr berechtigte, und hatten nach einem 1:3 im Achtelfinal-Hinspiel gegen den FC Bayern kaum noch Chancen auf den Einzug ins Viertelfinale der Königsklasse. Die Münchner hatten uns im Emirates mit messerscharfem Pressing aus der Fassung gebracht.

Zu allem Überfluss ging auch noch das Derby bei den Spurs mit 1:2 verloren. Wir lagen nur auf dem fünften Rang, sieben Punkte hinter Tottenham. Deren Anhänger feierten bereits die Wachablösung im Norden der Hauptstadt. Wenger reagierte: Für Vermaelen kam Laurent Koscielny neben mir als zweiter Innenverteidiger in die Startformation. Der

Franzose passte mit seiner Wendigkeit und guten Grundgeschwindigkeit sehr gut zu mir. Als unterschiedliche Abwehrtypen ergänzten wir uns gut. Die neue Stabilität in der Hintermannschaft verhalf der Mannschaft zu zehn Spielen ohne Niederlage – acht Siege, zweimal unentschieden – in der Liga. Unsere lieben Freunde von den Spurs hatten sich – mal wieder – zu früh gefreut. Am Ende einer wilden Aufholjagd standen wir einen Punkt vor ihnen auf Platz vier.

Die Bayern hätten wir beinahe auch noch aus der Champions League bugsiert. Das Rückspiel in der Allianz Arena gewannen wir mit 2:0. Ein Tor mehr, und die Mannschaft von Jupp Heynckes hätte sich frühzeitig verabschieden müssen. Sie siegte später im deutsch-deutschen Europapokal-Finale von Wembley mit 2:1 gegen Borussia Dortmund und holte ein historisches *Triple*.

Bayerns Erfolg und die beachtliche Leistung von Jürgen Klopps BVB kamen mir indirekt zugute. Der deutsche Vereinsfußball, für den sich in England kaum jemand interessiert hatte, war plötzlich Weltspitze. Das machte auch mir das Leben in der Arsenal-Kabine leichter. Der Respekt vor unseren Teams war mit einem Mal viel größer, das strahlte auf Lukas und mich positiv ab. Bayern und Dortmund hatten mit ihrem Tempo und perfekten Pressing ein Niveau erreicht, das man von Bundesligamannschaften noch nie zuvor gesehen hatte. In der Premier League spielte in jenem Jahr trotz der gigantischen TV-Verträge niemand annähernd so gut, weil die kollektive Arbeit gegen den Ball nicht derart konsequent gehandhabt wurde. Die beiden deutschen Klubs waren den Engländern taktisch voraus.

Das starke Saisonende hatte der Mannschaft gezeigt, wie viel Qualität in ihr steckte. Wir konnten den Schwung in die nächste Spielzeit mitnehmen. Bis auf die misslungene Premiere beim 1:3 zu Hause gegen Aston Villa und ein knappes 0:1 bei Meister Manchester United verloren wir bis Mitte Dezember kein Spiel. Im Kalenderjahr 2013 holte saisonübergreifend kein Team in England mehr Punkte als wir.

An dem Aufschwung hatte Mesut einen großen Anteil. Für ihn als begnadeten Fußballer war es einfacher als für mich gewesen, sich hier zurechtzufinden. Es war toll zu sehen, wie direkt er seine Klasse auslebte. Er hatte das Gefühl für den Raum und den Pass, und die anderen merkten: Mit dem kannst du spielen. Mesut war in kürzester Zeit enorm wichtig für uns geworden. Sein Erfolg in England war so bahnbrechend, dass der seriöse *Guardian* seinetwegen uralte Redaktionsvorgaben über den Haufen warf. Die Regel, Umlaute im Blatt nicht als Großbuchstaben zu drucken, sei »nicht mehr tragbar«, hieß es in einer internen E-Mail, die später veröffentlicht wurde. »Ozil« durfte fortan auch auf der Insel Özil sein. Er nutzte die Freiheiten, die Wenger ihm einräumte, und inspirierte seine Mitspieler mit seinen kreativen Ideen.

Ich war zwischenzeitlich interimsweise zum Kapitän ernannt worden, da Vermaelen und sein Vertreter Arteta verletzt ausfielen. Eine große Ehre und auch eine Bestätigung: Ich war als Spieler endgültig angekommen. Im Herbst signalisierte Wenger mir zudem, dass mein Vertrag verlängert würde.

Das Amt brachte Pflichten mit, die ich aus Deutschland nicht kannte. Als Spielführer musste man eine Stunde vor dem Spiel mit seinem Gegenüber und den Assistenztrainern zu einer Besprechung mit dem Schiedsrichterteam zur Einstimmung auf die Partie. Der Schiedsrichter sagte, was er sich wünschte, wie er sich fühlte, dass er sich freuen würde, wenn wir ihn unterstützten. Wir sollten den Kontakt zu ihm halten und Rudelbildungen verhindern.

Einige Medien aus Deutschland bezeichneten mich als »Arsenals Abwehrchef«, aber damit lagen sie falsch. »Abwehrchef«, das war einer dieser Begriffe, die von Außenstehenden rausposaunt wurden, die Leuten gerne Titel zuschrieben – damit sie dir dann einen auf den Deckel geben konnten, wenn es nicht so lief. Kommunikation war natürlich wichtig, aber nicht nur von einem. Das wäre gefährlich gewesen. Klar: Wenn man sich gut fühlte, gab man das so weiter. Aber jeder hatte seinen Part zu erfüllen und musste Kommandos erteilen. Wenn mir einer in den Rücken lief, brauchte ich die Information vom Nebenmann. Eine Vierer- oder Dreierkette brauchte vier beziehungsweise drei Bosse. Ein einzelner Kopf reichte nicht. So viel könnte einer gar nicht erzählen, um alle zu berichtigen.

Für mich war überraschend, wie wenig insgesamt auf dem Platz gesprochen wurde. Jeder war hier so ein bisschen mit sich selber beschäftigt, in Deutschland war das ähnlich. Verbale Kommunikation wurde nicht aktiv gecoacht. Man ging einfach davon aus, dass der Torhüter oder die Abwehrspieler das alles im Blick hatten und schon regelten. Auch die Gegner redeten eher wenig. Ich kann mir vorstellen, dass es in anderen Mannschaftssportarten viel lauter zugeht. Seinem Mitspieler immer wieder Hilfestellungen zu geben ist meiner Meinung nach ganz wichtig und sollte immer wieder verlangt werden. Trainer müssten mehr darauf achten, ihre Spieler zum Sprechen zu erziehen. Ich sehe die Gefahr, dass Fußball immer individueller gespielt wird. Ich schieße das Tor, und nach mir die Sintflut. Mannschaftssport kann so nicht funktionieren. Für Wenger war es eklatant wichtig, dass ich auf dem Platz und im Training viel erzählte. Eine seiner Lieblingsvokabeln lautete »Solidarität«. Er meinte damit, dass man sich während eines Spiels nicht nur um sich selbst kümmern kann. Man muss die Gruppe im Auge behalten. Diesen Gedanken soll ich zukünftig in die Ausbildung der Jugendlichen tragen.

Meine Partnerschaft mit Laurent in der Innenverteidigung war sehr erfolgreich. Von April 2013 bis Januar 2014 machten wir zusammen siebenundzwanzig Spiele über neunzig Minuten. Neunzehn Siege, achtmal unentschieden, keine Niederlage. Sechzehnmal zu null. Das waren unsere besten, stabilsten Leistungen. Die Statistik täuscht etwas, weil wir als Mannschaft zwischendurch schon mal verloren – aber nur, wenn wir nicht beide über die volle Spielzeit auf dem Platz standen. Beim 3:6 gegen Manchester City kurz vor Weihnachten 2013 hatte sich Laurent beispielsweise in der ersten Hälfte verletzt. Nach dem Schlusspfiff hatte ich Ärger mit Mesut. Er war so enttäuscht über die Niederlage im Spitzenspiel, dass er sich nicht bei unseren Fans bedanken wollte. Ich forderte ihn auf, mit vor die Kurve zu gehen, er winkte ab. Da platzte mir der Kragen. »Wenn du noch einmal abwinkst …« – »Das müssen die Deutschen unter sich ausmachen«, sagte Wenger, als ihn die Presse darauf ansprach. Wir haben uns aber sofort wieder vertragen. »Wir gewinnen und verlieren zusammen«, schrieb Mesut in einer Social-Media-Nachricht.

Unser Manko war, dass wir die Spitzenspiele nicht gewinnen konnten. Spielerisch schwächere Gegner dominierten wir. Aber wenn uns gleichwertige Teams den Ball längere Zeit vorenthielten, ging uns regelmäßig die Linie verloren. Im Achtelfinale der Champions League, als wir abermals auf den FC Bayern trafen, waren wir in der Anfangsphase im Emirates die klar bessere Elf – bis Mesut einen Elfmeter verschoss und unser Torhüter Wojciech Szczęsny wegen einer Notbremse die Rote Karte sah. Gegen Pep Guardiolas Passmaschine war ein Spiel zu zehnt ein Himmelfahrtskommando. Sie spielten uns so lange müde, bis sie zwei

Tore schossen. Nach dem 1:1 im Rückspiel in der Allianz Arena waren wir ausgeschieden.

In der Liga war uns zwischen den Jahren ein wenig die Frische abhandengekommen. Im Februar verloren wir die Tabellenführung, und Ende März ausgerechnet Wengers tausendstes Premier-League-Spiel in peinlicher Weise: 0:6 beim FC Chelsea, der von José Mourinho trainiert wurde.

Der Portugiese hatte Wenger im Vorfeld als »Spezialist im Versagen« tituliert. Umso mehr schämten wir uns für unsere Leistung. Wenger war ein Coach, der sich öffentlich immer vor die Mannschaft stellte, alles in sich hineinfraß. Er machte alles mit sich selbst aus, hielt den Druck von der Mannschaft weg und konnte absolut nicht verlieren. Er opferte neunundneunzig Prozent seiner Zeit für den Verein, und jede große Niederlage hinterließ direkt Spuren in seinem Gesicht. Er alterte unheimlich in diesen Jahren. Es tat uns für ihn leid, aber noch mehr für unsere Fans, die wir – an unseren fußballerischen Fähigkeiten gemessen – viel zu oft enttäuschten. Wir saßen in einem Boot mit dem Trainer und fanden am Ende doch meist wieder gemeinsam Wege, die Saison halbwegs zu retten.

2014 gelang uns dies mit zwei verrückten Partien im Nationalstadion von Wembley. Im Halbfinale des FA-Pokals spielten wir gegen den Zweitligisten Wigan Athletic. Wir waren haushoher Favorit und gedanklich schon ein bisschen im Finale gegen Hull City. Ich verschuldete einen Elfmeter. 0:1, nach einer Stunde. Wigan spielte unter dem deutschen Trainer Uwe Rösler mit einer Fünferkette, das war für damalige Verhältnisse in der Liga höchst unorthodox und für uns irgendwie nicht richtig zu greifen. Wir spielten, spielten und spielten, hatten einige Chancen, konnten aber nichts Zählbares daraus machen. Es war einer dieser Tage, an denen du schon früh weißt: Das wird heute nichts. Acht

Minuten vor Ende aber hämmerte Alex Oxlade-Chamberlain den Ball nach einer Ecke von außen rein. In meiner Verzweiflung war ich vorne stehen geblieben; dort, wo ich gar nicht hingehörte. Der Ball fiel mir auf den Kopf. 1:1. Das war der Schuss Wahnsinn, den wir gebraucht hatten. Es ging dann ins Elfmeterschießen.

Ich stand neben Kieran Gibbs im Mittelkreis. Wir sahen unseren Keeper Łukasz Fabiański aus sechzig Meter Entfernung und dachten beide das Gleiche: Wir müssen ihm irgendwie helfen. »Send him as much positive energy as you can!«, rief Kieran mir zu. Wir mussten in diesem Moment an irgendetwas glauben, genauer gesagt: an ihn. In mir lief ein Satz in einer Endlosschleife: »Du hältst diesen Ball.« Ich war überzeugt, dass wir ihn mit unserer positiven Energie dazu bringen konnten, in die richtige Ecke zu springen. Er sprang zweimal in die richtige Ecke. Wir retteten uns das Finale.

Wieder Wembley. Wieder gingen alle davon aus, dass wir gegen den Beinahe-Absteiger keine Schwierigkeiten haben würden. Wieder kamen wir mit der Situation nicht klar. Zwei Standardsituationen führten zu zwei Gegentoren, nach acht Minuten stand es 0:2 für Hull. Wir schauten uns gegenseitig fragend an. Es war wie im Traum. Wie in einem Albtraum. Man hoffte, dass man gleich wieder bei sich zu Hause im Bett aufwachte, am Morgen vor dem Endspiel, als wäre noch nichts passiert. Die Realität hatte uns erst wieder, als unser Spielmacher Santi Cazorla nach siebzehn Minuten einen Freistoß aus 25 Metern ins Tor knallte. Ein genialer Moment. *Game on.*

Koscielnys Ausgleich, zwanzig Minuten vor dem Ende, war nicht ganz so hübsch, aber das kümmerte niemanden. Hulls Traum von der Sensation war geplatzt. In der Verlängerung blieben die Tigers vor Erschöpfung handzahm. Olivier Giroud legte im Strafraum den Ball mit der Hacke auf, Aaron Ramsey rauschte heran und traf mit dem Außenrist zum 3:2. Aus. Es war so weit: die erste Trophäe für Arsène und Arsenal seit neun Jahren. Die Fans hatten schon vergessen, wie sich das anfühlte. Die Jubelausbrüche auf dem Platz waren extrem. Die Angst, gegen den Underdog zu versagen, entlud sich in einer hemmungslosen Party. Alle lagen sich in den Armen, auch noch Stunden später bei der Feier im Rosewood Hotel.

Ich konnte die Situation kaum begreifen. Es war, als ob das alles jemand anderem passierte. Die Vorstellung, dass ich im Wembley den FA-Pokal in den Händen hielt, im Trikot vom Arsenal FC, mutete viel zu absurd an, um wahr sein zu können.

Am nächsten Tag fuhren wir, wie es das uralte Brauchtum verlangte, mit dem offenen Bus durch die Gegend rund um unser Stadion. Man kam dabei auch an Ecken vorbei, die man sonst nicht zu Gesicht bekam: an riesigen Sozialwohnungsanlagen zum Beispiel. Die Leute standen auf Balkonen und Dächern, kletterten auf Straßenlampen. Überall schlug uns Begeisterung entgegen. Die Mannschaft hatte die Leute von dem langen Warten auf einen Titel erlöst. Jeder wollte diesen Moment genießen. Dreißig-, vierzigtausend Menschen, Jung und Alt, Menschen sämtlicher Couleur, friedlich vereint in ihrer Liebe zu einem Verein, der ihnen seit 2005 sehr viel Herzschmerz bereitet hatte. Spieler und Anhänger waren sich in den engen Straßen ganz nah, fast schon: eins. Man hatte sich als Kicker das Recht verdient, das Trikot tragen zu dürfen. Alles andere war an diesem Sonntag nicht von Belang.

Es war unheimlich interessant zu sehen, wie stark so ein Weltklub noch immer in seinem eigenen Viertel verwurzelt ist. In Deutschland werden neue Stadien auf grünen Wiesen oder Hügeln in der Peripherie gebaut; bei diesen Auszügen geht immer ein Stück lokale Identität verloren. Das Emirates parkt wie ein riesiges Ufo zwischen viktorianischen Puppenhauszeilen, nur einen Steinwurf entfernt vom Areal des Highbury, wo heute Luxuswohnungen stehen. Man ist der Nachbarschaft treu geblieben. Trotz Globalisierung, Kommerzialisierung und der Investoren aus Übersee. Ein Stadion mitten in der Stadt: Das würde es in Deutschland nie geben. Hier aber gibt es keine Anwohner, die sich am Samstag über die Lärmbelästigung beschweren. Auf den Rängen mag es leiser sein als in der Bundesliga. Außerhalb wird der Fußball eine Spur intensiver gelebt.

2014 war mein schönstes Jahr. Pokal mit Arsenal, Weltmeister mit Deutschland. Und ein zweiter Sohn. Oscar kam im Mai zur Welt, in London. Er hat automatisch Anrecht auf die britische Staatsbürgerschaft und könnte so irgendwann mal für England spielen. Mal sehen.

Ulrike wollte ihn ursprünglich in einem öffentlichen Krankenhaus zur Welt bringen. Sie sah sich in Watford, unweit von uns, um. Es sah dort aus wie im Lazarett; einige Leute wurden auf den Gängen behandelt, weil die Betten fehlten. Das britische Gesundheitswesen hat gewaltige finanzielle Probleme. Ulrike ging dann lieber in ein privates Krankenhaus. Selbst dort war es eng, kein Vergleich zu dem Standard, den wir aus Bremen gewöhnt waren. Wer nicht privat versichert ist, muss auf Arzttermine und Routineoperationen Wochen bis Monate warten. Die Menschen nehmen das mit einem Gleichmut hin, der bewundernswert ist. Doch manchmal denke ich auch: Sie lassen sich zu viel gefallen.

Nach der Weltmeisterschaft in Brasilien begleitete ich Paul Kalkbrenner ein Wochenende lang auf seiner DJ-Tournee im Bus. Auf meiner Akkreditierung stand »Bandpsychologe«. Paul ist fußballverrückt, er weiß alles über den Sport. Ich hatte ihn ein Jahr zuvor kennengelernt. Meine Frau hatte mir zu unserer Hochzeit im Sommer 2013 ein *Meet & Greet*-Ticket für sein Konzert geschenkt. Er war dann auch zu einem Champions-League-Spiel gekommen.

Der Pokaltriumph nährte die Hoffnung auf ein neues, goldenes Zeitalter beim Arsenal FC. Aber der Start in die neue Saison war holperig. Mesut und ich kamen spät aus dem Urlaub zurück, die Franzosen in der Mannschaft waren in Brasilien ebenfalls bis ins Viertelfinale gekommen und dementsprechend müde. Von den ersten acht Spielen in der Liga konnten wir nur zwei gewinnen. Die Meisterschaft mussten wir nach der Hälfte der Spielzeit leider wieder abschreiben. Es ging wieder nur darum, unter die ersten vier zu kommen. Mit fünfundsiebzig Punkten wurden wir am Schluss Dritter hinter Chelsea und Manchester City und hatten in der Liga unser Soll erfüllt. Nicht mehr.

Dafür zogen wir abermals ins Pokalfinale ein. Der Gegner hieß Aston Villa. Der Verein aus Birmingham war, wie im Jahr zuvor Hull City, nur knapp dem Abstieg entgangen, alle erwarteten einen lockeren Sieg von uns. Wir waren, wie im Jahr zuvor, in einem Hotel direkt neben dem Stadion untergebracht. Du triffst dich dort frühmorgens zum Frühstück und schaust direkt aufs Stadion. Das ist eine komische Atmosphäre. Später siehst du von deinem Fenster die Massen vorbeiziehen und hörst das Wummern der Bässe von den Fanfesten. Partyalarm. Bum, bum, bum. Mittagsruhe und ein Nickerchen? Vergiss es.

Es kam ausnahmsweise exakt so, wie wir es uns vorgestellt hatten. Wir waren haushoch überlegen. Mein Gegenspieler, Christian Benteke, hatte an diesem Nachmittag keine einzige Chance. Von Minute eins bis neunzig gab nur eine Mannschaft den Ton an. 1:0 Theo Walcott vor der Pause, 2:0 Alexis Sánchez, 4:0 Olivier Giroud. Fehlt da nicht ein Tor? Arsenals dritten Treffer erzielte ich, halb schulmäßig mit der Schulter, nach einer Ecke. Benteke hatte mit meinen wieselflinken Bewegungen in der Box nicht mithalten können. Ich nahm den Cup als Kapitän entgegen. Ab der zweiten Hälfte der Spielzeit hatte ich die Binde konstant getragen, aber nur in Vertretung von Arteta, der wegen verschiedener Blessuren nicht mehr zum Zug kam.

Am nächsten Tag regnete es leider stark, was den Feierlichkeiten ein bisschen den Glanz nahm. Ein zweiter Pokal war zwar ein toller Erfolg, aber die Anhänger lechzten nach der Meisterschaft. 2015/16 hätte es auch wirklich klappen können. Viele Spitzenmannschaften hatten Probleme. Meister Chelsea steckte im Mittelfeld der Tabelle fest und schickte Mourinho in die Wüste. Beim FC Liverpool wurde Brendan Rodgers gefeuert, Jürgen Klopp übernahm mitten in der Saison. Manchester United kam unter Louis van Gaal nicht recht vom Fleck, bei Manchester City warteten alle auf die Ankunft von Pep Guardiola im nächsten Jahr und verwehrten dem Coach Manuel Pellegrini die Gefolgschaft.

Der überraschende Tabellenführer hieß Leicester City. Wir lagen knapp dahinter. Man hatte das Gefühl, dass die Mannschaft von Claudio Ranieri irgendwann einbrechen würde. Mitte Februar kam es im Emirates zum großen Showdown. Es ging ganz klassisch hin und her, das Mittelfeld existierte praktisch nicht. Danny Welbeck schoss in der fünften Minute der Nachspielzeit den Siegtreffer zum 2:1. Das Emirates explodierte. Wir waren Erster. Jetzt konnten wir uns nur noch selbst schlagen.

Genau das passierte dann. Im nächsten Spiel, auswärts bei Manchester United, ließen wir uns von einem Achtzehnjährigen überrumpeln, den niemand auf dem Schirm gehabt hatte. Marcus Rashford schoss zwei Tore, wir verloren 2:3.

Ich saß nur auf der Bank. Das erklärte alles. Nein, im Ernst: Wir hatten uns nach dem Leicester-Spiel vielleicht zu sehr von der Euphorie die Sinne vernebeln lassen. In der Premier League geht es in jedem Spiel wieder von vorne los, man muss gegen jeden Gegner eine unglaubliche Intensität mitbringen, wenn man eine Chance haben will, zu gewinnen. Wir hätten darauf vorbereitet sein müssen, dass uns United in die Suppe spucken will. Aber wir waren es nicht. Mit dieser Niederlage kehrte sich all die Energie ins Negative um. Wir verloren auch das nächste Match, 1:2 zu Hause gegen Swansea, und spielten im Derby bei Tottenham 2:2 unentschieden. Damit war der Titel futsch. Die Foxes aus Leicester holten sensationell den Titel. Am letzten Spieltag konnten wir noch vor den Spurs Zweiter werden, und zum einundzwanzigsten Mal in Folge vor unseren Erzrivalen landen. Für die Arsenal-Fans war Platz eins in der Stadtmeisterschaft zwar wichtig. Doch nach so einer verpassten Chance konnte sich damit kaum jemand so richtig trösten.

Woran es lag? Wir hätten als Mannschaft in entscheidenden Momenten ganz einfach besser kicken müssen. Ganz einfach. Die große Kunst ist, die schlechten Phasen, die jedes Team im Laufe der Saison mal hat, zu minimieren. Man muss aus Niederlagen schnell lernen und sich augenblicklich auf die eigenen Stärken besinnen. Andere Mannschaften waren da ausgereifter, sie konnten mit Rückschlägen besser umgehen. Sie ließen sich von den ersten negativen Wellen nicht einschüchtern und ignorierten, was die Leute draußen erzählten. Wir waren nicht in der Lage, schnell umzuschalten und nach einem Rückschlag unseren Glauben zu bewahren. Wenn wir ein Spiel verloren, verloren wir oft mehrere hintereinander. Über sechs Spiele hinweg konnten wir im Pokal meist unsere Klasse zeigen, achtunddreißig Ligaspiele in zehn Monaten waren eine andere Hausnummer. Uns fehlte schlichtweg die Konstanz, die jede Meistermannschaft braucht. Mit acht Niederlagen im Jahr konnte man nicht Erster werden.

Arsène Wenger war immer ein Trainer, der felsenfest an die Qualitäten der Mannschaft glaubte und mit unendlicher Geduld an die Sachen ranging. Er verlor auch in Niederlagenserien nie die Nerven. Er hielt an seinen fußballerischen Überzeugungen und an seinen Spielern fest; egal, wie stark ihm der Wind ins Gesicht blies. Das war seine größte Stärke. War es auch seine größte Schwäche? War er zu nachsichtig mit uns? Man macht es sich nach meinem Geschmack damit ein wenig zu einfach.

Wenn es nach den Fans ginge, wären jedes Jahr fünf Topverstärkungen gekommen. »Spend some fucking money!«, gib verdammt noch mal etwas Geld aus, skandierten sie nach Niederlagen im Stadion. Aber Wenger vertraute den Spielern, die er hatte. Ich habe keinen Trainer kennengelernt, der stärker an die Fähigkeiten seiner Schützlinge glaubte. In einer Saison (2015/16) kaufte er gar keinen neuen Feldspieler; nur einen neuen Torhüter, Petr Čech. Weil er überzeugt war, dass der Kader gut genug war, um den Titel zu gewinnen. Die Leute waren außer sich. Aber Wenger überlegte: Was passiert mit meinem Stammstürmer, wenn ich einen neuen dazuhole? Wird das Team dadurch wirklich besser, oder verunsichere ich meinen besten Mann? Ist es gut, wenn fünf Leute um die gleiche Position kämpfen? Der Mensch stand für ihn im Vordergrund.

Letzten Endes müssen wir uns als Spieler fragen, ob wir alles getan haben, um sein Vertrauen in uns zu bestätigen. Haben wir die Vorgaben perfekt umgesetzt? Haben wir alle am gleichen Strang gezogen? Haben wir aus unseren Fehlern gelernt? Nein. Wenger ist dreimal Champion in England geworden. Er hat bewiesen, dass er ein Meistertrainer ist. Die Mannschaft ist diesen Beweis seit 2004 schuldig geblieben.

Klack, klack. Da war es wieder, das schlimmste Geräusch, dass es im Profisport gibt. Nach einem Allerweltspass im Testspiel gegen den RC Lens hatte es im Juli 2016 in meinem rechten Knie geknarzt. Der Schmerz war eher klein, aber das Knie wurde schnell sehr dick. Knorpelschaden. Mehrere Monate Pause, bevor die Saison überhaupt angefangen hatte. Nach der Operation durfte das Bein sechs Wochen lang nur in einer Schiene bewegt werden, Auftreten verboten. Ich zog für diese Zeit wieder zu Hause bei meinen Eltern ein. Es war seltsam, mit einunddreißig wieder in meinem alten Zimmer zu liegen, aber ich versuchte, das Beste daraus zu machen. Ich schaute die Olympischen Spiele im Fernsehen, las »Es« von Stephen King, Schulfreunde kamen zum Kartenspielen vorbei. Viel Wasser, wenig Essen. Mein Ziel war es, vor der Reha ein paar Kilo leichter zu sein, damit ich nicht erst das Fett runtertrainieren musste.

Das Telefon klingelte. Arsène Wenger war am Apparat. Ich war auf negative Nachrichten eingestellt, aber er informierte mich, dass ich ab sofort Arsenals Kapitän sein würde – auch wenn ich noch längere Zeit nicht spielen würde. »Du bist eine wichtige Figur in diesem Verein. Du bist meine erste Wahl.« Ich hatte nicht geglaubt, dass das passieren würde. Ein Trainer will normalerweise seinen Kapitän in der Mannschaft haben. Und du selbst willst auf dem Platz stehen, den Leuten helfen, den Unterschied machen. Aber manchmal muss man diese Rolle eben anders interpretieren. Ich war überzeugt, dass mir das gelingen würde, ohne mich dabei zu verstellen. Das verlangte Wenger auch. Er sagte: »Sei einfach du selbst, sei natürlich. Du musst es als Kapitän nicht übertreiben und nichts erzwingen.«

Nach drei Monaten in Donaustauf kehrte ich nach London zurück. Es dauerte sehr lange, bis die Muskelmasse wiederhergestellt war und ich mich im Knie sicher fühlte, fast ein Dreivierteljahr. Dass Wenger mich in meiner bittersten Stunde zum Kapitän gemacht hatte, war meine große Motivation. Ich wollte auf keinen Fall eine ganze Saison vergehen lassen, in der ich als Kapitän keine einzige Minute auf dem Platz stehen würde. Ich zog weiter mein komplettes Programm durch, versuchte im Training alles zu geben, laut zu sein und auch in der Kabine die Stimmung zu justieren. Es gibt verschiedene Arten, ein Team zu führen. Man muss sich nicht auf die Brust trommeln, es geht auch mit Selbstironie und einem gewissen Augenzwinkern. Es war wichtig, die Jungs auch mal zu überraschen. Danny Welbeck konnte nicht glauben, dass ich mit zweiunddreißig Lieder von Drake auswendig konnte. Riesenlacher in der Kabine. Man muss sich auf die jüngere Generation einlassen, ihnen zeigen, dass man weiß, wie der Hase läuft. Es bringt nichts, immer nur mit mahnendem Zeigefinger durch die Gegend zu laufen oder in früheren Zeiten zu schwelgen. Die Ansprache muss heutzutage vielschichtiger sein, um die Jungs abzuholen. Dazu gehörten auch spezielle Handshakes zur Begrüßung.

Im Februar baten mich Wenger und der Geschäftsführer von Arsenal, Ivan Gazidis, zu einem Gespräch. Sie wollten als Erstes wissen, ob ich über die Saison hinaus im Verein bleiben wollte. Das wollte ich, unbedingt. Als Spieler. Aber die beiden hatten noch einen anderen Vorschlag. Sie fragten mich, ob ich mir vorstellen könne, nach Ablauf der aktiven Karriere im Sommer 2018 die Nachwuchsakademie zu übernehmen. Ich fragte Oliver Bierhoff um Rat. »Mach das.« Ich musste mir aber zunächst den Segen der Regierung abholen. Von Ulrike. Als wir nach England gezogen waren, war eigentlich vereinbart worden, dass wir nach dem Ende meiner Profikarriere zurück nach Deutschland gehen würden, in eine Stadt nach ihrem Gusto, wo sie das machen konnte, was sie wollte. Als eine Art Ausgleich dafür, dass sie für mich ihre Handballkarriere aufgegeben hatte. Aber das Feedback von ihr war positiv. Wir fühlten uns wohl in London, die Kinder waren glücklich in der Schule, wir hatten Freunde. Sie wollte auch, dass wir blieben.

Ich begann mich mit dem Thema Nachwuchsförderung auseinanderzusetzen, las zahlreiche Bücher, tauschte mich mit Experten aus. Der Plan war, im Herbst 2017 die B-Trainerlizenz zu machen. Aber davor wollte ich auf jeden Fall auf den Platz zurück. Es war mal wieder eine der Spielzeiten, in denen leider recht früh vieles zu unseren Ungunsten entschieden war. Raus aus der Champions League im Achtelfinale gegen den FC Bayern, abgeschlagen im Titelrennen. Selbst Platz vier war ernsthaft in Gefahr. Wenger stellte für die Schlussphase der Saison auf eine Dreierkette in der Abwehr um, damit wir mehr Absicherung ohne Ball hatten, das half der Mannschaft. Aber nicht mir. Im März und April war ich ein paarmal im Kader gewesen, doch nun wurde ich überhaupt nicht mehr berücksichtigt, obwohl ich mich fit fühlte. Zwei Wochen vor Saisonende sah ich, dass ich keine Perspektive mehr auf einen Einsatz hatte. Das Rennen um Platz vier war gegen uns gelaufen, wir verpassten zum ersten Mal in Wengers Amtszeit die Champions League. Im Pokal waren wir mit einem Sieg gegen Manchester City im Halbfinale überraschend wieder ins Endspiel eingezogen, aber meine Teilnahme stand nicht zur Debatte.

Ich stellte mir die Sinnfrage, fühlte mich mit einem Male unheimlich müde und ausgelaugt. Ich ging zu Wenger, um ihm das mitzuteilen und ihn zu bitten, mich womöglich vorzeitig in den Urlaub zu entlassen. »Boss: Egal ob ich gut oder weniger gut trainiere, Sie stellen mich nicht auf. Ich bekomme keine Chance, mich zu beweisen. Das zieht mich enorm runter.« – »Ja, ich weiß, das ist hart«, entgegnete er. »Aber du musst dich weiter bereithalten. Deine Chance kann jederzeit kommen.«

Im Abschlusstraining vor dem letzten Heimspiel gegen Everton verletzte sich Kieran Gibbs. Dadurch rückte ich in den Kader. Schön, dachte ich. Kannst du zum Abschluss wenigstens noch die letzte Partie von der Bank aus erleben. Nach vierzehn Minuten sah Koscielny die Rote Karte. Wir führten zur Pause trotzdem mit 2:0, alles kein Problem. Doch dann musste Gabriel, unser brasilianischer Innenverteidiger, mit der Trage vom Platz geholt werden. Schwere Bänderverletzung. Wenger blickte über seine Schulter und dachte wahrscheinlich daran, Assistenztrainer Steve Bould einzuwechseln. Der war zwar vierundfünfzig, aber früher ein sehr guter Abwehrspieler gewesen. Im Augenwinkel muss Wenger mich bemerkt haben. Er sagte: »Jetzt musst du rein.« Ich war überhaupt nicht darauf eingestellt. Von vornherein war für mich klar gewesen, dass ich nicht zum Einsatz komme, ich hatte keine Spannung im Körper. Es stand nur noch 2:1, und Everton hatte Romelu Lukaku vorne drin, den belgischen Nationalstürmer. Ein echter Bulle.

Würde mein Knie halten? Wettkampf ist etwas ganz anderes als Training, weil zur höheren körperlichen Belastung auch der Druck kommt; die Erwartungen, die man an sich selbst hat. Ich wollte auf keinen Fall, dass mich die Mannschaft mittragen oder ich nach fünf Minuten wieder ausgewechselt werden musste. Mikel Arteta war es lange Zeit genauso ergangen. Er wollte als Kapitän immer wieder zurück auf den Platz, und als er dann kam, ging er nach fünf Minuten mit einem Faserriss wieder runter. Das hat ihn fertiggemacht. Ich wollte nicht, dass es mir genauso ergeht. Kannst du noch einmal zurückkommen? Ohne dabei deine

Gesundheit so zu gefährden, dass du danach vielleicht nicht mehr mit deinen Kindern spielen kannst? Diese Gedanken schwirrten in meinem Kopf herum. Ich konnte das im Spiel aber wegwischen. Darin war ich immer stark. Geh einfach von Aktion zu Aktion. Mach die einfachen Dinge, die du schon immer gemacht hast. Versuch deine Zweikämpfe zu gewinnen und spiel einen einfachen Ball. Das trug mich in diesem Moment.

Wir brachten den Sieg über die Runden. Es war ein super Abschluss für mich, vierzig Minuten auf dem Platz vor Freunden, Familie und auch den Physios im Stadion, mit Ehrenrunde. Wir standen zwar auf Platz fünf, doch ich war nach dieser Horrorsaison froh, wenigstens einmal beteiligt gewesen zu sein. Das schönste Gefühl für mich war, zu sehen, dass ich noch auf Premier-League-Niveau spielen konnte und der Mannschaft mit meinen Aktionen helfen konnte. Zehn Tage vorher wäre ich noch am liebsten irgendwo an den Strand gefahren und nie mehr wiedergekommen.

Dass es im Fußball ratzfatz gehen kann, war beileibe keine neue Erkenntnis, aber dennoch war diese Episode sehr motivierend für die nächsten Tage. Es wurde spannend.

Wenger hatte für die Defensive nicht mehr viele Optionen. Die Stammspieler waren verletzt oder gesperrt. Er konnte auf eine Viererkette umstellen und mich draußen lassen, weil er dachte, neunzig Minuten im Pokalfinale gegen Chelsea, die beste Mannschaft des Landes, ist etwas anderes als vierzig Minuten gegen Everton, die schon halb auf Urlaubsmodus geschaltet hatten. Ich ertappte mich dabei, wie ich mich selbst darauf vorbereitete, im Wembley auf der Bank zu sitzen. Andererseits: Es war Wembley. 2007 hatten wir dort mit der Nationalmannschaft gewonnen und 2013 auch, dank einem meiner seltenen Länderspieltore.

Drei von drei Halbfinalspielen des FA-Pokal gewonnen, zweimal den Cup geholt. Warum sollte es beim dritten Finale jetzt nicht auch wieder gut gehen? Allein der Gedanke an das Stadion mit dem weißen Bogen über dem Dach ließ in mir die Sonne scheinen. Ja, Chelsea war Favorit. Na und? Es war Wembley.

Beim Abschlusstraining bekam ich ein Leibchen in die Hand und wusste: Du bist dabei. Zentral in einer Dreierkette mit Rob Holding und Nacho Monreal. Das letzte Aufgebot sozusagen, eine wild durcheinandergewürfelte Truppe. Auf dieser Position hatte ich vor dem Einsatz gegen Everton zuletzt in der Jugend von Pattensen gespielt, damals noch als Libero. Wir waren dezimiert und nicht sonderlich gut in Form. Die Experten waren sich uneinig: Würde Chelsea souverän gewinnen oder einen Kantersieg landen? Wir waren der totale Underdog. Niemand traute uns einen Erfolg zu.

Die Sorge war auch intern groß, dass wir überrollt werden würden. Eden Hazard, Chelseas kleiner Dribbelkünstler, wird uns alle tunneln. Die Beunruhigung war spürbar. In den Tagen und Stunden vor dem Anpfiff entwickelte sich allerdings in der Kabine eine Art »Jetzt erst recht!«-Stimmung. »Wir machen das. Wir ziehen es durch.« Jeder musste bis an seine Grenzen gehen, das war klar. Jeder musste für den anderen arbeiten, mehr als gewöhnlich. Wir durften eins nicht vergessen: An einem guten Tag konnten wir jedes Team der Welt schlagen.

Wir bereiteten uns im Training und in der Videoanalyse sehr gut auf Chelseas Spielweise vor. Die Blues suchten oft den Weg über ihre Flügelspieler, die mit scharfen, langen Bällen hinter die Abwehr Diego Costa bedienten. Die Laufwege waren einstudiert; bevor Diego Costa sich bewegte, wusste hinter ihm Hazard schon, wo er sich postieren musste, um von dem brasilianisch-spanischen Stürmer angespielt zu werden. Wir konzentrierten uns darauf, diese Bälle abzufangen und uns im Raum richtig zu positionieren.

Arsenals Sportpsychologe hatte den Einfall, dass wir vor dem Spiel Videobotschaften füreinander aufnehmen sollten. Zwei Jahre zuvor hatte er die Familienmitglieder aufmunternde Worte an die Spieler richten lassen, das war sehr rührend gewesen. Dieses Mal sollten wir uns selbst anfeuern.

Vor einem Pokalfinale ist viel los. Die Nationalhymne wird gespielt, manchmal kommt ein Fallschirmjäger eingeflogen, oder das Militär feuert Böllerschüsse ab. Als Kapitän stellt man seine Mannschaft auf dem roten Teppich diversen Würdenträgern vor. Prinz William war auch da und gab mir die Hand. Das alles machte großen Spaß. An der Seitenlinie waren riesige Flammenwerfer aufgestellt. In ihrer Nähe wurde es so heiß, dass man für einen Moment um seine Augenbrauen fürchten musste.

Wir waren fest entschlossen, all das Gequatsche zu ignorieren und das Momentum des Spiels auf unsere Seite zu ziehen. Der Einstieg war gut. Gefühlt zehn Minuten lang hielten wir den Ball. In der Abwehr konnten wir so erst einmal atmen und uns mit der Situation vertraut machen. Die drei Jungs vorne – Welbeck, Sánchez und Mesut – waren sehr beweglich, machten viel Betrieb. Wir konnten die Gefahr von unserem Tor weghalten und kamen mit unserer Dominanz auch zu Chancen. Ehe Chelsea richtig in der Partie angekommen war, stand es durch einen Treffer von Sánchez schon 1:0 für uns. Die Fans waren sofort da, alle Ängste waren wie ausgelöscht. Es wurde ein magischer Nachmittag.

Diego Costa hatten wir gut im Griff. Die *Süddeutsche Zeitung* hatte ihn einmal »als toxisches Reizmittel in kurzen

Hosen« beschrieben, und in der Tat war er ein Experte darin, Abwehrspieler mit vielen kleinen Gewalttaten und Provokationen zur Weißglut zu treiben. Rob Holding und ich hielten ihn mit einer »Good cop, bad cop«-Routine in Schach. Rob bearbeitete ihn verbal und teilte auch munter aus, während ich einen Arm um Costa legte und ihm »Geht schon wieder!« und ähnlich aufmunternde Sprüche zurief. Unseren besten Bemühungen zum Trotz erzielte er zwanzig Minuten vor Ende den 1:1-Ausgleich, doch das fiel an diesem Tag kaum ins Gewicht. Wir waren durch nichts und niemanden aufzuhalten. Aaron Ramsey gelang postwendend die neuerliche Führung. Das war es dann. Ein überragendes Spiel von hinten bis vorne, mit uns als verdiente Sieger.

Der erste Auftritt in der Startelf der Saison im letzten Spiel der Saison endete mit mir auf der Ehrentribüne und dem Pokal in der Hand. Diese Kombination war einmalig, ein kleines Fußballmärchen. Wer hatte mir das noch zugetraut? Wahrscheinlich nur der Trainer.

Ex-Arsenal-Verteidiger Martin Keown hatte in Interviews im Vorfeld wie viele andere Zweifel an meiner Leistungsstärke geäußert. Nach dem Match traf ich ihn zufällig im Spielertunnel und sagte ihm: »Don't write me off, Martin.« Schreib mich nicht ab. Niemals. »Das Spiel wird als ›das Mertesacker-Finale‹ in die Geschichte eingehen«, antwortete er verlegen.

Das Vertrauen, das Wenger und meine Mitspieler mir entgegengebracht hatten, haute mich regelrecht aus den Socken. Meine Teamkameraden gönnten mir dieses Glück von ganzem Herzen. Und wir alle freuten uns wiederum für Wenger, der nach seinem siebten Pokalgewinn einen neuen Zweijahresvertrag bei Arsenal unterschrieb.

War dies nicht der beste Moment, von der Bühne abzutreten, im Sonnenschein von Wembley? Nein, für mich nicht. Ich hatte dem Verein zugesichert, noch ein Jahr zu spielen. Außerdem hatte ich Blut geleckt. Ich fühlte mich nach dem Sieg gegen Chelsea viel zu gut, um die Schuhe an den Nagel zu hängen.

In der gerade abgelaufenen Saison 2017/18 kam ich zwar nur noch sporadisch zum Einsatz, aber ich genoss die Zeit mit der Mannschaft in dem Bewusstsein, dass dies alles bald nur noch Erinnerungen sein würden. Zu regelmäßigen Spielen auf Top-Niveau sah ich mich nicht mehr in der Lage.

Äußerst peinlich war allerdings, dass ich im September 2017 zum ersten und einzigen Mal unentschuldigt ein Training verpasste. Wir hatten nach einer Niederlage gegen Stoke zwei Tage frei haben sollen, aber Wenger hatte kurzfristig eine Einheit angesetzt, man musste am Montagnachmittag wieder da sein. Ich war nach Deutschland geflogen und hatte eine Maschine für Montagmorgen gebucht. Unter normalen Umständen hätte ich das niemals gemacht, aber ich dachte, es wird schon schiefgehen. Es ging schief. Technische Probleme. Flug gestrichen. Ich musste Wenger anrufen. Er nahm es sehr trocken. Am nächsten Tag kam ich zu ihm und sagte, er solle mir eine Strafe aufbrummen, für die Mannschaftskasse. Es war mir wahnsinnig unangenehm, als Kapitän eine Übungseinheit zu verpassen. Ich zahlte zehntausend Pfund in die Mannschaftskasse und hatte wieder etwas fürs Leben gelernt: Leg niemals die Verantwortung in die Hände anderer, wenn du eine dringende Verpflichtung hast.

Wenn man die Spieler-Jahre bei Arsenal Revue passieren lässt, scheint es sich um eine bombastische Geschichte zu handeln. Das war sie auch. Und es war gut, dass sie aufhörte, bevor sie ein böses Ende nehmen konnte.

Weiterzumachen war keine Option. Mein Knie hält es nicht mehr aus. Mein Körper ist durch. Der Akku ist leer.

Ich wollte unbedingt vermeiden, dass meine Söhne sich von den vielen Arsenal-Fans in der Schule fragen lassen müssen, warum ihr Vater so schlecht spielt.

Meine neue Aufgabe im Verein gibt uns als Familie die Gelegenheit, an der Themse noch einmal neu anzukommen. Wir identifizieren uns mit London, mit allem, was dazugehört, positiv wie negativ. Preislich war und ist es im Vergleich zu Bremen und Hannover ein Schock. Lebensmittelpreise mal vier, Mietpreise gefühlt mal hundert. Wir fragen uns ständig, wie das andere Leute machen, Familien, bei denen der Vater nicht professionell Fußball spielt? Die Antwort haben wir bisher nicht gefunden.

Die Kinder sprechen perfekt Englisch, und zu Hause reden wir Deutsch mit ihnen. Wir gehen auf den deutschen Weihnachtsmarkt in Waterloo oder auf ein Oktoberfest, das gibt es alles hier. Wir feiern Weihnachten am vierundzwanzigsten Dezember, nicht am fünfundzwanzigsten wie die Briten, für ein bisschen Heimatgefühl. Wir tun viel, um unsere deutsche Kultur beizubehalten, und freuen uns gleichzeitig, dass die Kinder in der Schule Gleichaltrige aus der ganzen Welt kennenlernen, aus allen möglichen Glaubensrichtungen. Für sie ist das normal, so wie es für alle Londoner normal ist. Fünfunddreißig Prozent sind hier Ausländer.

Wir sind gespannt, wie es nach dem Brexit weitergehen wird. In der Hauptstadt hat die breite Mehrheit gegen den Austritt aus der Europäischen Union gestimmt, wir leben in einer kleinen Blase. In weniger wohlhabenden Gegenden glaubte man, ohne die EU würde alles besser werden. Die Politiker appellierten an den Nationalstolz und versprachen den Menschen den Himmel auf Erden. Und blaue Pässe, nicht mehr die dunkelroten der EU-Mitglieder. Für mich war es ein bisschen schockierend, dass ein so vernünftiges, ruhiges Volk wie die Briten auf diese Propaganda reinfallen konnte. Viele Versprechen sind entweder in der Praxis nicht umzusetzen oder kosten Milliarden von Pfund. Ich glaube, niemandem, der für den Austritt gestimmt hat, war bewusst, mit welchen astronomischen Kosten dieser Schritt verbunden ist.

Mein Vater hatte es kommen sehen. Vor der Abstimmung riet er mir, meine Ersparnisse zur Sicherheit aus London abzuziehen und in Euro umzuwechseln. Der Pfundkurs brach am Tag nach dem Votum um zehn Prozent ein. Was wird mittelfristig aus uns und aus den Kindern hier? Ich hoffe sehr, dass die Briten aus dieser selbstverschuldeten Misere halbwegs heil herauskommen.

Ulrike und ich sehnen uns immer noch nach ein paar guten deutschen Brötchen. Aber mittlerweile sehen wir viele Dinge auch entspannter. Es wird hier nicht, wie in Deutschland, alles sofort geregelt. Wenn im Treppenhaus eine Lampe schief hängt, kann es sein, dass der Hausmeister sie erst in drei Wochen wieder gerade rückt. Man entwickelt diese Gelassenheit, ohne die ein Leben in so einer Stadt wahrscheinlich gar nicht möglich wäre. Es ist immer wieder faszinierend zu sehen, welche Massen hier auf den Straßen unterwegs sind, wie viele Menschen sich in die U-Bahn quetschen und sich dabei noch höflich für den geringsten Rempler entschuldigen. Anderswo würde wohl tagtäglich eine Massenpanik ausbrechen.

Ich freue mich sehr auf den neuen Rhythmus. Weniger Reisen, mehr Zeit mit der Familie, mehr Zeit, London und das Land richtig zu entdecken. Wir haben es bisher noch nicht einmal geschafft, nach Plymouth zu fahren oder nach Cornwall. Oder Schottland. Ich bin ein großer »Braveheart«-Fan. Zu gern würde ich mir das alles vor Ort anschauen, die Geschichte, die Historie. Mal nach Loch Ness und das Ungeheuer suchen. Oder Stonehenge anschauen, oder mit dem Zug nach Paris ins Disneyland. Alle diese Dinge haben wir wegen meiner Terminhatz in sieben Jahren nicht geschafft.

Langsamer wird es werden, das Leben. Das hoffe ich zumindest. Ob es sehr viel langsamer wird, bezweifle ich. Ulrike und ich koordinieren unsere Termine auf einer Tafel an der Eingangstür, es gibt jeden Tag so viel zu tun. Für die Kinder haben wir auch klare Regeln aufgestellt: sieben Uhr dreißig verbindliches Frühstück für alle Familienmitglieder, anschließend Zähneputzen und Anziehen; acht Uhr fünfzehn Abfahrt. Wenn du um viertel nach acht wegfährst, bekommst du vor dem Kindergarten noch einen guten Parkplatz auf der Straße. Um halb neun schon nicht mehr.

4
Weltmeister

Deutschland 2006

Im Oktober 2004 kam ich erstmals zur Nationalmannschaft. Ich wohnte damals noch bei meinen Eltern zu Hause in Pattensen. Wir trafen uns in München, und ich wunderte mich ein wenig, dass ich zusammen mit Thomas Brdarić von einem Fahrer vom Flughafen abgeholt wurde. Ich hatte keine Ahnung, wie viel größer das öffentliche Interesse für die Nationalmannschaft im Vergleich zu Hannover 96 war. Aber wir wurden auch gut vor dem ganzen Lärm und Trubel beschützt. Ein Interview am Tag, dann hatte man seine Ruhe. Es wurde sich extrem um einen gekümmert, auch von Seiten der Physiotherapeuten und Masseure. Allgemein herrschte damals eine sehr gute Atmosphäre im DFB. Mir wurde gleich das Gefühl gegeben, dazuzugehören. Da habe ich mich wohlgefühlt. Und nach dem Training war immer wieder Zeit, um sich zurückzuziehen, nachzudenken und zu reflektieren: Was passiert hier gerade?

Als Debütant musste ich eine Rede vor der versammelten Mannschaft halten. Ich kann mich nicht mehr an meine genauen Worte erinnern, aber alle sagen so ziemlich das Gleiche bei solchen Gelegenheiten. Wie toll sie aufgenommen werden. Dass sie sich für das Vertrauen des Trainers bedanken wollen. So was. In meinem Fall war das wahrscheinlich aber besser, als wenn ich hätte singen müssen. Das hat sich ja heute als Aufnahmeritual etabliert.

Das war der offizielle Part. Man spürte: Nun bist du Teil von etwas. Jetzt gehörst du zu dem Kreis, zu den wenigen, die das erreicht haben. Oliver Kahn sitzt auf einmal da! Da hatte ich als junger Spieler schon einen Riesenrespekt. Und dann waren da ja auch noch die neuen Trainer … Alles Charaktere, die man zum erstenmal hautnah erlebte. Es war schon etwas ganz Besonderes. Trotzdem bin ich nicht in Ehrfurcht erstarrt. Ich hatte mit Thomas einen ehemaligen Teamkollegen von Hannover dabei, das war viel wert. Wenn du ganz alleine bist, kannst du dich in dieser Ansammlung von Stars und großen Egos schon mal verlieren.

Auch Thomas Hitzlsperger war damals neu dabei. Das hat mir geholfen. So war ich auf der Pressekonferenz nicht ganz alleine. Da sitzt einer neben dir, der auch das erste Mal dabei ist. Das hat das Ganze einfacher gemacht, das Interesse hat sich so etwas mehr verteilt.

Wir trainierten einige Tage, bevor wir nach Teheran geflogen sind, um gegen den Iran zu spielen. Da war das alles ganz neu für mich, und ich erinnere mich noch ziemlich gut daran, dass ich überall Muskelkater hatte, weil wir im Training Stabilisationsübungen gemacht hatten, die Muskelgruppen ansprechen, die man vorher gar nicht gekannt hatte. Auf einmal hüpfst du mit diesen Gummibändern über den Rasen, mit einem großen, ungewohnten Widerstand. Das hatte natürlich einen Effekt. Mir tat alles weh. Aber ich war bei der Nationalmannschaft! Das Maß aller Dinge. Da musst du dich wieder neu beweisen, kannst dich neu zeigen. Mein Ziel war, so lange wie möglich dabeizubleiben. Ich habe versucht, das Training zu überstehen. Der erste Gedanke war: »Lass mich bloß keinen Fehler machen.« Ich wollte auch nicht unbedingt jedes Mal angespielt werden. Aber ich hatte dennoch guten Grund, relativ gelassen zu bleiben.

Die Ansage von Jürgen Klinsmann und Joachim Löw war, hinten unter allen Umständen flach zu spielen. Das wurde immer wieder geübt. Für mich war das ein Vorteil, denn ich war es nicht anders gewöhnt. Meine Prämisse war schon immer: den Zweikampf gewinnen und dann den Ball einfach und sauber weiterspielen. Ich habe immer versucht, den eigenen Mann zu finden, auch im Kopfballduell. Deswegen mussten mir vom Trainerstab beim DFB die langen Bälle im Spielaufbau gar nicht erst verboten werden. Ich musste mein Spiel nicht verändern. Ob Regionalliga, bei den Amateuren, in der Jugend oder der Bundesliga: Ich habe, was das angeht, immer gleich gespielt.

In den Straßen von Teheran hat es so gestaubt, dass man vom Bus aus nur etwa fünfzig Meter weit sehen konnte. Es war eine fremde Welt. Beim Abschlusstraining kamen Iranerinnen und überreichten uns Rosen. Es gibt da ein Foto von mir, neben einer Frau mit Rose, und die Verwirrung ist mir sichtbar ins Gesicht geschrieben. Das war alles viel zu viel für mich; alles Dinge, die ich noch nie zuvor gesehen und auch so nicht erwartet hatte.

Hunderttausend Leute waren im Stadion, wie Ameisen in einem Haufen. Es gab dort keine Sitzplätze, keinen Vorverkauf, und fünf Stunden vor dem Spiel war schon alles voll. Freie Platzwahl. Man hatte uns erzählt, dass Frauen verkleidet ins Stadion kommen würden, denn offiziell durften sie nicht zuschauen. Die ganze Stimmung war surreal. Ich glaube, dieser Trip und das Freundschaftsspiel waren Teil eines Deals für irgendwelche Stimmen für die Vergabe der WM 2006.

Da haben wir dann gespielt, unter anderem gegen Ali Karimi. Der hat da vielleicht aufgezogen. Er hat gezaubert ohne Ende, und ich glaube, nach dem Spiel haben ihn direkt die Bayern verpflichtet. Das Spiel haben wir dennoch 2:0

gewonnen. Torschützen: Fabian Ernst und Thomas Brdarič. Ich spielte die letzten zehn Minuten, weil sich Christian Wörns verletzte. Zeit zum Aufwärmen hatte ich nicht. Das ging im Grunde alles viel zu schnell für mich. Die Leute im Stadion haben gebrüllt, ich konnte das alles nicht wirklich genießen. »Bitte keinen Fehler, lass mich das gut überstehen«, habe ich nur gedacht. Diese zehn Minuten, das war das Wichtigste für mich. Diese zehn Minuten ohne Fehler, das war alles, auf das ich mich konzentrierte. Hinterher kam dann die Freude, dass man vom Trainer Spielzeit bekommen hatte. Dann sieht man, man ist nicht nur dabei, um zu trainieren, sondern wird eingesetzt, und das vor so einer Kulisse. Nach der Partie, abends beim Bankett, in der sogenannten »blauen Stunde«, bekam ich eine Medaille, als Souvenir für mein erstes Länderspiel.

Das waren sehr früh in meiner Karriere große Eindrücke. Ich musste für mich selbst herausfinden, ob ich damit zurechtkomme oder nicht. Hinzu kam die Tatsache, dass ich nach dem Spiel in Teheran zur U21 fahren musste, um in der EM-Qualifikation aufzulaufen. Da war ich dann wieder in einem neuen Umfeld und einem neuen Team. Insgesamt habe ich drei oder vier Länderspiele für die U21 bestritten. Zum Glück bin ich da nicht länger hängen geblieben, wie es jüngeren Spielern manchmal passiert. Nach meinem Auftritt in Teheran wurde ich nicht zurückversetzt und schaffte den Sprung in die A-Nationalmannschaft.

Das war damals nicht selbstverständlich. Ich war gerade zwanzig. Bis dahin kam man eigentlich erst nach hundert Bundesligaspielen in die engere Auswahl derer, die es verdient hatten, dabei zu sein. Dieses Denken hat Jürgen Klinsmann komplett ad acta gelegt. Er wusste, um junge Spieler bei der WM 2006 einsetzen zu können, musste er sie zwei Jahre vorher gezielt heranführen und konstant einsetzen.

Es hätte nicht funktioniert, ihnen erst kurz vor dem Turnier zwei Spiele zu geben. Das war ein Glücksfall für mich und die anderen Jungs, die früh dabei waren: Thomas Hitzlsperger, Robert Huth, Bastian Schweinsteiger und Lukas Podolski.

In der *Hannoverschen Presse* stand damals »Unser Mann für Deutschland«. Das Echo war gemeinhin sehr positiv. Meine Eltern waren sehr stolz auf mich, vor allem aber haben sie sich unheimlich gefreut. Nach alldem, was die Leute über mich in der Jugend gesagt haben, nach all meinen körperlichen Problemen mit fünfzehn, war dieser Weg nicht vorherzusehen gewesen. Von »Du schaffst es ja eh nicht« zum Nationalspieler, und das in fünf Jahren. Das war zu keinem Zeitpunkt vorauszusehen gewesen. Nicht mal ansatzweise.

Aber so ein Gefühl von »Jetzt hast du es geschafft« kam bei mir nicht auf. Meine Eltern haben mich anders erzogen. Für sie galt: »Fußball ist schön, aber nicht alles. Wir haben nicht nur einen Sohn, sondern drei.« Diese Perspektive hat mich immer wieder auf den Boden zurückgeholt. Abgesehen davon bedeutete Nationalspieler zu sein für mich in erster Linie die Verantwortung, die Erwartungen an meine Leistungen zu bestätigen. Zuvor war ich über die Jugend bei Hannover irgendwie in den Profifußball reingerutscht. Ich spielte da eben Bundesliga. Jetzt aber, mit dem Adler auf der Brust, war ich zur Identifikationsfigur geworden. Du wirst da natürlich noch mal ganz anders beäugt.

Nach dem Confederations Cup im Sommer 2005, bei dem wir Dritter wurden, brach die Begeisterung aus. Wir hatten das Gefühl, das ganze Land stehe hinter uns, trotz der medialen Bedenken gegenüber Klinsmanns offensivem Stil und der Sorgen wegen der unerfahrenen Abwehr. In dem Turnier waren sehr viele Tore gefallen, vorne wie hinten. Die Euphorie aber war nicht zu stoppen. Manchmal wollen die Medien ja gerne Zweifel schüren. Das ging damals aber nicht. Erst als wir im März 2006 in Florenz 1:4 gegen Italien verloren, war das wieder möglich. Wir waren in diesem Spiel völlig von der Rolle, gefangen in totaler Hilflosigkeit. Wir hatten null Kontrolle und keinen wirklichen Ansatz, wie wir uns bewegen sollten. Die Abstimmung zwischen den Mannschaftsteilen fehlte. Wir standen sehr hoch und wurden schon an der Mittellinie überrollt. Wir wussten nicht, was los ist. Auf dem Platz war das ein sehr schlimmes Gefühl.

Zur Pause stand es 0:3, und ich wurde ausgewechselt. Später stand ich bei der Dopingkontrolle neben Alessandro Del Piero. Er bediente sich genüsslich am Buffet, eine Portion Schinken lag auf seinem Teller. Das traf sich prima, denn ich konnte exakt ein Wort Italienisch: Prosciutto. Ich sagte »Prosciutto« zu ihm. Er hat kurz genickt und weiter gegessen. Das war unsere Konversation. Für mich war das ganz angenehm – in diesem Moment, nach so einem enttäuschenden Spiel – zu sehen, dass ein Del Piero, ein Mann aus der großen weiten Welt des Fußballs, einfach da rumsteht und sich Schinken reinhämmert. Diese Normalität fand ich super. Das hat sich gut angefühlt und mir auch ermöglicht, diese katastrophale Leistung schnell abzuhaken. War auch nur ein Spiel. Lass uns nach vorne schauen.

Die Reaktionen in Deutschland waren allerdings heftig. Ich bekam vom *Kicker* die Note 5,5, und Paul Breitner forderte in einer Kolumne, den Libero wieder einzuführen. Der Tenor war, dass mit dieser Abwehr bei der WM nicht viel zu holen sein dürfte, mit diesem Mertesacker, der zu lang sei und vor allem zu langsam, und auch nicht mit Klinsmann als Trainer. Wir haben zum ersten Mal wahrgenommen, wie viel auf dem Spiel stand. Dass Klinsmann auf Druck des Boulevards fast entlassen worden wäre, ist uns allerdings erst nach dem Turnier so richtig klar geworden. Wir wussten zu dem Zeitpunkt nicht, wie eng es wirklich für ihn war.

Jürgen blieb damals immer positiv. Auch nach Ergebnissen wie dem bitteren 1:4 gegen Italien. Uns allen stand nun noch klarer vor Augen, wie hart wir bis zur WM arbeiten mussten, um Stabilität in unser Spiel zu bekommen. Die Diskussion um die Abwehr hatte es schon im Vorfeld gegeben. Ist die Abwehr gut genug? Sind wir personell gut aufgestellt? Diese Fragen waren permanent da. Die Erfahrung von Florenz zeigte, dass sie durchaus berechtigt waren. So wie in Florenz konnten wir nicht mehr auftreten. Aber wir haben uns diese Niederlage auch ein bisschen zurechtgedreht, um nicht vollends in Depressionen zu versinken. »Okay, das war auswärts, in Italien. Aber die WM findet in Deutschland statt.«

Jürgen hat aber stets betont, dass die Weltmeisterschaft das Ziel sei und dass der Weg dorthin holprig und steinig sein würde, mit positiven und auch negativen Erlebnissen. Wir waren eine unerfahrene Mannschaft, die er bis zum Start des Turniers fit bekommen würde. Wir haben ihm das geglaubt.

Ihm war besonders wichtig, die jungen Spieler auf dieser Reise mitzunehmen. Dazu gehörte für ihn auch, die Eltern mit einzubeziehen. Vor einem Freundschaftsspiel gegen Südafrika im September 2005 hatte er meine Eltern in Bremen zu einem Gespräch eingeladen. Ich wusste erst nicht, was das sollte. Ich bin schon Profi, was hat das mit meinen Eltern zu tun? Er wollte die Familie kennenlernen, ihnen versichern, dass er sich um die jungen Spieler kümmere, aber auch die häusliche Lage einschätzen. Er wollte vor allem klar und deutlich machen: Das ist jetzt das Jahr. Für ihn war wichtig, dass die Eltern Bescheid wussten, dass ihr

Sohn möglicherweise bei der WM spielen würde. Sie sollten sich darauf vorbereiten, dass einiges auf sie zukommen würde.

Ich fand sehr imposant, dass sich der Bundestrainer für die Eltern eines Spielers Zeit nahm – obwohl der doch eigentlich schon erwachsen war. Das hatte ich in dieser Form noch nicht gesehen und fand es beeindruckend. Auch meine Eltern waren sehr angetan, dass sie mit ins Boot geholt wurden. Das gehörte zu den bemerkenswertesten Aktionen eines Trainers außerhalb des Platzes, die ich erlebt habe.

Im Vorfeld der WM hatten wir in der Abwehr eine Konkurrenzsituation. Es war lange relativ offen, wer spielen wird. Christian Wörns war am Anfang auch noch mit dabei. Und zur WM kam Jens Nowotny mit dazu, er wurde als vierter Verteidiger mitgenommen. Aber im engeren Kreis der Kandidaten waren Robert Huth, Christoph Metzelder und ich. Man hat natürlich auf den anderen geschaut. Wie macht der das, wie läuft der? Kurz vor dem ersten Gruppenspiel fiel die finale Entscheidung: »Wir gehen mit dir und Christoph Metzelder ins Turnier.« Das war ein guter Moment für mich. Und dann ging es darum, das Vertrauen zurückzuzahlen; das, was man über die letzten zwei Jahre aufgebaut hatte, jetzt auch im Ernstfall umzusetzen.

Klinsmann war der Chef des Unternehmens, der Motivator. Er ging alles enorm offensiv an, er sorgte für den Schwung. Aber Jogi war der Taktikfuchs, eher im Hintergrund, und er arbeitete explizit mit der Abwehr. Man merkte schnell, welch fundiertes Wissen er hatte. Das brachte ihm von Seiten der Mannschaft extrem viel Vertrauen ein. Er konnte eine Abwehr richtig sortieren, die Abstände festlegen, das richtige Verschieben vorgeben. Das war alles Löw. Am Anfang war er nicht so der große Redner, auch nicht in den Besprechungen. In diesem Punkt hat er sich in den Jahren danach sehr stark verbessert. Im kleinen Kreis war er jedoch schon immer gut. Klar in der Ansprache sowieso.

Unser Grundprinzip hieß: Wir sichern uns gegenseitig ab. Wir lassen keine Bälle hinter die Abwehr zu, wir lassen uns nicht überspielen. Wenn wir sehen, dass irgendjemand einen freien Ball spielen kann, dann weichen wir zurück. Und wenn der Gegner links außen den Ball hat, dann postieren wir uns so, dass wir immer den Rücken von unserem Mitspieler schützen. Diese Strategie hat mich als Spieler extrem weitergebracht. Ich lernte, nicht nur auf den Gegner zu schauen, sondern darauf, wie die Kette insgesamt stand.

»Wir schützen uns gegenseitig und müssen uns ein gutes Gefühl geben«, das war die Marschroute. Taktik und Mentalität gehören im Fußball viel stärker zusammen, als man es gemeinhin annimmt. Das eine bedingt das andere und umgekehrt. Unsere Spielweise half uns, Vertrauen zu gewinnen. Vertrauen in das, was wir zusammen machten, Vertrauen in uns. Man war in diesem System nicht auf sich allein gestellt; die Aufgabe des Verteidigers war nicht, im Eins-gegen-eins irgendjemanden auszuschalten. Das Verteidigen im Raum, wie wir es mit der Nationalmannschaft einstudierten, löste sich völlig von dieser Art, Fußball zu denken.

Löw hatte von Anfang an klare Strukturen im Kopf, klare Vorstellungen davon, wie er verteidigen wollte: Wie wir uns zu verhalten hatten, wenn es Druck auf den Ball gab, und wie, wenn es keinen Druck auf den Ball gab. Das hat mich in meiner persönlichen Entwicklung enorm weitergebracht. Taktisch brachte er mich noch mal auf ein ganz anderes Niveau.

Metze war mein erster Ansprechpartner. Mein *partner in crime*. Wir waren eine Schicksalsgemeinschaft. Hinter uns hat Jens Lehmann kommandiert. Das war sehr anspruchsvoll. Er gab sehr klare Befehle, rauszurücken oder die Linie zu halten. Aber wir hatten ein gutes Gefühl mit ihm, weil er aktiv war, nie scheu, aus seinem Kasten zu kommen. Er war damals schon eher ein mitspielender Torwart. Das war in seiner Generation noch die große Ausnahme.

Das Trainerteam machte sich knapp zwei Jahre lang viele Gedanken, wer der beste Torwart für unser Spiel sein würde. Man wusste von Oliver Kahn, dass er auf der Linie überragend war und dass, wenn er rauskam, kein Grashalm mehr gerade stand. Er fegte alles weg. Aber man hatte dennoch so eine Ahnung, dass die Entscheidung in Richtung Jens gehen würde. Kahn verlor seine Kapitänsbinde. Dann stellte der DFB mit Andreas Köpke einen neuen Torwarttrainer ein. Sepp Maier, Kahns Kompagnon aus München, war nicht mehr mit dabei. Er war für Klinsmanns Geschmack zu nah an den Bayern gewesen.

Oliver Kahn war trotz seiner Zurücksetzung ganz wichtig für das Mannschaftsgefüge. Er hat sich der Konkurrenz gestellt, war immer bereit, alles zu geben. Und er nahm alles mit einem Lächeln. Wahrscheinlich, weil auch er schon ein Gefühl dafür hatte, wie die Sache ausgehen würde. Er ließ sich dennoch nie gehen und gab stets Vollgas. Bei einem Leistungstest schaffte Jens Lehmann fünfundfünfzig Liegestütze. Kahn trat danach an und setzte alles daran, Jens zu übertreffen. Mit letzter Kraft zauberte er vor den Augen der versammelten Mannschaft den sechsundfünfzigsten Liegestütz hin.

Man respektierte ihn sehr. Er blieb beim Essen auch mal länger sitzen, um seine Geschichten mit uns jungen Spielern zu teilen. Er gab uns Einblick in sein Inneres, es ging da auch um private Dinge, um seine Ehe, seine Freundin. Das war für mich als blutjunger Spieler faszinierend. Man saß da, hörte ihm zu und sagte natürlich nichts – außer, man wurde gefragt.

Ich bin überzeugt, wir hätten ohne Weiteres auch mit Oliver Kahn ins Turnier gehen können. Klinsmann und Löw entschieden sich dann letztlich für den Torwart, der vielleicht ein bisschen moderner war. Im Nachhinein kann man sagen, dass die Vorzeichen wahrscheinlich schon seit zwei Jahren in diese Richtung deuteten. Man wollte einfach etwas anderes ausprobieren.

Die Rivalität zwischen Jens und Oliver färbte nicht negativ auf die Stimmung im Turnier ab. Die beiden gingen sich einfach aus dem Weg und redeten auch während des Torwarttrainings nicht viel miteinander. Ich glaube nicht, dass sie sich vor den Spielen gegenseitig eingeschossen haben. Andreas Köpke musste da Extraschichten fahren.

Überhaupt gab es keine Probleme in der Mannschaft, nie größere Spannungen. Natürlich wünscht sich ein Trainer den größtmöglichen Konkurrenzkampf, aber es hilft auch, wenn du im Team Kollegen hast, die ihre Rolle verstehen und akzeptieren. Mit den Spielern, die 2006 hinten dran waren, war das so. Thomas Hitzlsperger, Mike Hanke, Oliver Neuville, Sebastian Kehl oder Marcell Jansen standen immer bereit, um im Training Leistung zu bringen und alles für Deutschland zu geben. Sie leisteten ihren Beitrag.

Es gab damals noch ein viel kleineres Trainerteam, mit klarer Verteilung der Aufgaben. Ich profitierte extrem von Jürgen Klinsmann, weil er konsequent auf neue Leute setzte. Er sagte: »Wir brauchen neue Spieler, die frischen Wind reinbringen.«

Ich profitierte auch sehr von Oliver Bierhoff. Er sah von Anfang an etwas in mir. Persönlichkeitsentwicklung war eines seiner großen Themen. Er kam zu mir und sagte: »Du hast Abitur gemacht, du interessiert dich für Dinge, ich schmeiß dir mal das eine oder andere Buch hin. Lies da mal rein.« Manchmal kam er mit sehr abstrakten Büchern, zu Themen wie *Leadership*, aber auch mit Romanen wie »Die Buddenbrooks«. Da war das eine oder andere dabei, das mir half, an mir zu arbeiten und die Dinge in einen größeren und weiteren Kontext zu setzen. Bierhoff hat mich immer wieder angepiekst, immer wieder angestachelt. Er wollte mir immer wieder mehr geben als nur das, was einem der Fußball gibt. Er wollte, dass mein Horizont nicht an der Seitenlinie aufhört.

Oliver Bierhoff hatte als Manager immer das Große und Ganze im Blick. Er war bemüht darum, uns die Bedeutung großer Turniere klarzumachen; er wollte gewisse Reizpunkte setzen oder Begriffe in der Mannschaft verankern, die für ihn wichtig waren. »Mit Kopf und Herz«, das war ein Satz, den er vor jedem Turnier wiederholte. Wir sollten entschlossen und überlegt spielen, aber zugleich mit Feuer und Leidenschaft.

Der Druck wurde derweil schnell ziemlich groß. Wir wussten: Jetzt ist die Weltmeisterschaft in Deutschland. Wir müssen uns gut präsentieren und gut spielen. Wir müssen 80 Millionen Menschen überzeugen, ihnen die Zweifel nehmen. Diese Gedanken arbeiteten extrem in einem. Der DFB versuchte alles Mögliche zu unternehmen, damit wir dieser Ausnahmesituation gewachsen waren.

Die konkrete Vorbereitung auf die Spiele ging so sehr in die Details, über die sich vorher wahrscheinlich noch nie jemand Gedanken gemacht hatte. Urs Siegenthaler, der Chefscout des DFB, hatte für das Eröffnungsspiel der WM ein Dossier vorbereitet. Wie sind die Gepflogenheiten in Costa Rica? Wie leben die, was essen die dort? Wann gehen sie schlafen? Wir sollten verstehen, wie Kultur und die örtlichen Begebenheiten Ausdruck in der Spielweise fanden.

»Wenn sie den Ball verlieren, empfinden sie das als Angriff auf ihre Ehre«, erklärte Siegenthaler. »Dann wollen sie den Ball so schnell wie möglich zurückbekommen.«

Ich kann nicht sagen, wie sehr uns das im Einzelnen auf dem Platz half, aber es war auf jeden Fall neu und interessant für mich, diese Zusammenhänge zu erfahren. Allein schon, um ein bisschen darüber nachzudenken. Das passte, deswegen wurde es immer wieder gemacht. In leicht abgeschwächter Form finden diese kleinen Völkerkundeseminare noch heute vor Turnierspielen statt.

Videoanalysen kannte ich schon von der Arbeit mit Ralf Rangnick, aber nicht in dem Ausmaß, wie es sie dann in der Nationalmannschaft geben sollte. Man bekam sehr klare Inhalte und Szenen gezeigt. Das hat sich seitdem noch deutlich spezifiziert und ging noch einmal in eine etwas andere Richtung.

Vor den Gruppenspielen wurde Marcel Reif eingeladen, um der Mannschaft zu erklären, was in medialer Hinsicht auf sie zukommen würde. Das war kein Medientraining, sondern eher eine Art Informationsveranstaltung. Wer und was ist gefährlich? Was ist ungefährlich? Was kann man machen, was lieber nicht? »*Kicker*: eher ungefährlich. Das könnt ihr schon machen. Aber mit dem Boulevard muss man ein bisschen aufpassen. Auch nicht zu viel lesen und sich davon beeinflussen lassen.« Dem Trainerstab war sehr wichtig, dass wir gut vorbereitet sind, auch auf mögliche mediale Fallen und Geschichten, die bei solchen Turnieren gerne kreiert werden. Als junger Spieler hatte mir dazu vorher noch nie jemand etwas gesagt. Nach den ersten Spielen für Hannover 96 hatte ich einfach vor der Traube von Journalisten gestanden und das erzählt, was mir gerade einfiel.

Es war klar, dass sich die Spieler nicht komplett von der

Berichterstattung losmachen konnten. Das Interesse an den Noten, die man von den Zeitungen bekommt, ist sehr groß. Das war immer so und wird wohl immer so bleiben. Aber uns wurde nahegelegt, zu versuchen, diese Dinge – alles, was von außen kommt und unserer Arbeit nicht zuträglich ist – so schnell wie möglich abzuhaken.

Das Gute für Spieler wie mich war, dass Schweini und Poldi das ganz große Thema waren, neben Michael Ballack und seinem Wadenproblem vor dem Costa-Rica-Spiel: die »Wade der Nation«, wie es damals hieß. Ballack hatte im Vorfeld der Weltmeisterschaft bewusst entschieden, wenig Presse zu machen. Er wollte sich ganz auf die Spiele konzentrieren und auf seine Rolle als Anführer im Team. Michael Ballack war das absolute Alphatier. Wenn er sagte, »Wir gehen links herum«, dann gingen alle linksherum. Knallhart. Er war der Capitano. Das war auch klar kommuniziert. Aber er war auch nicht scheu darin, Lob zu verteilen und alle mit ins Boot zu ziehen. Torsten Frings war sein Adjutant. Mit der Degradierung von Kahn hatte sich die Hierarchie der Mannschaft ein bisschen verschoben.

Dank des Hypes um Schweini und Poldi stand ich weniger unter Beobachtung. Im »Sommermärchen«-Film spielten die beiden ja auch die Hauptrolle. Sie kamen mit dem Trubel gut klar, sie waren unzertrennlich, das *Duo Infernale*. Sie fühlten sich wohl im Rampenlicht, und der Rest der Gruppe hatte damit auch keine Probleme. Im Gegenteil. Wir dachten uns: Lasst die mal machen. Wir haben dann unsere Ruhe und können uns auf unsere Belange konzentrieren. Das spielte mir daher in die Karten. Ich konnte mich ungestört vorbereiten und mir zum Beispiel viel Zeit für die Behandlung meiner Fersenprobleme nehmen.

Ich fing an, zusammen mit Jens Nowotny ein Rollenspiel

zu spielen, um der Realität ein wenig zu entgehen, um uns abzulenken und in eine fiktive Welt abzutauchen: »World of Warcraft«. Er hatte mir davon erzählt. Es gab im Hotel die Möglichkeit, online zu spielen. Heute ist das normal, war aber damals der absolut letzte Schrei. Ich saß auf meinem Zimmer mit dem Laptop und war eine Elfin, eine Bogenschützin. Eine Assassine. Typ: Fernkämpferin. Klein, schnell, geschmeidig. Genauso, wie ich nicht bin.

Insgesamt konnte ich mit dem Druck ganz gut umgehen. Am Spieltag war man natürlich öfter auf der Toilette, das war schon ein Riesenunterschied zu normalen Arbeitstagen. Ich habe das immer so genommen: Das ist richtig so, das muss so sein, damit du fokussiert und konzentriert bist. Du bist unglaublich aufgeregt, ja. Aber nutze diese Anspannung, um Konzentration aufzubauen.

Mit hat immer geholfen, die Nationalhymne zu singen, und zwar relativ laut. Da konnte ich viel von meiner Nervosität abbauen. In dem Moment realisiert man auch noch einmal ganz deutlich, dass einiges auf dem Spiel steht. Aber ich hatte mit der Mannschaft immer ein gutes Gefühl. Sie war immer einigermaßen gefestigt. Und wenn die Nationalhymne lief, spürte ich: Wir können aufeinander zählen. Wir können heute eine gute Leistung bringen.

Vor dem Auftakt gegen Costa Rica saßen wir in der Kabine der Allianz Arena in München und sahen auf Fernsehern die Eröffnungsfeier an. Sie schien nie zu Ende zu gehen. In jenem Augenblick konnte ich erstmals greifen, wie groß dieses Ereignis wirklich war. Je länger diese Show auf den Bildschirmen flimmerte, desto angespannter wurde ich.

Der 4:2-Auftaktsieg beseitigte nicht alle Zweifel. Wir sahen, dass wir mit dieser Mannschaft gewinnen konnten, aber nach den zwei Gegentoren wurde der Abwehr und mir persönlich in einigen Blättern weiterhin die grundsätzliche

WM-Tauglichkeit abgesprochen. Wir hatten tatsächlich hinten nicht gut gespielt, es hatte einige Verständigungsprobleme zwischen mir, Christoph und Jens gegeben. Aber die Schlagzeile »Schlappwehr« fand ich nicht angemessen. Man darf sich seine Überzeugung nicht kaputtschreiben lassen.

Nach dem 1:0-Sieg gegen Polen ist bei mir der Ärger über diesen Tonfall in der Berichterstattung durchgebrochen. Oliver Neuville macht das Last-Minute-Tor, das ganze Stadion bebt. Eine einzige Explosion der Freude. Auf der Ehrenrunde schaue ich hoch auf die Gesichter auf der Pressetribüne im Westfalenstadion in Dortmund, und sehe da: nichts. Nur leere Blicke. Es war es sehr ruhig und emotionslos. Die haben alle nur blöd geguckt, so nach dem Motto: »Mist, jetzt können wir gar nichts Negatives mehr schreiben.« Zumindest habe ich das in meinem Zorn in dem Moment so wahrgenommen. Ich machte eine Geste, ein »Ihr könnt mich mal«. Ich war noch nie in meinem Leben derart emotional aufgeladen. In diesem Kessel, in diesem Trubel, ist mir zum ersten Mal so eine Trotzreaktion rausgerutscht. Ob das angemessen war oder nicht, war mir in dem Moment komplett egal. Wir hatten gezeigt, dass wir es besser konnten. Dass wir zu null spielen konnten. Wir hatten es allen gezeigt.

Dieses zweite Spiel und die frühzeitige Qualifikation für das Achtelfinale setzten extrem viel Energie frei. In der Mannschaft, innerhalb der Bevölkerung, herrschte einfach eine unfassbare Stimmung. Diese Atmosphäre, das Wetter, es hat alles zusammengepasst. Public Viewing. Überall die Fahnen. Es war ein ganz neues deutsches Gefühl. Die Angst, dass wir – die Mannschaft und Deutschland als Land – uns blamieren könnten, schlug in Stolz und Spaß um. Im Blick zurück sieht man es noch viel deutlicher. Es klingt nach einem Klischee, aber diese Welle der Euphorie hat uns wirklich getragen. Sie gab uns unheimlich viel Kraft.

Von Seiten des DFB wurde sehr darauf geachtet, dass wir zwischen den Spielen gut regenerierten. Das Schlosshotel Grunewald war ein traditionelles Haus, aber der DFB ließ moderne, weiße Möbel aufstellen, alles leger, damit wir uns wohlfühlten. Dazu konnten wir Tischtennis spielen, Playstation, und immer wieder gutes Essen. In der Nähe war ein Hockeyklub. Dort gab es auch Tennisplätze, alles für uns reserviert. Ab und zu konnten wir abends mal Bowlen gehen. Das Bowlingcenter wurde eigens für uns abgesperrt. Das hatte alles Ballack organisiert.

Ansonsten war es schwierig, dieser Anspannung zu entkommen. Wenn du im Hotel bist, denkst du automatisch an Fußball, an die Vorbereitung auf das nächste Spiel, ans Schlafen. Man konnte sich leider sonst nirgendwo blicken lassen. Für ein Essen ins Restaurant: ging nicht. Die einzige Möglichkeit, rauszukommen, war, nachts ein paar Runden zu drehen. Mercedes hatte uns einen Fuhrpark zur Verfügung gestellt. Tim Borowski und ich setzten uns an einem Abend einfach in eines der Autos und düsten in die Berliner Nacht. Ohne Security, ohne Kamerateam im Schlepptau. Niemand sah uns, dafür war das Auto auch zu schnell. Wir ließen die Fenster runter und den Motor aufheulen. Da kam ein bisschen ein Freiheitsgefühl auf.

Abschalten. Und dann wieder hochfahren. »Hochfahren« war ein Wort, das Jürgen Klinsmann oft benutzte. »Jetzt fahren wir wieder hoch.« Das dritte Spiel, gegen Ecuador, gewannen wir deutlich mit 3:0. Die Laune war dementsprechend. Dann fuhren wir nach München zum Achtelfinale gegen Schweden und spielten offensiv grandios auf. Es war Wahnsinn. Aber auch defensiv war das eine starke Leistung. Zlatan Ibrahimović machte keinen Stich, und der ist ja auch kein Schlechter.

Das Selbstvertrauen wurde nach dem Sieg in München

immer größer. Dann ging es wieder zurück nach Berlin. Zurück an den Stützpunkt, in die Wohlfühloase. Wieder Pressekonferenzen. Wieder World of Warcraft. Man hatte sich an den Ablauf gewöhnt.

Es fühlte sich an, als würde die Mannschaft stärker. Unser Spiel gegen Argentinien war dann aber kein gutes. Wir lagen 0:1 hinten, und man ahnte: Es kann gleich vorbei sein. Die Argentinier spielten sehr clever, sehr kaltschnäuzig. Sie nutzten eine Standardsituation zum Tor, und danach verteidigten sie sehr klug.

Klinsmann brachte schließlich Tim Borowski rein, Michael Ballack ging auf die linke Seite. Der schlägt dann auch die Flanke, Borowski verlängert per Kopf – und Klose köpft das Ding dann rein. Das sind so Momente, in denen man unweigerlich denkt: Das war so vorherbestimmt. Das musste einfach passieren, damit dieser gewaltige Rausch weitergehen konnte. Aber erst mal folgte ja das Elfmeterschießen.

Wir hatten das im Training geübt, in verschärfter Form. Die Schützen mussten ansagen, wohin sie schießen würden. Ich glaube, ich habe da nicht mitgemacht. Christoph Metzelder und ich hatten angekündigt: »Wir sind die allerletzten Schützen.« Nummer zehn und elf, noch nach Jens Lehmann. Zum Glück wurden wir beide in Berlin nicht gebraucht. Unsere Schützen waren unglaublich sicher. Alle vier deutschen Elfmeter waren drinnen.

Als Esteban Cambiasso verschießt, laufen alle auf Jens Lehmann zu. Ich bin noch im Mittelkreis stehen geblieben, allein mit meinen Gedanken. Ich konnte überhaupt nicht erfassen, was da passiert, und wollte das verarbeiten. Ich merkte erst nach einer Weile: Oh, da drüben feiern ja die Leute, da gehe ich mal hin. Im selben Moment kommen die Auswechselspieler von Argentinien auf den Platz, um ihre

Kollegen zu trösten. Plötzlich steht ein argentinischer Spieler vor mir, zieht mit seinem Stollenschuh voll durch und trifft mich genau in die Weichteile. Leandro Cufré hieß er. Ich war völlig überrascht und ging vor Schmerzen zu Boden. Um mich herum brach ein gewaltiges Handgemenge aus.

Ich bin sicher, dass Cufré mich damals mit Tim Borowski verwechselt hat. Borowski ist ein Supertyp, aber auf dem Platz war er ein Grenzgänger. Er wollte immer gewinnen und provozierte gerne. In dieser Hinsicht war er sehr aktiv. Borowski hatte die Argentinier während des Spiels und auch beim Elfmeterschießen aufgezogen. Die Rache dafür traf wohl mich. Groß und blond. In Cufrés Augen sahen wir wohl gleich aus.

Der Schiedsrichter der Partie kam hinterher zu uns in die Kabine und wollte sehen, wie es bei mir in der Hose aussieht. Ich hatte im Genitalbereich sechs blaue Flecken. Cufré wurde für vier Spiele gesperrt. Lächerlich. Das Thema kochte drei Jahre später noch mal auf, als der gute Herr zu Hertha BSC wechselte. Er entschuldigte sich – vermutlich auf Druck des Vereins – bei seiner Vorstellung für seine Aktion damals, allerdings nur vor der Presse, nicht bei mir. Ich konnte damit nichts anfangen. Es war mir ehrlich gesagt auch zu blöd, mich darauf einzulassen.

Die Schmerzen von dem Tritt waren schnell wieder vergangen. Stärker und länger tat weh, dass Torsten Frings für eine Ohrfeige, die er in dem folgenden Tumult verteilt hatte, für das nächste Spiel gesperrt wurde. Zuvor wurde aber im Olympiastadion heftigst gefeiert. Frings mimte einen Bowlingwurf, und wir gingen wie die Kegel zu Boden. Es war eine dieser Kleinigkeiten, die mir im Gedächtnis geblieben sind. In dieser Sekunde dachte ich: Oh ja, wir können Weltmeister werden. Wir sind eine verschworene Gemeinschaft. Selbst Oliver Kahn und Jens Lehmann rauften sich zusammen. Als auf der Videoleinwand gezeigt wurde, wie sie sich beide die Hand gaben – Lehmann hatte ja gerade zwei Elfer pariert –, drehte das Publikum komplett durch. Wir sind im Halbfinale. In Dortmund. Dort gibt es wieder einen Hexenkessel, wie gegen Polen.

Der Gegner hieß Italien, und leider passte an diesem Abend nicht alles zusammen. Ich glaube nicht, dass wir schlecht spielten. Wir hatten eine Chance, konnten sie aber nicht nutzen. Die Italiener waren eine Spur ausgefuchster. Sie verteidigten extrem gut, mit Fabrizio Cannavaro, der in dem Jahr auch Weltfußballer wurde. Diese Selbstsicherheit und Stabilität, die der Gegner ausstrahlte, das hatten wir so noch nicht kennengelernt.

Bernd Schneider hätte ein Tor machen können. Er stand frei vor dem Kasten und sägte den Ball über die Latte. In der Verlängerung servierten sie uns dann kalt ab. 0:1 nach einer Ecke, 0:2 nach einem Konter.

Mein direkter Gegenspieler war Luca Toni, aber ich erinnere mich überhaupt nicht mehr an konkrete Szenen. Das ist alles weg. Ich weiß nur noch, dass ich nach dem Schlusspfiff zusammengesackt bin. Es war ein unwirklicher Moment, diese verzweifelte Stille im Stadion. Alle waren geschockt. Auf ein solches Ende der Hoffnung, Weltmeister im eigenen Land zu werden, waren wir nicht vorbereitet. Manchmal überlege ich, was passiert wäre, wenn die Argentinier mich damals nicht mit Tim verwechselt hätten. Mit Torsten Frings hätten wir gegen Italien vielleicht gewonnen und sogar den Pokal geholt.

Oliver Kahn kam auf den Platz und flüsterte mir ins Ohr: »Junge, an dir hat's nicht gelegen. Du hast eine überragende WM gespielt. Sei stolz.« Das war ich. Aber ich war in dem Moment auch unheimlich erleichtert, erleichtert vor allem, dass ich nicht das Aus verschuldet hatte. Das Wohl des ganzen Landes hing nicht mehr länger von mir ab. Und endlich waren die Schmerzen vorbei. Zurück im Hotel wurde ich aber von der Leere verschluckt, ich fiel ins Nichts. Das ging allen so. Wir waren physisch und seelisch platt, niemand konnte schlafen. Am nächsten Tag hieß es dann, neuen Lebensmut zu finden. Es gab ja noch das Spiel um Platz drei. Wir mussten wieder hochfahren.

Ein paar von uns sind nach dem Halbfinalaus in das Hockeycenter gefahren, um ein bisschen Sport zu treiben. Eine Gruppe von Jugendlichen spielte da gerade Hockey. Wir haben spontan entschieden: Wir stellen eine Mannschaft zusammen und fordern die heraus. Wir waren jetzt nicht die geborenen Hockeyspieler, und Technik hatten wir überhaupt keine; mal ganz abgesehen davon, dass Hockey auch nicht unbedingt die ideale Sportart für mich ist. Aber wir machten das. Die anderen waren natürlich klar besser. Aber wir haben das mit viel verbalem Coaching untereinander, mit taktischem Verständnis und läuferischer Qualität wettgemacht und es irgendwie geschafft, zu gewinnen. Es war legendär. Wir hatten einen Riesentag.

Gleich danach stand fest, dass ich mich an der Ferse operieren lasse. Ich hatte das ganze Turnier über Schmerzen an der Achillessehne gehabt. Klaus Eder, der Physiotherapeut der Nationalmannschaft, hatte mich über die Spiele gerettet. Teilweise hatte ich auch mit Schmerztabletten gespielt. Man ist da nicht ganz hundert Prozent bei sich. Nicht, dass ein Schleier über einem liegt; aber die Wahrnehmung ist schon leicht abgedämpft.

Als ich nach der OP in München zurück ins Mannschaftshotel in Stuttgart kam, am Tag vor dem Spiel um Platz drei, war die ganze Innenstadt voll mit Menschen. Diese Begeisterung und Dankbarkeit war gewaltig. Man fühlte sich als Held. Trotz der Niederlage gegen die Italiener.

Dann eine Überraschung: Xavier Naidoo kam und spielte uns sein Lied »Danke« auf einer CD vor. Jeder einzelne Spieler wurde in dem Song geehrt. Mein Vers ging so: »*And we can't forget Per Mertesacker.* Du machtest manchen Stürmer zum Kofferpacker. Hast den Job erledigt und dich so verewigt. Manch ein Gegner denkt bestimmt: *He's a motherfucker.*«

Das Spiel gegen Portugal war das perfekte Happy End. Oliver Kahn, Jens Nowotny, Marcell Jansen, Mike Hanke und Thomas Hitzlsperger wurden für ihre vorbildliche Einstellung belohnt und durften spielen. Bastian Schweinsteiger schoss zwei Tore beim 3:1. Auf der Ehrenrunde humpelte ich mit Gipsbein und auf Krücken mit. Es war ein wunderbarer Abschluss. Obwohl wir nicht den Pokal gewonnen hatten, hatten wir doch viele Herzen berührt und Deutschland stolz auf sich und seine Fußballmannschaft gemacht. Es war plötzlich wieder in Ordnung, sein Land zu lieben – ohne dabei andere auszugrenzen, ohne Aggressionen. Wir waren ein guter Gastgeber. Wir hatten uns so präsentiert, wie wir sind.

Österreich/Schweiz 2008

Intern ahnten wir, dass Jürgen Klinsmann nach der WM für sich einen Schlussstrich ziehen würde. Er wollte eine neue Kultur, neue Methoden einführen, er wollte Feuer in den Laden bringen, und er hatte all das erfolgreich gestemmt. Er ebnete den Weg für eine neue Ära, gegen alle Bedenkenträger und Sesselfurzer im Verband und in Teilen der Presse. Dafür hatte er alles geopfert und unglaublich viel Kritik einstecken müssen. Das Turnier hat viele seiner Ideen bestätigt. Aber er war hinterher völlig verausgabt.

Man merkte das. Der Wechsel auf der Bank war vor diesem Hintergrund nur logisch.

Dass ein Trainer aus dem Nichts kommt und zwei Jahre später Bundestrainer wird, ist eher ungewöhnlich. Aber Jogi Löw hatte sich den Respekt und das Vertrauen der Mannschaft erarbeitet. Mein Kontakt zu ihm war von Beginn an sehr eng gewesen, da er sich in der Vorbereitung zur WM 2006 besonders der Abwehr angenommen hatte.

Ich hatte mittlerweile zwei Jahre in Bremen gespielt, in einem System, das Trainer Thomas Schaaf sehr offensiv ausgerichtet hatte; komplett gegensätzlich zu dem, was ich aus Hannover kannte. Dort hatten wir quasi am Sechzehner gestanden, hatten verteidigt und auf Konter gewartet. In Bremen spielten wir im Mittelfeld meist mit einer Raute, also einem System, in dem es deutlich weniger Absicherung nach hinten gibt. Wir gewannen Spiele auch mal 5:4, weil man sich dahinten schon das eine oder andere Mal alleine auf verlorenem Posten wiederfand.

Diese unterschiedlichen Spielstile, die ich in der Bundesliga gespielt habe, hatten mich geprägt. Dennoch half es mir unheimlich, bei der Nationalmannschaft den letzten taktischen Feinschliff zu bekommen. Das war auch von der Mannschaft so gewünscht. Wir wollten etwas dazulernen. Löw war früher Stürmer gewesen und konnte sich so auch in der Schulung der Offensive einbringen. Mit seinem enormen taktischen Wissen hat er alle Facetten abgedeckt. Der Gedanke, dass Jogi selbst kein ganz großer Spieler gewesen wäre und deswegen vielleicht nicht das nötige Zeug hätte, die Nationalmannschaft zu trainieren, kam bei uns zu keinem Zeitpunkt auf.

Ich glaube, für Michael Ballack hat damals gar keine Rolle gespielt, wer Trainer war. Er war der unumstrittene Kapitän. Unantastbar. An seiner Stellung kratzte niemand. Seine

Rolle und seine Bedeutung für die Mannschaft hatten sich auch nach der Weltmeisterschaft 2006 nicht verändert. Er war weiterhin der spielbestimmende Mann und schoss die wichtigen Tore, wie beim 1:0 gegen Österreich im letzten Gruppenspiel der EM in Österreich und der Schweiz.

Nach dem 1:2 gegen Kroatien im zweiten Turnierspiel war das System umgestellt worden; weg vom gewohnten 4-4-2, hin zu einem 4-2-3-1 mit einem zusätzlichen Mann vor der Abwehr, um stabiler zu stehen. Es gab einige Reibungspunkte innerhalb der Mannschaft, aber das Hauptthema war nicht taktischer Natur, sondern der Umgang untereinander. Viele Spieler fühlten sich einfach nicht mehr wohl mit dem Mannschaftsgefüge, auch während des Spiels. Sie waren offen für Kritik – aber nicht von oben herab, nicht im Befehlston. Sie lechzten nach einer flacheren Hierarchie.

Im Laufe eines Turniers läuft nie alles richtig rund. Bei dreiundzwanzig Spielern gibt es immer einige, die sich nicht genug wertgeschätzt fühlen. Es gibt viele Interessen, und mittlerweile war auch jeder schon ein kleinerer Star, mit eigenem Umfeld und eigener Meinung. Die einen wollten mehr Kontakt mit der Familie zwischen den Spielen, die anderen weniger. Das alles zu kanalisieren war nicht einfach. Aber wir hatten damals Supercharaktere wie Robert Enke oder Clemens Fritz dabei, die mich sehr geprägt haben. Obwohl es mehr interne Kontroversen gab als bei der WM 2006, hatten wir insgesamt eine schöne Zeit.

Die *Bild*-Zeitung erfand damals für Metze und mich den Spitznamen »die Brüder Schnarch und Schleich«. So ganz ignorieren kann man das als Spieler nicht, denn das lesen so viele Menschen. Es regt einen schon auf. Man fühlt sich in seinem Stolz gekränkt und will das natürlich widerlegen. Wenn du aber einen Mitstreiter wie Metze hast, der das alles mit Humor nimmt, kommst du besser mit so was klar.

Wir haben in der Freizeit zusammen viel Basketball gespielt und uns als Reaktion auf die Schlagzeile von Zeugwart Manni Drexler die Trikots der spanischen NBA-Brüder Pau und Marc Gasol besorgen lassen. Ich war Pau, Metze Marc. Brüder eben.

Wir waren beide sicher nicht perfekt, aber wir haben uns gegenseitig unterstützt und viel gegeben, und konnten im Verbund so auch der Mannschaft helfen. Der Teamgeist und das Miteinander auf dem Platz haben viele der Geschichten, die von außen aufgebauscht wurden – wie der Streit um die Familientage –, kompensiert. Nach dem verlorenen Finale gegen Spanien in Wien gab es auch Ärger zwischen Oliver Bierhoff und Michael Ballack. Bierhoff wollte, dass die Mannschaft ein »Danke«-Plakat hochhält, Ballack wollte nicht mitmachen. Es folgte ein verbaler Schlagabtausch. Man darf das aber nie so eng sehen. Nach einem negativen Ergebnis in einem großen Spiel werden Emotionen frei, vielleicht kommen dann auch alte Geschichten noch mal hoch. Und Alphatiere krachen dann schon mal an den Hörnern zusammen.

Wir waren im Finale gegen die Spanier buchstäblich chancenlos gewesen. 0:1 hört sich knapp an, aber der Gegner war so extrem ballsicher und dominant, so perfekt im Timing, dass wir unser Potential überhaupt nicht ausspielen konnten. Die Vorgabe war, eng gestaffelt zu verteidigen, den Ball zu erobern und dann vertikal nach vorne zu spielen. Spanien sollte den Ball in ungefährlichen Räumen halten dürfen, und wir wollten dann in den Zonen pressen, in denen wir uns kompakt und gut fühlten.

Das ist die besondere Schwierigkeit, wenn du erst ab der Mittellinie presst: Die richtige Balance zwischen zurückweichen und draufgehen. Vorne zu pressen, das setzt ein klares Signal. Ab der Mittellinie zu pressen, stellt viele vor die Frage: Ab wann geht es eigentlich los? Das war ein echtes Problem, hat am Finaltag aber nicht einmal die entscheidende Rolle gespielt. Spanien war individuell enorm stark und als Team einfach zu gut besetzt. Selbst bei Standardsituationen, in denen man dachte, wir sind körperlich stärker, hatten wir nie das Gefühl, dominant zu sein.

Wir machten einige kleinere Fehler, es gab ein paar Abstimmungsschwierigkeiten in der Defensive, und dann stand es relativ früh 0:1, nachdem Fernando Torres getroffen hatte. Torres war für mich der beste Stürmer jener Zeit. Seine Bewegungen, die Art und Weise, wie er den Ball hielt, das war ähnlich wie bei Robert Lewandowski heute. Und er war wahnsinnig schnell. Ein kompletter Stürmer. Mit der Führung im Rücken war Spanien noch sicherer am Ball, und wir: komplett ohnmächtig. Ich kann mich nicht erinnern, dass wir auf das gegnerische Tor geschossen hätten. Man brauchte den perfekten Tag, um gegen dieses spanische Team was reißen zu können. Und den hatten wir nicht.

Ich war ehrlich gesagt ganz froh, dass das Turnier danach vorbei war. Es waren lange Wochen voller Anspannung gewesen, mit sehr viel Druck, Dinge beweisen oder widerlegen zu wollen. Wir hatten eine lange Zeit zusammen verbracht und viel für unser gemeinsames Ziel gegeben. Ich stand nach dem Finale mit einem Bier in der Hand in der *Mixed Zone* des Ernst-Happel-Stadions in Wien und verstand nicht ganz, warum die Wahrnehmung der Journalisten so negativ war. Ich wollte mich nicht dafür rechtfertigen müssen, »nur« Vize-Europameister geworden zu sein.

Kritik kam auch auf, weil wir wieder zur Fanmeile nach Berlin fuhren; dass wir uns wieder feiern ließen, ohne etwas gewonnen zu haben. Ich fand das super. Es ging auch gar nicht darum, sich feiern zu lassen. Wir wollten uns bei den

Fans für die Unterstützung bedanken. Die Beliebtheit der Nationalmannschaft war in den Jahren unglaublich gestiegen, und wir hatten davon in vielerlei Hinsicht profitiert. Sich am Ende eines Turniers noch mal in der Hauptstadt zu zeigen, anständig zu verabschieden und den Menschen etwas zurückzugeben, das fanden wir richtig.

Südafrika 2010

Was die Weltmeisterschaft in Südafrika angeht, haben wir gesagt: Wir machen die Fanmeile dieses Mal nur, wenn wir gewinnen. Letztlich sind wir Dritter geworden und flogen nicht nach Berlin, und es gab wieder Kritik. Wir hätten uns noch mal zeigen sollen, das wäre doch schade für die Leute, und so weiter.

In der Qualifikation zur Weltmeisterschaft wurde für mich ein Traum wahr: Ich stand wieder gemeinsam mit Robert Enke auf dem Platz. Das war immer unser Wunsch gewesen, nachdem ich 2006 von Hannover zu Werder gewechselt war: eines Tages gemeinsam für Deutschland zu spielen. Wir erinnerten uns oft daran. Als er mit neunundzwanzig den Sprung in die Nationalmannschaft schaffte, saßen wir vor und nach den Spielen oft gemeinsam auf dem Zimmer und redeten über alle möglichen Dinge. Wir vertrauten uns, auf und neben dem Platz. Wir waren Freunde.

Im April 2009 gewannen wir das wichtige Qualifikationsspiel in Wales mit 2:0. Das war eines der schönsten Erlebnisse mit Robert: zu null in einer großen Partie für Deutschland. Weiter vorne auf dem Platz aber schepperte es gehörig. Lukas Podolski verpasste Michael Ballack eine Ohrfeige. Ihm hatte eine Anweisung des Kapitäns nicht gepasst oder genauer gesagt: die Art der Anweisung. Ich stand nicht weit weg und bin gleich dazwischengegangen. Den Regeln nach ist es ja egal, ob dir ein Gegenspieler eine Backpfeife gibt oder dein eigener Mitspieler. Tätlichkeit ist Tätlichkeit. Ich hatte Angst, dass es eine oder zwei Rote Karten gibt und wir dadurch in Schwierigkeiten geraten. In der Hitze des Augenblicks wusste keiner von beiden mehr, was da gerade auf dem Platz passiert. Die Aktion war nicht gut für den deutschen Fußball. Ich habe versucht, beide zur Vernunft zu bringen, sie daran zu erinnern, um was es hier ging. Das war meine Pflicht.

Ich mag es nicht, wenn Mitspieler aneinandergeraten und sich gegenseitig angreifen; schon gar nicht, wenn es dabei handgreiflich wird. Wenn der eine dem anderen zeigen will: »Du hast mir nichts zu sagen.« Das hilft einfach keinem. Die mannschaftliche Geschlossenheit, der mannschaftliche Erfolg müssen über allem stehen. Natürlich kann man Meinungen austauschen. Auch gerne in deutlichen Worten. Aber nicht so.

Sieben Monate später sitzen wir in einem Hotel in Düsseldorf beim Essen, und Lukas Podolski hebt sein Handy hoch. Dieser Augenblick hat sich mir ins Gedächtnis gebrannt, ich habe ihn vor mir, als sei es gestern gewesen. Er hebt sein Handy hoch und zeigt die Schlagzeile: »Nationaltorhüter Robert Enke hat Selbstmord verübt«. Zwei Sekunden später steht Oliver Bierhoff vor uns und sagt, Robert habe sich vor einen Zug geworfen. Du hörst diese Worte, aber sie kommen nicht an. Sie ergeben keinen Sinn. Zwanzig Minuten hat niemand auch nur einen einzigen Ton gesagt. Das Essen hat keiner angerührt. Gut dreißig Mann saßen da, in unheimlicher Stille, starr und stumm vor Schock.

In den Tagen und Wochen danach kamen dann die Fragen auf. Wie war es möglich, dass dieser ausgeglichene, reflektierte Freund offenbar so krank gewesen war, dass er sich selbst das Leben nahm? Wie war es möglich, dass ich davon nichts mitbekommen hatte? Und natürlich schmerzte auch die Frage: Warum hatte er mir nie von seinen Depressionen berichtet? Wir waren doch Freunde, die sich, wie man so sagt, alles erzählten.

Ich dachte, ich kannte ihn. Ich wusste, was ihm guttat. Aber ich habe erst hinterher verstanden, warum ich ihm so gutgetan hatte – weil ich ihm ein Gefühl von Sicherheit gegeben habe. »Okay, wenn der Typ vor mir spielt, dann bekomme ich weniger Gegentore. Ich will unbedingt mit dem zusammenspielen.« Und dieses Gefühl, das er hatte, hat mir im Gegenzug selbst immer enorm viel Sicherheit gegeben.

Wenn ich daran zurückdenke, spüre ich über den Schmerz hinweg noch einmal das Glück jener gemeinsamen Tage. Wie unglaublich beeindruckt ich war, dass er mich damals bei seiner Ankunft in Hannover im Sommer 2004 kannte, dass er mich zuordnen konnte, obwohl ich gerade mal zwanzig Spiele gemacht hatte. Dass er mich sofort und von da an immer spüren ließ: Er braucht mich, er will mich als Mitspieler. Wir absolvierten damals eine Bundesligasaison mit vierunddreißig Spielen und vierunddreißig Gegentoren. Das war für ihn das Allergrößte. Hinterher bekam das alles noch mal eine ganz andere, höhere Bedeutung.

Dieser Mensch kommt nicht wieder. Was bedeutet das? Was ergibt das für einen Sinn? Diese Gedanken gingen in mir herum, beschäftigten mich. Robert hatte so einen positiven Effekt auf mich gehabt, auf meine Karriere und auf mein Leben. Seine Ausstrahlung war so positiv gewesen, dass ich es nicht greifen konnte, dass er in sich einen Kampf mit der Dunkelheit ausgetragen hatte. Ich dachte, ich sei nahe an ihm dran gewesen.

Später habe ich gelernt, dass dieses Verschweigen zum Krankheitsbild einer Depression gehört. Wenn Menschen akut an einer Depression leiden, wollen viele diese verstecken. Robert war die meiste Zeit so, wie ich ihn kennenlernte: rational, von stiller Fröhlichkeit, gesund. Wie die meisten Betroffenen erwischten ihn die Depressionen nur in einigen Phasen seines viel zu kurzen Lebens. Ich denke, das ist wichtig festzuhalten. Nicht, um Robert irgendwie zu glorifizieren, sondern um zu verdeutlichen: Menschen, die von Depressionen getroffen werden, sind keineswegs schwach. Es kann auch die Stärksten wie Robert treffen, weil es einfach eine Krankheit ist.

Die Gefühle während der Trauerfeier im Stadion von 96 waren nicht in Worte zu fassen. Dr. Theo Zwanziger hielt eine sehr bewegende Rede, bei der zwischendurch immer wieder Beifall von den zwanzigtausend Zuschauern aufkam. Es war ein gebührender Abschied mit sehr vielen Tränen. Ich war auf Beerdigungen von Großeltern gewesen, doch so früh im Leben einen Freund zu verlieren war eine völlig neue, ungewohnte Erfahrung. Ich habe extrem viel geweint. Wahrscheinlich ist es gut, die Trauer in einem solchen Moment nicht zu unterdrücken, sondern im Gegenteil alles rauszulassen – um es zu akzeptieren und dieses Kapitel abschließen zu können.

Mit seinem Tod hat uns Robert die Aufgabe gegeben, seelische Krankheiten besser zu bekämpfen. Viele Menschen aus Roberts Umfeld engagieren sich heute mit großem Einsatz in diesem Bereich, seine Frau Teresa vorneweg. Ich finde es imposant, wie sie diese Herausforderung meistert.

Manchmal denke ich mir, dass es schlimm ist, wie schnell damals dann doch wieder der Alltag das Geschehen bestimmt hat. Ein Länderspiel wurde abgesagt, aber einen Monat später standen wir schon wieder auf dem Rasen in

Moskau und mussten gegen Russland bestehen. Michael Ballack rief uns vor dem Anpfiff auf, den Russen im Spielertunnel tief und fest in die Augen zu schauen; unser bestimmtes Auftreten sollte ihnen von vornherein klarmachen, dass sie gegen uns nichts zu bestellen hatten. »Wir schüchtern die ein«, sagte er, »damit kommen sie nicht klar.« Anstelle von Robert war René Adler im Tor und machte ein überragendes Spiel. Wir gewannen mit 1:0.

Man will als Fußballer immer gut aussehen, sich immer stark präsentieren. Es gibt wenige Menschen in diesem Business, die wirklich viel über ihre Gefühlswelt und insbesondere ihre Schwächen reden. Bei mir war das nicht anders. Meine Eltern sagten mir, ich hätte alles schon immer mit mir selbst ausgemacht. Egal, um was es ging: um Dinge in der Schule oder um die Freundin. Man weiß jetzt: Nie zu reden kann zu Problemen führen. Roberts Krankheit hat vielen die Augen geöffnet, sie ermutigt, sich mit den eigenen Problemen ehrlich auseinanderzusetzen und auch Hilfe einzufordern. Sie hat aber auch gezeigt, wie wenig man sich allgemein um die seelische Gesundheit von Fußballern kümmert. Es gibt viele Beispiele von Profis, die einfach fallen gelassen werden. Es geht in diesem Geschäft um so viel Geld, dass Schwächen kaum toleriert werden. Oder Verletzungen. Wer nicht dazu beitragen kann, das nächste Spiel zu gewinnen, wird abgeschoben. Ich bin nicht so naiv zu glauben, dass es in einer Welt des Wettkampfs und des Kapitalismus grundsätzlich anders sein könnte. Trotzdem muss man sich mit den Schattenseiten intensiv beschäftigen – und alles dafür tun, dass Menschen in dieser Mühle nicht zu Schaden kommen.

Roberts Tod war für mich der Tiefpunkt meiner Karriere. Ich spielte kurzfristig sogar mit dem Gedanken, mit achtundzwanzig Jahren aufzuhören, und sprach auch mit

Kollegen darüber. Aber, Gott sei Dank, es kamen wieder Highlights. Die Aussicht auf neue, spannende Aufgaben hielten mich bei der Stange. Und die Chance, meine zweite Weltmeisterschaft zu spielen, war eine davon.

Vor dem Turnier in Südafrika war uns die Achse im Mittelfeld weggebrochen. Torsten Frings wurde nicht mehr berücksichtigt. Michael Ballack verletzte sich im FA-Pokal-Finale, Kevin-Prince Boateng hatte ihn fies umgegrätscht. René Adler, der damals die Nummer eins war, konnte wegen einer Rippenverletzung kurzfristig nicht mitfahren. Es musste eine ganz neue Ordnung entstehen, mit neuen Spielern wie Sami Khedira, Jérôme Boateng und Holger Badstuber. Die Einstellung innerhalb des Teams war: Wir schauen mal, was in Südafrika passiert. Mit dieser eher niedrigen Erwartungshaltung sind wir gut gefahren.

Das 4:0 gegen Australien im ersten Spiel ließ uns gleich gut Fuß fassen. Darauf aber folgte ein 0:1 gegen Serbien, in Unterzahl. Miroslav Klose war vom Platz geflogen. Die Dynamik des Turniers veränderte sich damit radikal. Gegen Ghana mussten wir nun gewinnen. Es wurde ein ganz schwieriges, umkämpftes Spiel, das auch Ghana hätte gewinnen können – wenn Manuel Neuer nicht einen seiner besten Tage erwischt hätte. Der Ausgang war bezeichnend für uns. Wir schafften es immer wieder, mit ein bisschen Glück, aber vor allem mit unserer Klasse, in den entscheidenden Situationen den Sieg einzufahren und diese großen Drucksituationen zu meistern. Es war Mesut Özil, der das Tor schoss.

Im Achtelfinale gegen England in Bloemfontein dann war das Stadion voller Briten. Überall nur englische Fahnen, und das mitten im Nirgendwo. Es ist stets aufs Neue beeindruckend, zu sehen, wie viele Engländer ihrer Mannschaft folgen; ganz egal, wo sie spielt. Das Stadion war fest in englischer Hand. Und David Beckham war als Maskottchen mit im Kabinengang.

Es ging hin und her. Am Ende waren wir ausgeschlafener. Özil riss die linke Seite auf, Thomas Müller stand immer an der richtigen Stelle. Das ist deutsche Qualität. Gepaart mit ein bisschen Wettkampffortüne. Denn ein Schuss von Frank Lampard prallte von der Latte klar hinter die Torlinie. Das wäre das 2:2 gewesen, der Ausgleich, kurz vor der Halbzeit.

Während des Spiels hatte ich das nicht erkannt, meine Sicht war verdeckt gewesen, wahrscheinlich durch Manuel Neuer. Ich schaute sofort zum Linienrichter. Der erste Gedanke war: Ah, er zeigt an: Weiterspielen. Der Ball war nicht drin.

Das Ausmaß dieses Dramas – aus englischer Sicht – habe ich erst nach unserem 4:1-Sieg erfasst. Die Engländer fühlten sich erwartungsgemäß betrogen. Aber ganz ehrlich: In solchen Momenten ist dir das egal. Wäre es vorstellbar gewesen, dass Manuel sich beim Schiedsrichter meldet und sagt: »Ja, der war drin«? Dafür ging alles zu schnell. Manuel ist ein cleverer Typ. Der lässt sich nichts anmerken. Selbst wenn der Ball im Netz gezappelt hätte und dann wieder rausgesprungen wäre, hätte er wahrscheinlich versucht, einfach weiterzuspielen. Er war immer blitzschnell im Umschalten. Er war so auf Zack, dass er dem Linienrichter in Bloemfontein das Gefühl gab, dass der Ball nie und nimmer hinter der Linie gewesen sein konnte.

Wir haben uns hinterher nicht lange damit aufgehalten. Gedanklich war man schnell beim nächsten Spiel. Lass uns diese Zeit genießen, dieses Gefühl ausleben. Es war eine Berg- und Talfahrt, mit einer relativ jungen Mannschaft, die aber gewillt war, diese Extrameter zu gehen – und deswegen verdient gewann. Auch gegen Argentinien im Viertelfinale in Cape Town.

Vor dem Spiel machten die Argentinier sehr viel Lärm. Die Mannschaften standen aufgereiht, die Argentinier versuchten uns einzuschüchtern. Sie trommelten gegen die Wände und schrien irgendwelche Dinge auf Spanisch, um mächtig zu wirken. Sie waren damals auch der Favorit auf den Titel. Arne Friedrich, der im Spielertunnel immer ganz vorne stand, drehte sich um und meinte: »Männer, da kommt was auf uns zu.« Das ist mir im Kopf geblieben. Und Diego Maradona, mit zwei Armbanduhren, die wie Untertassen an den Handgelenken hingen. Eine links, eine rechts.

Er hatte sich im Vorfeld despektierlich über Löw geäußert, sinngemäß, dass der doch vom Fußball keine Ahnung hätte. Jogi coachte ihn zur Strafe kaputt. Er erklärte uns, dass Argentinien eine zweigeteilte Mannschaft sei, mit hoher Qualität im Sturm, weniger guten Leuten in der Abwehr, und in der Mitte ein riesiges Loch. Und genauso war es.

Bis auf ein paar Probleme in der Anfangsphase verteidigten wir grandios und konterten sensationell. Selbst Arne Friedrich machte ein Tor, es war das 3:0. Das war sein erster und einziger Treffer für die Nationalmannschaft und brachte für ihn das Turnier auf den Punkt. Er absolvierte als Innenverteidiger eine phantastische WM.

Ich bekam einen Ball ins Gesicht. Wir verhinderten hinten alles, mit allen verfügbaren Körperteilen. Die Argentinier konnten machen, was sie wollten, wir ließen nichts zu. Besonders Lionel Messi verzweifelte an uns, denn wir hatten einen Plan gegen ihn. Ich habe noch immer die Worte von Jogi Löw aus der Besprechung im Kopf: »Immer begleiten, begleiten, begleiten. Bloß nicht locker lassen, nicht zu Boden gehen, nicht grätschen.« Teilweise versperrten wir ihm mit vier Mann den Weg. Es war eine großartige Leistung von uns als Mannschaft.

Nach dem 4:0-Sieg gegen Argentinien wurden wir im Hotel in Centurion von der Belegschaft mit Fackeln und Applaus empfangen. Es gab eine große Party. Diese besonderen Momente stärkten den Zusammenhalt. Nach so einer Leistung, so einem Spiel, musste man einfach feiern.

Es gab rund um unser eingezäuntes Areal nicht wirklich viel zu unternehmen. Zwanzig Autominuten entfernt, in Pretoria, gab es ein, zwei Restaurants, ansonsten kamen wir kaum raus, auch wegen der Sicherheitslage. Filme schauen mit Tim Wiese, Tischtennis spielen mit Piotr Trochowski, Behandlung: Das war in etwa mein täglicher Ablauf. Einige Mitspieler fuhren an freien Tagen zum Sightseeing oder auf Safari, aber ich konnte das nicht. Für mich hätte sich das zu sehr nach Urlaub angefühlt. Dafür bleibt später, nach der Karriere, noch genug Zeit.

Michael Ballack war vor dem Viertelfinale in Cape Town zur Mannschaft gestoßen. Kurz danach kam er zu mir und sagte: »Ich reise wieder ab. Ich will euch nicht alleinlassen, aber ich habe das Gefühl, hier fehl am Platz zu sein. Ich kann nicht spielen und schade mit meiner Präsenz vielleicht eher; ich will nicht, dass der eine oder andere deswegen nicht so gut spielt.« Er fühlte sich nicht mehr als Teil dieses neuen Teams, das während des Turniers gewachsen war. Die Mannschaft hatte neue Hierarchien entwickelt, was Ballack spürte. Das sehe ich als große Leistung an: Sensibel genug zu sein, das zu erkennen und sich dann selbst zurückzunehmen.

Kurz darauf erklärte Philipp Lahm, dass er über das Turnier hinaus Kapitän bleiben wolle. Ich fand den Zeitpunkt und die Art und Weise ein bisschen befremdlich. Für mich war Michael Ballack zu diesem Zeitpunkt unantastbar. Wir hatten ihm so viel zu verdanken, besonders ich persönlich. Als junger Spieler warst du auf die alten Hasen angewiesen, auf deren Vertrauen, auf deren Leistung. Man wusste ja:

Wenn die Mannschaft verliert, wirst du als Neuling auch sehr schnell deinen Platz verlieren. Michael Ballack war immer ein Leistungsgarant, in allen Qualifikationsrunden und in allen Turnieren. Er war einer der Spieler, die die Mannschaft extrem geprägt haben und für den Erfolg verantwortlich zeichneten. Er verdiente unsere grenzenlose Loyalität, auch wenn er gerade verletzt war. Deswegen war ich gegenüber der Initiative von Philipp reserviert.

Löw spielte das Thema sehr geschickt herunter. »Jeder hat Ambitionen«, sagte er. Im Kader wurde darüber diskutiert, aber es war klar, dass die Entscheidung über das Kapitänsamt erst nach dem Turnier getroffen werden würde. Damit war auch der Effekt, den das Thema auf den Rest des Turniers hätte haben können, verflogen. Michael Ballack war abgereist, es gab keine Konfrontationen, und es ging weiter. Wir waren sehr fokussiert.

In den Medien kam die These auf, wir würden nur so gut spielen, weil Ballack nicht dabei sei. Natürlich treten neue Prozesse zutage, wenn ein Leistungsträger wegbricht. Neue Leute bekommen ihre Chance und können sich beweisen. Aber Fußball ist ein Mannschaftssport. Es hängt nie an einem einzigen Spieler. Viele, die nach dem Argentinien-Spiel die gute Leistung auf Ballacks Fehlen schoben, behaupteten vier Tage später, mit ihm hätten wir die Spanier sicher geschlagen. Man macht es sich mit solchen Rechnungen zu einfach.

Zwei Stunden vor dem Halbfinale in Durban kam Manni Drexler mit Tränen in den Augen zu mir und entschuldigte sich ausgiebig. Er hatte meine Stollenschuhe im Hotel in Zenturion vergessen. Sie waren von einem Stapel auf dem Tisch hinten runtergefallen und in den Gardinen gelandet. Da ich im Abschlusstraining immer mit Noppen spielte, hatte das vorher niemand gemerkt.

Drexler hatte ein neues Paar im Koffer, aber ich spiele nur mit Schuhen, die ich mindestens vier- bis fünfmal eingelaufen habe. Ein brandneues Paar, das ging eigentlich nicht. Das ist ein No-Go. Drexler legte die Dinger zwei Stunden in warmes Wasser, und es ging am Ende irgendwie auch. Aber es war kein gutes Omen.

Leider wiederholte sich das EM-Finale von Wien: 0:1. Vom Ergebnis her knapp, aber an der Dominanz der Spanier hatte sich in den vergangenen zwei Jahren wenig geändert. Wir glaubten, aus unseren Fehlern gelernt zu haben. Aber damit war noch nichts bewiesen. Du kannst die schönsten Dinge an die Taktiktafel malen. Wir wollten wieder kompakt stehen, aber aktiver sein, mehr Druck ausüben und früher auf den Ball gehen. Aber das hat eher dazu geführt, dass sie sich besser lösen konnten und wir mehr Probleme hatten. Die Spanier haben das relativ verwaltend und sicher runtergespielt, ohne viele Toraktionen. Wir waren auch nicht komplett chancenlos. Toni Kroos hatte eine gute Gelegenheit. Besonders bitter war es, den Gegentreffer nach einer Ecke zu bekommen.

Zwei verlorene WM-Halbfinalspiele in Folge taten sehr weh. Uns ist es dann aber schnell wieder gelungen, das Spiel um Platz drei als Chance zu begreifen, das Turnier mit einem positiven Gefühl abzuschließen. Im Vergleich zu dem WM-Pokal geht es da natürlich um die Goldene Ananas, aber uns hat der Sieg gegen Uruguay dennoch viel gegeben. Mit einem Sieg nach Hause zu fahren lässt dich weiter an dein Ziel glauben, hilft dir, motiviert zu bleiben, hart zu arbeiten.

Vier Jahre, das wusste ich zu jenem Zeitpunkt, gehen im Fußballgeschäft wahnsinnig schnell vorbei. Diese Generation würde noch eine Chance bekommen. Da geht noch was. Du brauchst diese positiven Gedanken, um wieder vom Boden hochzukommen und weiterzulaufen. Eine lange Saison in den Beinen, ein langes Turnier obendrauf, wenig Urlaub, und dann soll das alles wieder von vorne losgehen … Da brauchst du diesen Optimismus. Sonst geht das nicht gut.

Polen/Ukraine 2012

Durch meine Verletzung am Sprunggelenk hatte ich vor der EM 2012 meinen Stammplatz verloren. Löw legte sich fest: Holger Badstuber und Mats Hummels waren seine Innenverteidiger für das Turnier. Er sagte mir: »Es gibt jetzt zwei andere, und du bist erst mal hintendran.« Ich zweifelte in der Folge an mir und fragte ihn: »Warum vertraust du mir nicht mehr?« (Wir waren seit der WM 2006 per du.) Er wies darauf hin, dass ich gerade erst wieder fit geworden war und er jetzt erst mal zwei anderen den Vorzug geben würde. Das traf mich in dem Moment schwer. Ich fühlte mich, als hätte Jogi den Glauben an mich verloren.

Nach ein paar Wochen versuchte ich, mich in seine Perspektive hineinzuversetzen. Es war nicht so, dass ich mir sagte: Ich muss den Trainer auch verstehen! Ganz und gar nicht. Ich verstand ihn überhaupt nicht. Ich konnte schlecht schlafen, weil mir nachts alle diese Fragen im Kopf umherschwirrten, wie ein Schwarm Glühwürmchen. Es dauerte ein bisschen, bis ich so weit war, mir zu überlegen, ob diese unbefriedigende Situation vielleicht auch etwas Gutes haben könnte.

Zum ersten Mal wurde mir klar, wie sich die Ergänzungsspieler fühlen mussten, in all den Turnieren, in denen ich gespielt hatte. Das war eine neue, aber sehr wichtige Sicht auf die Dinge, die viele Erkenntnisse brachte. Mit neuen, auch mal unangenehmen Tatsachen konfrontiert zu werden hilft einem in seiner Entwicklung. Ich wusste danach mehr über mich selber, konkret: Ich wusste, wie ich Rückschläge verarbeite. Ich wusste jetzt, wie es sich anfühlt, nicht in der ersten Reihe zu stehen.

Das war mit die lehrreichste Zeit für mich, auch weil ich noch deutlicher verstand, dass Fußball ein Teamsport ist. Es steht und fällt nicht alles damit, in der ersten Elf zu stehen. Du kannst auch in einer anderen Rolle deinen Beitrag leisten – indem du deine Kollegen unterstützt.

Ich stellte während des Turniers in Polen fest, dass ich im Training glücklich und motiviert war – trotz der Enttäuschung, nicht zu spielen. Ich wollte mich beweisen, selbst in der Einheit am Tag nach einem Spiel, in der man als Reservist ein Extraprogramm absolviert, das nicht wirklich viele Fußballer schätzen. Diese Zeit auf der Bank stärkte meinen Willen, es noch mal zu schaffen, noch mal zurückzukommen. Ich fand viele gute Argumente – obwohl ich keine Sekunde spielte und wir schon wieder im Halbfinale ausschieden –, um mich geistig und körperlich fit für die folgende Saison zu machen.

Jogi war nach dem Aus gegen Italien völlig fertig mit den Nerven. Ich glaube, er zweifelte zum ersten Mal in all den Jahren an der Truppe und war sich nicht mehr sicher, ob das alles so weitergehen konnte. Alle waren richtig down; am tiefsten Tiefpunkt angekommen, wie man so schön sagt. Jogi starrte nur auf seinen Teller, als DFB-Präsident Wolfgang Niersbach im Hotel eine Abschlussrede hielt. Ich kann mir vorstellen, dass es bei ihm den einen oder anderen Gedanken über Rücktritt gab. Niersbach sagte dann aber mit klarer, deutlicher Stimme, dass man das Projekt mit dem Trainer Löw durchziehen werde, dass man den gemeinsamen Weg weitergehen werde, ungeachtet aller

Kritik; dass man dem Misserfolg und der schlechten Stimmung trotzen werde. Jogi Löw zeigte gar keine Regung. Ich glaube, das Vertrauen des Verbandes in ihn und sein Vertrauen in das Team überzeugten ihn letzten Endes davon, weiterzumachen.

Ein paar Dinge mussten sich allerdings ändern. Es reichte nicht, wie wir uns 2012 als Mannschaft verhalten hatten. Es reichte nicht, um ganz oben anzugreifen. Die gewachsene Rivalität zwischen den Bayern- und Dortmundlagern war dabei meines Erachtens gar nicht mal das größte Problem. Wir hatten sehr viele Individualisten im Kader, die sich alle zeigen und präsentieren wollten, es aber nicht konnten. Der Teamgeist blieb dabei ein bisschen auf der Strecke. Im Nachhinein kann man sagen, dass wir diese Konflikte wahrscheinlich erst erleben mussten, um zu verstehen, dass man einige Dinge sein lassen muss, und wie wichtig es ist, eine Einheit zu bilden. Der Misserfolg bei der EM in Polen hat eine positive Entwicklung losgetreten. An deren Ende stand der Entschluss: So wollen wir das auf dem Weg zur und bei der WM 2014 nicht mehr machen.

Brasilien 2014

Ich wollte es mir selbst und allen anderen unbedingt beweisen, dass ich in die Startelf der Nationalmannschaft zurückkommen konnte. Die Herausforderung, eine WM in Südamerika zu spielen und als erste europäische Mannschaft vielleicht zu gewinnen, war viel zu groß, um das Trikot mit dem Adler bereits an den Nagel zu hängen.

Durch den Erfolg der Bayern und des BVB auf der internationalen Bühne war die Konkurrenz für die Plätze im Team nicht kleiner geworden. In den Qualifikationsspielen ging es hin und her: Manchmal spielte ich, dann wieder Mats Hummels neben Jérôme Boateng. Mats und ich hatten untereinander nie ein persönliches Problem. Man muss akzeptieren, dass die Mannschaft auch ohne einen gewinnen kann, und muss für seine Kollegen da sein, auch wenn man sauer ist, dass man nicht spielt.

Ich habe das Team immer unterstützt. Das Gleiche verlangte ich von meinen Mitspielern, wenn ich vorne dran war. Das gehört zum respektvollen Miteinander dazu, war bei dem einen oder anderen aber vor der WM in Brasilien vielleicht noch nicht so stark ausgeprägt. Es gab Momente während der Qualifikation, in der Einzelne ihr Ego über das Wohl des Kollektivs stellten und sehr eingeschnappt reagierten, als sie nicht in der Aufstellung waren. Philipp Lahm musste am Rande seines hundertsten Länderspiels im September 2013 in Abstimmung mit dem Mannschaftsrat ein paar deutliche Worte loswerden.

Das explizite Ziel im Vorfeld der WM war, dass alle miteinander klarkommen würden, besser als in der Vergangenheit. Der Kampf zwischen Bayern und Dortmund war für das Klima in der Nationalmannschaft sehr ungesund gewesen. Spieler beider Vereine wollten große Titel gewinnen; Titel, die für eine Karriere entscheidend sein können. Man schenkte sich nichts. Diese bayerisch-ostwestfälische Rivalität konnte man vor den Spielen der DFB-Elf nicht einfach an der Garderobe ablegen; dieses Grüppchendenken wirkte weiter. An die Belange der Nationalelf, an die negativen Auswirkungen auf den Rest der Truppe dachte dabei niemand.

Es gab Vorbehalte einzelner Spieler, was andere Spieler anging. Bei der Vorbereitung und Planung der Gestaltung des Campo Bahia, unserem Aufenthaltsort während der Weltmeisterschaft, versuchten wir, diese Probleme zu lösen. Man konnte nicht alle Dortmunder in das eine und alle

Bayern einfach in ein anderes Zimmer packen und hoffen, dass es dann irgendwie gehen würde. Nach der EM 2012 war vielen klar, dass diese acht Wochen in Brasilien eine ganz besondere Zeit sein mussten. Man musste alle Vorurteile zu Hause lassen und sich ein bisschen mit seinen Kollegen beschäftigten. Um zu verstehen, wie der andere tickt.

Oliver Bierhoff hat schließlich vier Häusercaptains bestimmt: Philipp Lahm, Bastian Schweinsteiger, Miroslav Klose und mich. Wir sollten untereinander die Spieler auf die Bungalows aufteilen, querbeet, damit neue Verbindungen entstehen und der Teamgeist gestärkt wird. Dabei haben wir ein bisschen gedealt. »Ich nehm den, du nimmst den.« Am Ende haben sich interessante Konstellationen ergeben, die später noch wichtig wurden.

Rivalitäten sind normal, können aber Gift für die Nationalmannschaft sein. Die besondere Zusammensetzung in den Bungalows hat das außer Kraft gesetzt. Diese WM verdiente und brauchte das. Es war vorher, grob gesehen, in Ordnung gewesen. Aber nicht so, dass man sagt: »Ich gehe für dich durchs Feuer, ich zerreiß mich für dich!« Bierhoff warnte uns, dass in Brasilien vielleicht nicht alle Abläufe den deutschen Standards entsprechen würden, schwärmte aber zugleich von der besonderen Atmosphäre. Wir dachten: Das wird ein Superding.

Es ging allerdings im Trainingslager in Südtirol erst einmal nicht so gut los. Das Wetter war mies und das schwere Unglück bei einer Sponsorenaktion, als DTM-Fahrer Pascal Wehrle mit Benedikt Höwedes auf dem Passagiersitz einen Zuschauer und einen Streckenposten erfasste, bedrückte uns alle. Der Zuschauer, ein Tourist aus Thüringen, wurde dabei schwer verletzt. Benedikt stand unter Schock. Aber als Mannschaft ließen wir uns nicht vom Weg abbringen.

Lukas Podolski, Tim Wiese und ich gingen jeden Abend in die Sauna des Hotels, eine sogenannte Eventsauna für fünfzig Mann, in der die beiden offiziellen Saunaweltmeister ihre Shows veranstalteten. Mal verkleideten sie sich als Indianer, mal als Spider-Man. Das Phantom der Oper stand auch auf dem Spielplan. So etwas hatte ich noch nie erlebt. Uns dreien kam die Idee: »Lass uns mal auf den Tagesplan schreiben: Teamevent, Pflicht für alle, Treffpunkt Sauna, 21 Uhr. Motto: ›Schwitzen für den Erfolg‹. Als kleiner Vorgriff auf die Bedingungen in Brasilien.« Es war eine Schnapsidee, aber sie hat gefruchtet. Spieler, Betreuer und Trainer, alle zusammen in dieser vollgepackten Sauna, und dann zwölf Minuten Licht aus, zwölf Minuten Lasershow mit allen möglichen Sperenzchen.

Das war eine dieser kleinen, eigentlich unwichtigen Begebenheiten, die den Zusammenhalt stärkten, die einen winzigen Beitrag leisteten. Der Stab war komplett eingespielt. Aber alle brauchen immer wieder ein bisschen Wertschätzung von Seiten der Spieler; das Gefühl, ein wichtiger Bestandteil des Unternehmens zu sein.

Manuel Neuer, Philipp Lahm, Bastian Schweinsteiger und Sami Khedira waren vor dem Turnier alle nicht richtig fit. Man kam da schon ein bisschen ins Grübeln. Wir sagten uns: »Lasst uns klein anfangen, lasst uns klein denken. Erst mal die Gruppenphase überstehen.« Für mich persönlich war das größte Thema: Lahm spielt im Mittelfeld. Was hat das für Auswirkungen auf die Abwehr? Das war auch für Jogi das größte Thema. Wir sprachen viel darüber.

Ob ich mir vorstellen könnte, mit vier Innenverteidigern zu spielen? Diese Frage fiel in einem Gespräch vor der Abreise nach Brasilien in Düsseldorf. Löw war für sich schon relativ klar in dem Gedanken, wollte aber meine Meinung hören. Auch zu der leicht verwegenen Idee, Benedikt Höwedes als Rechtsfuß auf links zu ziehen. Das Spielfeld plötzlich komplett auf der rechten Seite vor sich zu haben, nachdem man sein ganzes Leben auf der anderen Seite verbracht und das Spielfeld im linken Bereich des Sichtfeldes hatte – für Benny war das eine Mammutaufgabe. Unser Auftrag war, ihn so gut wie möglich dabei zu unterstützen; ihm Bälle zu geben, die er gut verarbeiten konnte. Ganz ohne Probleme würde das wahrscheinlich nicht gehen. Aber er zog das ganze Turnier quasi fehlerfrei durch und war eine der großen Entdeckungen der Weltmeisterschaft.

Mit vier Innenverteidigern in einem Turnier zu spielen war natürlich ein Novum und auch nicht die Idealbesetzung. Aber Jogi brauchte Lahm dringend in der Zentrale, weil Sami und Bastian zum ersten Spiel der WM gegen Portugal nicht bei hundert Prozent sein konnten. Die vier hinten konnten alle gut kicken und das Spiel aufbauen. Bei Standardsituationen würden wir zudem die Lufthoheit haben. Jérôme war mit der Position rechts außen aus früheren Jahren bekannt und unglaublich ballsicher. Man zog alle möglichen positiven Argumente heran, um ein gutes Gefühl für diese Vorstellung zu bekommen. Wir fangen erst mal so an, um uns Stabilität zu holen. Dann sehen wir weiter.

Im Mittelfeld gab es ebenfalls eine leicht veränderte Ausrichtung. Jogi Löw stellte von dem gewohnten 4-2-3-1 auf ein 4-3-3 um. Mesut Özil rutschte dafür ein Stückchen nach vorne, auf die linke offensive Position. Toni Kroos wurde so zum Spielmacher, auf der halblinken zentralen Position. Drei Leute vor der Abwehr: Das war eine elegante Lösung unseres alten Sechserproblems. Wir hatten keinen echten defensiven Mittelfeldspieler im Kader, Christoph Kramer mal ausgenommen. Löw hat sich mit dem zusätzlichen Mann in der Zentrale den Bedingungen in Brasilien angepasst. Wir wollten kompakter stehen, weniger Lücken zulassen.

Für Mesut war das sicher nicht seine Lieblingsposition. Er fühlt sich zentral wohler, oder auf der anderen Seite, damit er nach innen ziehen kann. Aber rechts war Thomas Müller gesetzt. Löw und die Mannschaft brauchten Mesut also links. »Wir werden ihn brauchen«, das war immer Löws Mantra. Mesuts größte Aufgabe war es, mit seiner überragenden Technik den Ball zu halten, und damit Benny Höwedes auf der linken Seite zu unterstützen. Sowohl offensiv als auch defensiv. Wir sollten den Ball auf dieser Seite nicht verlieren. Und von dort sollte die Ballverlagerung oder Entlastung initiiert werden.

Es war ein großer Schritt für Mesut, sich dieser Sache anzunehmen. Und auch zu sagen: »Okay, ich akzeptiere das.« Das kam für viele überraschend, war aber auch einer der vielen kleinen Schlüssel zum Erfolg. Wir waren dreiundzwanzig Mann, jeder hatte seine Rolle. Wir hätten es nicht schaffen können, wenn er als wichtiger Spieler gesagt hätte: »Ich habe keine Lust, diese Position zu spielen!« Mesut opferte sich für die Mannschaft. Das war ein starkes Signal an den Rest der Truppe – dass die Belange Einzelner nicht so im Vordergrund stehen.

Jogi hat sehr klare Vorstellungen, wann und wie man den Gegner anläuft. Gerade eher technisch versierte Spieler profitieren im Defensivverhalten von diesen genauen Anweisungen. Wir wussten in der Nationalmannschaft immer, was Mesut leisten kann, dass er auch intensive Läufe hinter die Reihen macht und damit viele Gegner auf sich zieht. Das hat Weltklasseniveau. Mesuts Kilometerwerte, besonders im hochintensiven Bereich, sind außerordentlich. Er macht zweitausend Meter pro Spiel in allerhöchster Geschwindigkeit. Das schaffen die wenigsten. Jogi Löw hat das immer wieder hervorgehoben. Er hat diese Zahlen gerne vor der Mannschaft präsentiert, um zu zeigen, wie viel Laufarbeit

Mesut da tatsächlich leistet, wie hochintensiv er dabei ist, wie viele Sprints er macht. Löw hat die Spieler, die gespielt haben, für Dinge gelobt, die vielleicht übersehen werden, und die Spieler, die nicht so im Fokus standen, für ihre Arbeit im Training gepriesen. Er gab allen das Gefühl, wichtig zu sein. Es war ein Meisterwerk in Sachen Coaching.

Für mich war schön zu sehen, dass Jogi mir wieder vertraute, nachdem ich das Turnier zuvor gar nicht gespielt hatte. Portugal mit Cristiano Ronaldo als Auftaktgegner machte uns keine Angst. Wir hatten sie 2006, 2008 und 2012 besiegt, sie lagen uns. Nichtsdestotrotz fuhren wir mit einigen mittelgroßen Fragezeichen im Gepäck nach Brasilien. Ein System mit vier Innenverteidigern, ein wahrscheinlich nicht ganz fertiggestelltes Camp, lange Reisen, das Klima … Jogi wusste, dass er die Spieler auf Unwägbarkeiten vorbereiten musste, dass sie dort mit Dingen konfrontiert werden würden, die nicht zu kontrollieren waren. Umso wichtiger war es für ihn, die Spieler früh in seine Entscheidungen mit einzubeziehen, sie mit im Boot zu haben.

Einige Betreuer fuhren drei Tage vor unserer Ankunft ins Camp. Die Rückmeldung lautete: »Keine Chance. Wird nie alles rechtzeitig fertig.« Manuel Neuer hat dann gesagt: »Kein Problem, ich wollte sowieso schon immer mal am Strand zelten.« Er meinte das ernst. Du brauchst genau solche Leute. Spieler, die unkompliziert sind; flexibel und demütig, um auf Komplikationen reagieren zu können. Denn im Fußball passieren auf dem Platz andauernd Dinge, die nicht vorhersehbar sind und einen vor unerwartete Schwierigkeiten stellen.

Brasilien war für uns ein unbekanntes Land. Die Reisen waren etwas ungewöhnlich, angefangen bei der Fähre, die wir auf dem Weg zum Flughafen immer wieder nehmen mussten. Die brasilianische Bevölkerung war uns gegenüber unheimlich offen und freundlich. Sie war begeistert vom Fußball. Nur nicht, als wir gegen Brasilien gespielt haben. Auch während der restlichen Zeit waren die Menschen sehr hilfreich und dankbar, so eine WM ausrichten zu können. Diese Freude hat sich sofort auf uns übertragen.

In den drei Tagen nach der Ankunft der Betreuer wurde unglaubliche Arbeit geleistet, um alles schick aussehen zu lassen; so, dass hinterher Weltmeister herausspazieren konnten. Als wir ankamen, waren wir hellauf begeistert. Du schläfst in Häusern mit Wohnzimmern direkt am Strand, isst unter freiem Himmel. Unser Haus hat gleich am ersten Tag die Tischtennisplatte entdeckt. Wir spielten zu viert Rundlauf, bei vierzig Grad im Schatten, barfuß. Nach fünf, zehn Minuten Gröhlerei ohne Ende standen fünfzehn Mann an der Platte. Das Ergebnis war: viel Spaß und viele Blasen an den Füßen. Wir sind gehandicapt ins erste Training gegangen, aber das war egal. Niemand wollte aufhören.

Oliver Bierhoff wollte kein normales Hotel mit fünfzig aneinandergereihten Zimmern haben. Er wollte eine besondere Atmosphäre schaffen, die perfekte Kombination aus Urlaubsfeeling und Open-Air-Arbeitsplatz. Alle Familienmitglieder, die uns besucht haben, waren ebenfalls begeistert. Als Oliver das erste Mal vor Ort war, ein Jahr vor dem Turnierstart, als da noch gar nichts stand, hatte er gespürt, was möglich ist. Er musste viele Wände einreißen. Es gab viele Widerstände. Er wollte das Risiko eingehen und das Glück herausfordern. Als Herbergsvater hatte er einen immensen Anteil am letztlichen Erfolg. Die besonderen Kräfte, die im Campo frei geworden sind, haben uns den Titel beschert. Es ist schwer zu beschreiben, aber es war nach jedem Spiel eine echte Freude, hierher zurückzukehren, Energie aufzuladen und wieder loszuziehen. In der Regel langweilt man sich ja im Mannschaftsquartier. Du sitzt in deinem kleinen Zimmer am Laptop und hoffst, dass dir die Decke nicht auf den Kopf fällt. Aber das Campo Bahia hatte von Anfang an eine ganz besondere, eine zauberhafte Wirkung.

Bierhoff war intern ein großer Ruhepol und auch eine Art Schutzschild für den Trainer. Er hatte ein gutes Gespür für Timing und war oft mit den richtigen Worten zur Stelle, um die Mannschaft zu loben oder einen Erfolg auch mal wieder richtig einzuordnen. Er tat das nicht, um sich in den Vordergrund zu spielen, sondern im Dienste der Sache. Für den Mannschaftsrat war er auch ein unverzichtbares Bindeglied, was die Koordination der Marketingmaßnahmen anging.

Da die Mannschaft an Beliebtheit seit 2004 stark zugelegt hatte, waren die Sponsoren nicht weniger geworden. Man hatte aber nicht den Eindruck, dass das überhandnahm. Es wurde alles gut geregelt: Da war natürlich eine Menge Geld im Spiel, für den DFB und für das Team. Bierhoff hat darauf bestanden, dass alles gerecht aufgeteilt wird und nicht nur die Hauptprotagonisten profitieren. Man darf nicht unterschätzen, wie wichtig dieses Thema für das Mannschaftsgefüge ist.

Früher, hatte Oliver erzählt, war das noch ganz anders gewesen. Damals waren die Bezüge nach Einsatzzeiten gestaffelt, es hatte da auch öfters Streit geben. Bei uns wurde im Sinne des Kollektivgedankens jeder Kaderplatz gleich bedacht. Es war gut, dass auch die Reservisten für ihre Arbeit belohnt wurden.

Löw lobte jeden Tag aufs Neue die Spieler, die nicht zum Einsatz kamen, und betonte, dass auch sie für die guten Leistungen verantwortlich waren. Er ging immer wieder auf ihre Bedürfnisse ein, streichelte sie vor versammelter

Truppe. Die erste Elf hat er praktisch gar nicht mehr angesprochen. Das stach heraus. In einem Team gibt es ja immer zwei, drei Frischlinge, die einfach nur glücklich sind, dabei zu sein. Aber eben auch fünf, sechs, die gerne spielen wollen und nicht so glücklich mit ihrem Status als Ergänzungsspieler sind. Sie wurden in Brasilien mitgezogen von diesem Gefühl, dass wir es dieses Mal zusammen durchstehen müssen.

Es wurde hinter vorgehaltener Hand nicht mehr gesagt: »Ich spiele auf jeden Fall«, sondern: »Es werden auf jeden Fall gute Leute spielen.« Man wollte das bei allem Selbstbewusstsein ein bisschen offener halten. Weil man wusste, dass auch die Kollegen gut sind. Jeder trug Verantwortung für das große Ganze, jeder akzeptierte den anderen als vollwertiges Mitglied der Gruppe. Das war bei der EM noch etwas anders gewesen. Jetzt griff alles ineinander. Es passte.

Neu war, dass Philipp Lahm und ich als erfahrene Spieler in die taktische Vorbereitung der Spiele mit einbezogen wurden. Die Trainer wollten, dass wir uns Gegnerscouting und Matchplan vorher anhörten, um unser Feedback einzuholen und sicherzugehen, dass das richtig bei den Spielern ankam und verständlich war. »Wir wollen euren Input und euer Vertrauen. Picken wir die richtigen Leute heraus? Ist das wirklich das System, das wir spielen wollen? Kommt das auf dem Platz auch so rüber?« Das waren die Fragen.

Was die Jungs da vorbereiteten, das Team von Urs Siegenthaler, war schon alles sehr gut. Es ging dann mehr um eine Diskussion mit dem Trainer, um einen gesunden Meinungsaustausch in kleinem Rahmen. Zwei Spielern, die schon länger dabei waren, die sich auch untereinander immer wieder herausgefordert haben, ein Stückchen mehr Verantwortung zu übertragen – das war keine schlechte Idee.

Man will die Spieler mit dem Matchplan nicht überladen. Eine gewisse gestalterische Freiheit am Ball ist unabdingbar. Aber gegen den Ball braucht man ein paar wenige, verbindliche Parameter, genau wie für das grundsätzliche Spiel mit Ball. Wie wollen wir von hinten aufbauen? Wie wollen wir ins Mittelfeld kommen, wie ins letzte Drittel? Wie wollen wir uns hinten verhalten, wenn wir den Ball haben? Wie sichern wir ab? Wo wollen wir den Ball hinlassen, um dann zu attackieren? Da gibt es schon immer wieder Varianten. Welche Zonen wollen wir attackieren? Welche Spieler wollen wir attackieren, und wann? Stellen wir vorne ganz zu? Lassen wir die über außen aufbauen? Pressen wir erst ab dem Mittelfeld? Lassen wir die erst mal kommen? Diese Feinheiten müssen immer wieder neu abgestimmt werden.

Portugal hatten wir schon das eine oder andere Mal gesehen. Auf einen Cristiano Ronaldo kannst du dich so viel wie möglich vorbereiten, aber Weltklassespieler sind imstande, sich auf die Situation des Spiels einzustellen und sich in einem gezielten Moment ganz anders zu verhalten als in den Scoutingvideos. Aber es ist wichtig, dass man sich mit der Aufgabe befasst, dass man nachdenkt, viel mitnimmt und viel aufnimmt. Die Mannschaft zog da mit.

Hansi Flick suchte auch immer wieder Spieler separat auf und sagte: »Lass uns noch mal die Standards angucken. Guck dir noch mal das an. Wenn das passiert, kommt der Ball von dort.« Man ist nicht in Ruhe gelassen worden, im positiven Sinn. Normalerweise gingen die Spieler nach den offiziellen Besprechungen immer wieder auf ihre Zimmer. Sie waren es gewohnt, dass man ihnen vieles abnahm, auch das Denken. Vieles wurde vorexerziert. Aber im Campo Bahia wurde man konstant auf Trab gehalten. Eigenverantwortlichkeit war ein großes Schlagwort, von Anfang an. »Ihr sechs geht jetzt mal in das Haus zusammen. Auch wenn ihr euch nicht abkönnt, kommt damit klar. Ihr seid dafür verantwortlich, dass es passt.« Es wurde forciert, dass man sich selbst um Dinge kümmerte, zum Beispiel, was man beim Aufwärmen macht oder wie man Standardsituationen organisiert.

Das Thema Standards nahm einen sehr großen Stellenwert ein. Wir hatten das in der Vergangenheit ein bisschen vernachlässigt, für Jogi Löw hatten die Prioritäten lange anders gelegen. Meistens ist Standardtraining eher mühsam: Sieben Leute sind involviert, die anderen drei stehen hinten und kraulen sich die Eier. Keiner hat so wirklich Lust darauf, das richtig zu machen – weil man denkt, im Spiel ist es sowieso anders. Da deckt man mich anders, da ist der Laufweg anders, da kommt der Ball anders. Das wirklich zu trainieren, auf den Punkt, mit dem nötigen Elan und der nötigen Wucht kostet Kraft und Zeit.

In Südtirol aber war Hansi Flick mit diesem Spielchen gekommen: zwei Mannschaften, jede mit drei Ecken und drei Freistößen. Und der Ball bleibt live, das heißt es ging weiter, auf einem engen Feld mit zwei Toren, mit Kontern und Gegenkontern, mit Punkten und mit Torsystem. Man durfte nie abschalten. Das ließ über die Wochen eine echte Wettkampfstimmung aufkommen. Wir dachten uns alle möglichen Varianten aus, auch wildeste Ideen, die dann nicht geklappt haben – wie der berühmte Stolperer von Thomas Müller aus dem Algerienspiel. Er hatte sich das aus einem Elfmeterschießen zwischen den Malediven und Afghanistan abgeschaut.

Meistens trat die erste Mannschaft gegen die zweite an. Im Laufe des Turniers stimmte sich so die Stammelf immer besser ein und entwickelte Abläufe, die einem im Spiel tatsächlich zugutekamen. Nicht nur, weil sich die Choreographien als Muster eingeschliffen hatten, sondern – das war das Entscheidende – weil auch die Überzeugung da war: Wenn ich genau hier stehe und genau dort hinlaufe, kommt der Ball auch genau an.

Bei den Standards sah man schnell den Vorteil der vier Innenverteidiger. Wir hatten Präsenz im Strafraum, defensiv, aber auch offensiv, mit vielen gefährlichen Zielspielern. Das hat sich während des Turniers ausgezahlt. Fünf Tore entsprangen Ecken oder Freistößen.

Was die Verteidigung der Standards anging, wollten wir in Brasilien aus den Fehlern der Vergangenheit lernen. Grundsätzlich blieben wir beim System der Raumdeckung. Die vier besten Kopfballspieler positionieren sich dabei unabhängig vom Gegner in den gefährlichen Zonen. Manuel Neuer fühlte sich damit am wohlsten, er wollte keinen Mitspieler am Pfosten oder gar auf der Linie haben. Der Nachteil dabei ist, wie wir zum Beispiel gegen Spanien im WM-Halbfinale 2010 leidvoll erfahren mussten, dass der Gegner freien Weg zum Tor hat. Das Schlimmste für die Abwehr ist es, wenn die größten und stärksten Kopfballspieler keine Gegenwehr haben, wenn sie anlaufen und ungestört hochsteigen können. In der Raumdeckung hast du keine Chance, aus dem Stand hochzuspringen, da kommst du nicht mehr hin. Exakt so erzielte Puyol in Durban das 0:1.

Wir überlegten gemeinsam, wie wir das besser machen könnten. Die Lösung war, beides zu spielen: halb im Raum, halb gegen den Mann. Mit den vier größten im Raum, aber dazu drei Spielern, die den entscheidenden Laufweg des Gegners behinderten und ihm damit den Vorteil des freien Anlaufs raubten. Manuel Neuer kannte das so in ähnlicher Form vom FC Bayern unter Pep Guardiola. Er steuerte das mit seinen Vorstellungen ein bisschen.

Aber es mussten natürlich alle mittragen. Besonders unsere Stürmer, die jetzt bei Standards ja irgendwelche Abwehrrecken begleiten mussten. Es hätte aus unserer Sicht nichts gebracht, drei Marionetten dort hinzustellen, die den Körperkontakt scheuten. Man brauchte Spieler, die energisch gegen den Mann gingen und auch keine Angst hatten, sich dabei wehzutun. Das waren dann so Typen wie Thomas Müller. Dem ist das egal, wenn es ein bisschen scheppert, der nervt dich den ganzen Tag. Der Abwehr tut es gut zu wissen: Der beschäftigt die, der lässt die nicht einfach ziehen. In diesem gemischten System haben wir uns sehr wohlgefühlt. Nach Standards haben wir in Brasilien kein einziges Gegentor kassiert.

Gegen Portugal haben wir einen Raketenstart hingelegt. 4:0, drei Tore von Thomas Müller. Am Tag danach habe ich in einem Interview gesagt, wir müssen jetzt »das Ding nach Hause bringen«. Wahrscheinlich war ich nicht ganz bei Sinnen. Da sprach das Adrenalin aus mir. Und das Hochgefühl, nach all den Sorgen im Vorfeld. Es war viel zu früh, sich derart zu äußern. Bei Turnieren kann so viel passieren. Andererseits war das aber auch ein Zeichen unseres gewachsenen Selbstbewusstseins. Wir waren seit 2004 immer im Halbfinale oder im Finale gewesen. Da wollten wir wieder hin.

Wie weit der Weg tatsächlich war, zeigte sich beim 2:2 gegen Ghana. Es war ein ziemlich chaotisches Spiel, wogte hin und her. Es hätte auch 5:5 ausgehen können. Ghana hatte genügend Konterchancen, um uns zu besiegen. Von alldem, was wir uns für die Partie gegen Portugal ausgedacht hatten, war kaum etwas übrig geblieben. Die Stabilität fehlte komplett. Es gibt so Tage, an denen Kleinigkeiten nicht stimmen, und die potenzieren sich dann. Die Unsicherheit ist ansteckend wie ein Virus. Gleich der erste Pass, den du bekommst, geht ein bisschen in den Rücken oder zu weit nach vorne. Du kommst nicht in die Zweikämpfe. Es war mein hundertstes Länderspiel und auch mein erster Hochzeitstag, dementsprechend positiv war ich aufgeladen. Aber auf dem Platz hatte ich ein schlechtes Gefühl. Es war zudem unheimlich heiß und feucht in Fortaleza. Nicht unser Wetter.

Ghana war griffig, wie man in der Fußballersprache sagt. Körperlich sehr stark, sehr eng am Mann, sehr unbequem. Sie wollten zeigen, dass sie sich nicht zu verstecken brauchten, dass sie auch jemand sind in der Welt. Dieser Wille war unverkennbar. Es gibt immer wieder Mannschaften, die an einem Tag die große Leistung bringen können. Ghana war damals sehr nah dran. Das ist der Wettkampf. Das ist der Fußball, das macht ihn so schön. Nichts ist in Stein gemeißelt.

Wir hatten gewaltige Probleme. Wir waren nicht unfehlbar, individuell kann sowieso jeder mal einen schlechten Tag haben. Als Mannschaft musst du damit dann klarkommen und dich aus diesem Sumpf wieder rausspielen. Die wichtigste Message für uns war hinterher: Wenn es hart auf hart kommt, sind wir zu jeder Tageszeit noch in der Lage, einen Punch zu setzen. Miro Klose hat nach einer Ecke den späten 2:2-Ausgleich erzielt. Das war ein positives Signal. Die Gewissheit, so viel Qualität in der Truppe zu haben, dass man auch ein gutes Ergebnis erzielen kann, wenn man komplett schlecht spielt, immer wieder zu spät kommt und überhaupt keinen Zugriff hat.

Dennoch wurden die Erwartungen danach erst mal zurückgeschraubt. Wir sind von ganz oben wieder heruntergepurzelt, fast bis nach ganz unten. Es war ein Wellental bei dieser WM. Man sehnt sich nach ruhigem Fahrwasser und blauem Himmel, aber manchmal ist es eben ein bisschen welliger, und es blitzt und donnert. Das war oft so und ist auch oft gut so. Denn diese Widrigkeiten schärfen die Sinne und die Abwehrkräfte. Die Konzentration war sehr hoch vor dem dritten Spiel. Wir brauchten mindestens ein Unentschieden gegen die USA.

Es war ein emotionales Wiedersehen mit Jürgen Klinsmann in Recife. Er war die Inspiration dieser Mannschaft, der Initialzünder. Er hatte es zur Normalität gemacht, jungen Fußballern schon sehr früh eine Chance zu geben. Von den von ihm forcierten Veränderungen profitierten wir noch zehn Jahre später. Doch als Trainer der Amerikaner war er nun unser Gegner.

Wir durften wegen des sintflutartigen Regens nicht am Vorabend im Stadion trainieren, warm machen konnte man sich auch nur an der Außenlinie. Der Platz erwies sich jedoch als in einem brauchbaren Zustand. Bei uns war auch die Sicherheit zurück. Mit Philipp, Toni Kroos und Bastian Schweinsteiger anstelle von Sami Khedira im Mittelfeld waren wir sehr ruhig am Ball. Wir spielten das souverän runter. Und Müllers Tor fiel nach einer Ecke, nachdem der US-Keeper einen Kopfball von mir nur abklatschen lassen konnte.

Hinterher wurde von den Bayernspielern ein bisschen Politik gemacht. Alle lobten Schweini, der bei seinem ersten Spiel in der Startelf tatsächlich sehr gut gespielt hatte. Sami war danach leicht angefressen. Er hatte sich nach seinem Kreuzbandriss zurückgekämpft und war auf den letzten Drücker fit geworden, doch nicht er, sondern Lahm, der gelernte rechte Verteidiger, spielte in der Zentrale. Sami ist ein unglaublicher Typ, sehr wichtig für die Mannschaft wegen seiner klaren Meinung, aber manchmal ist er auch ein bisschen negativ. Das motiviert ihn einfach. Es gibt Typen, die fühlen sich ungerecht behandelt und schöpfen daraus unheimlich viel Energie. Das blieb aber immer in einem völlig normalen Rahmen. Der Konkurrenzkampf war jetzt da. Jeder hatte seinen eigenen Standpunkt und das Selbstvertrauen, sich vorne zu sehen. Kein Problem. Für die Mannschaft war es in erster Linie wichtig, dass vor den K.-o.-Spielen alle Leistungsträger wieder fit waren und auch spielen wollten. Alle waren da. Alle standen zur Disposition, und der Trainer konnte sich aussuchen: Wer hat welche Stärken? Wer ist heute für die Mannschaft wichtiger?

Jogi Löw war die Vereinspolitik und das, was in der Presse stand, völlig egal. Er schwebte über den Dingen. In der Abgeschiedenheit des Campo nutzte er die Freiheit, sich wirklich Gedanken zu machen und Entscheidungen zu treffen, die komplett im Sinne der Mannschaft waren und keine Rücksicht auf individuelle Befindlichkeiten nahmen. Er kapselte sich komplett ab, war völlig unabhängig.

Und dann kam Algerien. Das war vom Spielverlauf her ein zweites Ghana, aber noch viel dramatischer. Wir rauschten in Porto Alegre haarscharf an einer nationalen sportlichen Katastrophe vorbei. Aus im Achtelfinale. Aus gegen Algerien. Das wäre die schlechteste Weltmeisterschaft einer deutschen Mannschaft aller Zeiten gewesen.

So weit dachte man während des Spiels zum Glück noch nicht. Das war nicht in den Hinterköpfen, sonst hätte uns wahrscheinlich die Angst vollends gelähmt. Aber es fühlte sich ähnlich wie gegen Ghana an, nämlich alles andere als gut. Wir waren im Ballbesitz extrem fahrig, spielten lax und unseriös. Jeder kämpfte mit sich selbst. Wir kamen nicht effektiv in das letzte Drittel, hatten Dauerprobleme, überhaupt in die gefährliche Zone vorzustoßen. Die Algerier waren läuferisch so stark, dass sie vorne immer wieder die Schnittstellen zustellten. Wir spielten zu langsam, um Überzahl in den richtigen Bereichen zu erzeugen.

Der Gegner war überraschend gut. Das ist immer die größte Gefahr bei solchen Mannschaften: Da sind Spieler dabei, die man nicht kennt. Man weiß nicht ganz genau, was los ist, kann die Leute nicht einschätzen. Auf einmal merkst du: Die sind brutal schnell und zielstrebig. Sie lassen den Ball abklatschen und starten sofort in die Tiefe, hinter die Abwehr, wo enorm viel Platz ist, weil wir das Spiel machen wollen und deswegen sehr hoch stehen. Sie hatten einen klaren Plan, und wir schafften es nicht, den Ball zu schützen und Konter zu unterbinden. Wir konnten mit der Situation nicht umgehen. Wir schauten zu und bekamen keinen Zugriff. Die Algerier waren praktisch mit jedem Angriff gefährlich vor unserem Tor. Das war äußerst unangenehm.

Wir konnten von Glück reden, einen Torwart zu haben, der mitspielt. Manuel Neuer war dafür bekannt, dass er das Spiel lesen konnte und gefährliche Situationen antizipierte, doch so oft wie gegen Algerien wurde er noch nie als Ausputzer weit vor dem Strafraum gebraucht. Er war Weltklasse. Ohne Manuel Neuer hätten wir allergrößte Probleme gehabt, gegen Algerien weiterzukommen. Das muss man klar sagen. Das 0:0 zur Halbzeit fühlte sich fast wie ein Erfolg an.

Algerien war wie ein schwarzes Loch, in das wir fielen und in dem wir erst einmal verschwanden. Es dauerte bis weit in die zweite Hälfte, bis wir es schafften, dort wieder herauszukriechen. Beim Gegner ließ die Kraft ein wenig nach, und wir besannen uns auf unsere Stärken. Nach Hunderten von Spielen weißt du, wie schnell sich ein Spiel drehen kann und dass du jede Situation wieder neu spielen musst. Das ist als Fußballer in dir drin. So schlecht die letzte Aktion war, so gut kann die nächste sein. Sich von Fehlern nicht aus dem Konzept bringen zu lassen: Das ist der Kampf, den du mit dir selbst führen und gewinnen musst.

Es gibt Spieler, die mit solchen Situationen absolut nicht

klarkommen und dann nur noch nach hinten spielen. Jeder reagiert anders. Der Impuls, kein Risiko mehr einzugehen, sich auf die Basics zu reduzieren, ist aber erst mal gut. Was hat in diesem Moment die Priorität? Ein Diagonalball über fünfzig Meter und der Traumpass in den Lauf meines Mitspielers? Oder ist es jetzt wichtiger, dass wir Ballbesitz haben und wieder Sicherheit in unser Spiel bekommen? Diese Gedanken laufen ständig mit. Auch wenn es achtzig Minuten lang nicht nach einem Sieg aussieht. Es geht weiter. So zu denken, hilft. Es ist ein Charaktertest. Als Fußballer musst du über diese Schwelle treten. Je öfter du da rüberkommst und dem eigenen Schweinehund in den Hintern trittst, desto zuversichtlicher kannst du sein, dass es dir beim nächsten Mal wieder gelingt.

Wir fanden dank unserer Reife, unserer Klasse und auch unserer Physis wieder zurück zu uns selbst. In der Verlängerung schlugen wir eiskalt zu, obwohl es ein bisschen dauerte, bis die Tore von André Schürrle und Mesut Özil fielen. Es war so ein bisschen diese Bayernmentalität. Wir wussten: Egal, was passiert, wir setzen noch einen drauf. Wir gewinnen das Ding! Am Ende bist du dann unheimlich stolz, weitergekommen zu sein und für Deutschland alles gegeben zu haben. Das ist der einzige klare Gedanke, den du nach hundertzwanzig Minuten fassen kannst. Du bist am Limit, körperlich und geistig, klatscht alle ab, bedankst dich bei den Fans, schleppst dich in den Spielertunnel.

Eigentlich hatte das ZDF andere Spieler zum Live-Interview angefragt. Doch die konnten dann nicht. Auf einmal steht Uli Voigt aus der DFB-Presseabteilung vor mir und sagt: »Hier.« Ich, total verschwitzt und fertig: »Ja, ok.« Lichter an. Los geht's.

Die erste Frage ist meistens sehr weich; dazu geeignet, den Spieler erst mal reden zu lassen. So läuft das normalerweise. Aber Boris Büchler wollte gleich auf den Punkt kommen: Dass man so nicht weiterspielen kann.

»Was hat das deutsche Spiel so schwerfällig und anfällig gemacht?«

»Ist mir völlig wurscht.«

Ich weiß nicht, was mich da geritten hat. Ich wollte alles, was irgendwie negativ war, total abblocken, nichts an mich heranlassen. Schon gar nicht irgendwelche Schwächen zugeben. Wenn sie erst mal ausgesprochen sind, stehen sie im Raum, werden von anderen registriert und können so immer größer werden, sie können wuchern. Das wollte ich im Keim ersticken.

»Aber das kann nicht das Niveau sein, dass Sie sich vorher ausgerechnet haben. Dass man sich im Viertelfinale steigern muss, dürfte auch Ihnen klar sein.«

»Was wollen Sie jetzt von mir, was wollen Sie von mir so kurz nach dem Spiel? Kann ich nicht verstehen.«

Ich wollte mir den schönen Moment nicht stehlen lassen. In Worte konnte ich das aber nicht fassen. Sonst schmücke ich ja aus und fasse das alles so schön zusammen. Satz überlegen, Satz überlegen, Satz überlegen. Doch die Ablehnung gegen jegliche Kritik entlud sich unkontrolliert. Die Emotionen hatten freien Lauf.

»Ich gratuliere Ihnen erst mal und frage, warum es heute in der Defensive und beim Umschaltspiel nicht so geklappt hat, wie man sich das vorgestellt hat.«

»Glauben Sie, hier ist unter den letzten sechzehn irgendwie 'ne Karnevalstruppe, oder was? Die haben das hier uns richtig schwer gemacht über hundertzwanzig Minuten, und wir haben gekämpft bis zum Ende – und haben dann überzeugt. Besonders dann in der Verlängerung. Das war ein Auf und Ab, wir waren mutig, haben viel zugelassen, aber trotzdem muss man lange die Null halten, das haben wir geschafft. Und darüber hinaus haben wir zum Ende hin auch verdient gewonnen. Alles andere … Ich lege mich jetzt erst mal drei Tage in die Eistonne, und dann sehen wir weiter.«

Karnevalstruppe, wurscht … Solche Worte wähle ich sonst eigentlich nie. Ich war überhitzt, die Synapsen funktionierten nicht mehr. Das hatte ich irgendwann selbst gemerkt, deswegen kam gedanklich die Eistonne ins Spiel. Ich musste mich abkühlen, kühlen Kopf bewahren. Wir waren richtig heiß gelaufen.

Im Flieger kam dann direkt das Feedback von der Mannschaft. Mats Hummels sagte zu mir: »Oh, das wird eines dieser legendären Interviews nach dem Spiel.« Es wurde viel gelacht. Aber ich denke, dass viele in der Mannschaft auch gut fanden, dass wir uns gegen die Kritik gewehrt hatten. Dass man auch mal Kontra gibt, wenn andere denken, man habe eigentlich alles falsch gemacht. Da prallen Welten aufeinander. Ich finde, man kann das ruhig offen austragen.

Den Rest hatten wir relativ schnell begraben. Ich habe das Spiel nie wieder angeschaut. Es gab bestimmt eine Nachbetrachtung, aber davon ist mir nichts in Erinnerung geblieben. Alles gelöscht.

Die Freude über das Weiterkommen schmälerte den Ärger über die spielerischen Defizite. Man bricht das für sich im Umgang mit so einem Beinahe-Aus in die kleinsten Stücke runter. Um was geht es hier eigentlich? Wir sind eine Runde weitergekommen. Wir haben einen Weltklassetorwart. Wir haben die Kurve gekriegt. Den nächsten Gegner kennen wir besser, wir werden uns besser auf ihn einstellen, besser spielen. So können wir jetzt nicht mehr auftreten; ein Spiel noch mal so wild ablaufen zu lassen wird nicht funktionieren. Wir müssen es besser machen. Wir wachsen, wir lernen.

Ich glaube, dass du im Laufe eines Turniers irgendwann

ganz böse erwischt wirst, wenn alles nur geradeaus und wunderbar läuft. Wir haben in Brasilien nie nachgelassen. Wir konnten nie nachlassen. Weil ständig die Giftpfeile kamen.

Ghana und Algerien waren die Schlüsselspiele des Turniers. Wir waren beide Male an einem toten Punkt angekommen, dort, wo eigentlich Schluss ist. Nach den vorherigen Turnieren hatten wir so ein bisschen den Ruf einer fragilen Schönspielertruppe weggehabt; einer Mannschaft, die schnell mal auseinanderbricht, wenn es nicht nach ihrem Gusto läuft. Diesen Koffer schleppten wir mit uns herum. Aber in Brasilien konnten wir ihn loswerden. Wir hatten uns selbst bewiesen, dass wir unser Spiel auch an weniger guten Tagen durchdrücken konnten.

Spanien und Italien, die Angstgegner aus den vier vorherigen Turnieren, waren derweil schon ausgeschieden. Das war für uns psychologisch sehr wichtig. Wir fühlten: Wir sind die Mannschaft des Turniers, wir haben eine echte Chance. Das sollte so sein. Irgendeine Kraft war da am Werk.

Bei Turnieren wird jedes Spiel als Reaktion auf das Spiel zuvor gespielt. Algerien ließ bei Löw die Überzeugung wachsen, dass es eines neuen Impulses bedurfte. Nach der Verletzung von Shkodran Mustafi hatte er in Porto Alegre zwanzig Minuten vor Ende der regulären Zeit Sami Khedira eingewechselt und Lahm auf seine angestammte Position rechts außen in der Viererkette verschoben. Dort sollte er nach dem Willen des Bundestrainers auch im Viertelfinale gegen Frankreich in Rio de Janeiro spielen. Mats Hummels, der in Porto Alegre krank gefehlt hatte, war wieder in der Startelf. Jérôme Boateng blieb als Innenverteidiger im Team. Somit war ich draußen.

Löw bat mich am Abend vor dem Spiel im Mannschaftshotel in sein Zimmer und teilte mir das mit. Da die Aufstellung erst am nächsten Tag bekannt gemacht wurde, konnte ich mit niemandem darüber reden. Ich konnte die ganze Nacht nicht schlafen. Das war mir noch nie passiert. Es gibt viele, die, wenn sie im Hotel übernachten, ein eigenes Kissen brauchen oder eine bestimmte Matratze, hart oder weich. Manche sind so aufgeregt, dass sie Schlaftabletten schlucken. Ich war immer in der Lage gewesen, vor dem Wettkampf wirklich abzuschalten und zu regenerieren, egal, in welchem Bett, egal, auf welchem Kopfkissen. Umso schlimmer war es, jetzt kein Auge zuzukriegen. Ich konnte wirklich keine Sekunde schlafen.

Wieso ich? Wie sehen das andere? Wenn du jetzt raus bist, denken die, du bist zu schlecht? Wieso kannst du diese Situation nicht meistern? Du hast keine Antworten. Du hast nur Fragen, die sich ständig wiederholen. Es war, als ob ich auf einem Karussell saß und nicht aussteigen konnte. Ein Fiebertraum, bei vollem Bewusstsein.

Am nächsten Morgen war ich komplett durch den Wind. Völlig down und entkräftet beim Frühstück. Jetzt machst du kein Spiel mehr. Du spielst keine Sekunde mehr. Das war's mit dem Turnier. Dieser Gedanke hat mich zusätzlich zermürbt.

Das Spiel war um 13 Uhr, zur heißesten Zeit am heißesten Tag des Turniers in Rio. Knapp dreißig Grad. Ich war körperlich derart neben der Spur, dass ich nicht weiß, ob ich überhaupt hätte spielen können, wenn sich jemand verletzt hätte. Ich war praktisch nutzlos. Mich hat das so umgehauen, dass ich nach dem Spiel erst mal eine Weile flachlag.

Man hat mir aber, denke ich, nichts angemerkt. Ich wollte mit dem bisschen Energie, das ich noch aufbrachte, die Mannschaft bestmöglich unterstützen, zum Beispiel als Wasserträger am Seitenrand. Meine persönliche Situation sollte keinen Effekt auf andere haben. Das war mir wichtig. Ich weiß, wie das ist, wenn einzelne Personen, die denken, sie müssten spielen, sauer sind und das andere spüren lassen. Das ist das Allerletzte. Man sieht das sofort. Ob einer dir Glück wünscht vor dem Spiel zum Beispiel und ob das wirklich ernst gemeint ist. Ich wollte auf gar keinen Fall, dass mein Frust auf andere abfärbt. Manchmal musst du auch zurückstecken, dich für die freuen, die spielen, und ihnen ein gutes Gefühl mitgeben. Du gewinnst die WM nicht nur auf dem Spielfeld, sondern auch auf der Ersatzbank. Es ging um den Titel. Es ging um Deutschland. Das war viel wichtiger als die Entscheidung von Jogi, die wahrscheinlich sowieso wieder weise war … Irgendwann sieht man ein: Er hat alles richtig gemacht.

Beide Mannschaften waren in dieser »Grillbude« (Thomas Müller) schnell so platt, dass sich eigentlich nur die Frage stellte, wer das erste Tor machen würde. Das Glück war auf unserer Seite. Mats Hummels traf per Kopf nach einer Ecke, und Manuel Neuer erwischte wieder einen Supertag. Es gibt Spieler, die machen den Extraunterschied, in seinem Fall den Unterschied zwischen Turnierende und Weltmeister. Wir hatten diese Wahnsinnstemperaturen auf dem Rasen wahrscheinlich nur gegen einen europäischen Gegner überleben können. Die letzten zehn, fünfzehn Minuten waren alle stehend k. o.

Nach dem Spiel habe ich mit meinem Arsenal-Kollegen Laurent Koscielny das Trikot getauscht. Obwohl er damals schon der beste Innenverteidiger Frankreichs war, hatte er wenig gespielt und war gegen uns erst spät eingewechselt worden. Er hätte es eigentlich verdient gehabt zu spielen, noch mehr als ich. Da denkt man sich: Du bist nicht allein. Wir lagen uns gegenseitig in den Armen. Obwohl wir gegeneinander gespielt hatten, wussten wir, wir gehören zusammen. Man teilt das Leid. Das war das Schönste an dieser Szene.

Wir standen im Halbfinale. Zum dritten Mal in Folge. Wir waren stolz auf diese Konstanz. Andere Nationen hätten sich mit Sicherheit die Finger danach geleckt. Doch was war das wirklich wert, ohne den Titel am Ende? Für uns hatte es mehrere Male nicht ganz gereicht, um ganz nach oben zu kommen. Nach all den Bergtouren, die man bewerkstelligt hatte, musste man leider immer wieder kurz vor dem Gipfel sagen: Wir drehen um. Man hatte das Gefühl, dass sich da vielleicht über die Jahre unbewusst eine gefährliche Zufriedenheit entwickelt hatte. Man scheidet im Halbfinale aus, wird noch Dritter und fährt einigermaßen versöhnt wieder nach Hause. Das hatten wir zweimal so erlebt und wollten es ein drittes Mal unbedingt vermeiden. Es herrschte große Entschlossenheit, sich in Brasilien nur mit dem maximalen Erfolg zufriedenzugeben.

Wir waren in einer ähnlichen Lage wie die Italiener vor dem Halbfinale in Dortmund. Es war nicht nur ein Spiel gegen elf Brasilianer, sondern gegen ein ganzes Land, gegen das Drehbuch dieser WM. Uns war bewusst, dass wir in Belo Horizonte über unserem Level spielen mussten, um weiterzukommen. Jogi Löw hatte vor der WM von »Urkräften« gesprochen, die es zu bezwingen galt. Man durfte sich von dieser einzigartigen Atmosphäre mit zweihundert Millionen aufgekratzten Menschen nicht aus dem Konzept bringen lassen. Falls wir das schaffen, falls wir den Gastgeber ausschalten, dann gewinnen wir das Turnier, dann haben wir es uns verdient, dann haben wir das Recht, den Pokal mitzunehmen. Das war unser Denken. Ohne zu wissen, dass das nächste Spiel sehr viel schwieriger werden würde.

Anders als gegen Spanien bei der WM in Südafrika wollten wir gleich vorne angreifen, mit Tempo, und so lange

Bälle provozieren, die es der Abwehr einfach machten, zu verteidigen. Immer wieder gezielt anlaufen. Das war Jogis Credo. Uns fiel es als Mannschaft leichter, früh und hoch zu attackieren, als an der Mittellinie zu stehen. Wenn du dem Gegner die ersten fünfzig Meter kampflos überlässt, ist es manchmal schwer, rechtzeitig die nötige Aggressivität zu entwickeln. Bei Mesut war es so, dass er das Gefühl hatte: »Wenn ich mich jetzt zurückziehe, dann weiß ich nicht mehr genau, wie ich zum Gegner hinkomme.« Ihm war es lieber, den Gegner mit Tempo anzulaufen und damit das Kommando an die Mitspieler zu geben: Auf zur Jagd!

Im Vergleich zu 2010 war die Qualität der einzelnen Spieler sowie die Gesamtqualität des Kaders deutlich gestiegen. Das wirkte sich direkt auf die Spielweise und auf unser Selbstverständnis aus. Wir waren nicht mehr die Mannschaft, die auf eine Situation wartete und drei-, viermal im Spiel konterte. Wir waren zu ballbesitzgierig, zu hungrig, um abwartend zu agieren. Mit Mesut links außen hatten wir insgesamt vier klassische Mittelfeldspieler auf dem Platz, die sich am Ball entfalten konnten. Wir hatten die Spieler, um den Ball und das Mittelfeld gegen jeden Gegner zu dominieren. Das sollte insbesondere gegen Brasilien zum Tragen kommen.

Wir waren mental auf eine ganz harte Partie eingestellt. Jogi war auch unheimlich aggressiv in der Besprechung. Luiz Felipe Scolari, Brasiliens Trainer, hatte angekündigt, uns wegzuputzen. Jogi druckte den Artikel mit Scolaris Sprüchen aus und hängte ihn im Besprechungszimmer auf. »Das ist nur ein Pfeifen aus dem Walde«, sagte er. »Männers, die haben Angst vor uns. Die tun nur so selbstbewusst. Die wissen, dass wir sie schlagen können, in ihrem eigenen Land.« Er schrie richtig. »Männers, das ist nur ein Pfeifen aus dem Walde!« Er sollte recht behalten.

Die Brasilianer brachen unter dem Druck nervlich zusammen. In der Abwehr war Thiago Silva gesperrt, und sie hatten ihren Superstar Neymar verletzt verloren. Vor Anpfiff zelebrierten sie das mit viel Pathos und Tränen und einer Videobotschaft für ihn – und überdrehten dabei komplett. Wir lieferten einfach auf dem Platz unsere Leistung, seelenruhig. Standardtor: Müller, 1:0. Umschaltbewegung, einstudierte Laufwege: Zack, bum, 2:0, 3:0, 4:0, 5:0. Wie das Mittelfeld die Tore vorbereitete, das war wie von einem anderen Stern. Sami lief wie ein Irrer.

Auf der Bank kamen wir uns vor wie die Orgelpfeifen. Rauf, runter, rauf, runter. Wir standen gefühlt selbst auf dem Platz. Es war die Aufgabe der Bank, dem Team von außen Energie zu geben. Nach einer Weile guckten wir uns an. »Das kann nicht wahr sein. Wir sind im falschen Film. Das gibt es nicht.« Halbzeit. 5:0! Dieser Schockmoment im Stadion. Grenzenlose Enttäuschung, die sich in Hohn und Spott verwandelte. Das mitzuerleben, war brutal. Vergleichbares wird es bei einer Weltmeisterschaft nie mehr geben.

Mats war angeschlagen. Jogi drehte sich zu mir: »Du musst jetzt spielen.« Ich hatte gedanklich schon mit dem Turnier abgeschlossen. Als Innenverteidiger spielst du nicht, wenn du nicht in der ersten Elf stehst. Normalerweise werden drei Offensivspieler eingewechselt. Ich dachte, ich mache kein Spiel mehr. Es fühlte sich traumhaft an, dann noch mal eine Chance zu bekommen. Ich merkte auch bei Jogi, dass er froh war, mich noch einmal belohnen zu können, für mein Verhalten auf der Bank und im Training. »Du kommst jetzt rein und machst das wie immer.« Das zu hören war ein wunderbarer Moment. Sein Vertrauen in mich war nicht erloschen.

Jogi schwor uns in der Pause darauf ein, die Konzentration hochzuhalten. Wir hatten ja selbst erlebt, was alles passieren kann. Ein paar Monate zuvor hatten wir in der WM-Qualifikation gegen Schweden 4:0 geführt und am Ende nur 4:4 gespielt. Das war damals die größte Erkenntnis für uns: Das Momentum kann so schnell wechseln. Ein einziges Tor, und die Stimmung kann sich drehen. Nach Schweden hatte es viel Kritik gehagelt. Aber auch dieses Spiel war lehrreich gewesen. Es gehört zur Geschichte dieser Mannschaft.

Zum Glück hatten wir in Belo Horizonte einen Manuel Neuer, der quasi unüberwindbar war. Er hielt drei, vier klasse Dinger, als die Brasilianer sich einigermaßen gefangen hatten und zu Chancen kamen. Du brauchst so einen Torwart hinter dir, der dir das Gefühl gibt: Es kann einer alleine auf das Tor zulaufen, aber es passiert nichts. Auf diesem Niveau ist es unmöglich, den Gegner komplett im Zaum zu halten. Die Frage ist immer, ob du aus diesen Chancen, die du zulässt, heil wieder rauskommst. Manuel Neuer hat das für uns geregelt. Er war total frustriert, richtig verärgert, in der letzten Minute das 1:7 zu kassieren. Jérôme auch. Das war bezeichnend für unsere Mentalität.

7:1 gegen Brasilien. Ein historischer Sieg. Es fühlte sich eine Weile so an, als wären wir schon Weltmeister. Zum Glück hatten wir nicht allzu lange Zeit, um darüber nachzudenken. Wir kamen schnell wieder runter von dieser Wolke. Nein, nein, das bedeutet nichts – wenn wir das jetzt nicht auch abschließen. Wenn wir den Pokal nicht gewinnen, dann machen wir uns komplett zum Horst. Wäre ja auch so gewesen. Nach einem 7:1 gegen den Gastgeber die WM nicht zu gewinnen … dann Gnade uns Gott. Ich will mir gar nicht ausmalen, was passiert wäre, wenn wir das Ding nicht über die Ziellinie bekommen hätten.

Die schweren Gedanken, dass dies meine letzte WM war und dass dies die letzte Chance unserer Generation war, zu zeigen, dass sie eine goldene war, konnte ich ganz gut ausblenden. Zu viel Grübelei über solche Dinge, über die Folgen eines Scheiterns und so weiter, und wir hätten es nicht geschafft. Es ist in Ordnung, die Anspannung zu fühlen. Man hat Respekt vor der Situation, es ist auch nicht schlimm, ein bisschen Angst zuzulassen. Aber man muss wissen, wie man damit umgeht. Das war unheimlich wichtig. Wir waren vor dem Finale derart von uns überzeugt. Wir glaubten, egal, wie sich das Spiel entwickelt, wir gehen unseren Weg.

Nach dem Halbfinale kamen keine Giftpfeile mehr, es kamen Liebespfeile, aus allen Richtungen. Im Fernsehen – wir hatten im Campo nur ARD und ZDF – liefen Bilder von der Stimmung in Deutschland. Wir haben das nie als selbstverständlich aufgefasst, sondern uns jedes Mal aufs Neue verdeutlicht, was das eigentlich heißt. »Ganz Deutschland steht hinter euch«, jetzt auch hier in Brasilien. Man bekam sofort eine Gänsehaut, wenn man den Jubel nach den Toren sah. Diese Energie spürt man, auch aus Tausenden von Kilometern Entfernung.

Es ist interessanterweise manchmal schwieriger, mit Lob und Zuneigung klarzukommen, als mit Kritik. Wenn dann auf einmal alle Welt davon spricht: »Ihr seid die Besten! Ihr gewinnt das locker!« Das kann einem im Ohr summen, wurde aber schnell von einer anderen Melodie übertönt. Noch ein Spiel. Das letzte Spiel. Noch einmal über neunzig oder hundertzwanzig Minuten gehen. Egal, wer ausfällt, egal, wer im Spiel auch runtergehen muss, wir kommen damit klar, weil dann eben der Nächste reinkommt. Und die, die auf dem Platz spielen, werden ihr bestes WM-Spiel machen.

Oliver Bierhoff zog noch eine weitere Karte. Er sagte: »Männers, wir sind so lange zusammen. Es steht irgendwo geschrieben, dass wir das Ding gewinnen. Wir schaffen es.

Wir werden es gemeinsam schaffen, wenn wir gemeinsam den Erfolg wollen.«

Als wir das Campo verließen, kam Wehmut auf. Ich stand wieder neben Benny Höwedes auf der Fähre. Wir hielten beide inne, denn wir wussten: Hier kommen wir nie wieder hin. Diese brutal schöne Zeit kommt nicht mehr zurück. Den Zusammenhalt, den uns dieses Camp gegeben hatte, verloren wir in den zwei Tagen vor dem Finale im Hotel in Rio de Janeiro nicht mehr. Wir hielten diese Bunkermentalität aufrecht.

Die allgemeine Stimmung in Brasilien war zu unseren Gunsten umgeschlagen. Die Leute waren erst sauer auf uns gewesen, aber dann kam schnell die Furcht vor der noch größeren Katastrophe auf: Erzfeind Argentinien gewinnt die WM im Maracanã. Alles, nur das nicht. Es war aus brasilianischer Sicht schon besser, dass wir gewinnen. Diesen Rückenwind konnten wir mit ins Spiel nehmen.

Gut war auch, dass wir das Stadion schon von unserem Sieg gegen Frankreich kannten. Uns Fußballer sind solche Kleinigkeiten wichtig. Was ziehe ich zuerst an? Was hat funktioniert, was mache ich beim nächsten Mal wieder genauso? Wer sitzt neben mir und gibt mir ein gutes Gefühl? Die Vertrautheit mit gewissen Abläufen lässt dich ruhiger atmen. Man kann es Aberglauben nennen, oder auch Routine. Man hält sich an Dingen, Menschen und Methoden fest, die man kennt. Bei mir waren es mal die Socken, erst links, dann rechts. Wichtig für mich war auch, dass ich vorher alle Utensilien zurechtlegte. Das Tape für die Schienbeinschützer zum Beispiel. Ich wollte nicht nach dem Aufwärmen durch die Kabine sprinten, um mir noch irgendwo etwas zu holen. Da war ich sehr pingelig.

Ich hatte auch einen klaren Ablauf, mit welchen Dehnübungen ich mich im Hotel auf das Spiel vorbereite. Nach der Besprechung, wenn man noch einmal auf das Zimmer geht und dort die letzte Stunde vor der Abfahrt verbringt, ging meine Vorbereitung los. Das war ein festes Programm, um den Körper einzustimmen. Dazu habe ich Musik gehört. In Brasilien saß ich in der Kabine immer neben Philipp Lahm und sah vor Anpfiff, wie ruhig er dasaß. Da wusste ich: Kein Problem. Er spielt heute seinen Stiefel runter.

Mats gegen Brasilien auszuwechseln war eine Vorsichtsmaßnahme gewesen. Für das Finale stand er wieder bereit. Aber, habe ich gedacht, wer weiß, was noch passiert. Vielleicht führen wir kurz vor Schluss 1:0, und wir brauchen noch mal einen, der den Ball rausköpfen kann. So hatte ich es mir ausgemalt. Und manchmal kommt es so.

Vom Spielverlauf her war das Halbfinale gegen Brasilien natürlich nicht zu toppen. Es war fast schon zu einfach gewesen. Ich hatte die Befürchtung, dass es gegen Argentinien sehr viel kniffliger werden würde. Und es fing auch gleich schlecht an. Sami Khedira musste sich kurz vor Anpfiff verletzt abmelden. Sein Ersatzmann, Christoph Kramer, der in seinem Leben noch kein Länderspiel von Anfang an bestritten hatte, kam rein und lag nach einer guten Viertelstunde bewusstlos auf dem Platz. Ezequiel Garay hatte ihn ausgeknockt. Christoph wusste nicht mehr, wo er war. Für ihn kam André Schürrle ins Spiel, und Mesut rückte in die Mitte, auf die Zehn. Zwei Umstellungen in den ersten dreißig Minuten, die das Gefüge in der Zentrale komplett veränderten, und das in einem WM-Finale. Andere Mannschaften wären da recht böse ins Schlittern gekommen. Dieses Team steckte es weg.

Die Argentinier hatten aber die besseren Chancen. Wenn man ehrlich ist, hatten sie sogar richtig gute Chancen. Gonzalo Higuaín läuft alleine auf Manuel Neuer zu und schießt – daneben. Khedira und ich schauten uns auf der Bank an. Wir hatten den gleichen Gedanken: Die machen heute kein Tor gegen uns. Die schaffen das nicht. So um die Halbzeit herum glaubten wir es dann alle. Die können noch fünf Stunden spielen, die kriegen den Ball nicht rein. Das ist heute unser Tag. Egal, was passiert.

Die Umstände waren gegen uns. Aber wir waren so geschlossen, dass das rein Fußballerische in den Hintergrund geriet. Es hieß ja jahrelang: Die sind fußballerisch überragend, sie können jeden ausspielen. Aber der wahre Charakter zeigt sich erst, wenn man seine technische Brillanz mal nicht umsetzen kann. Ich habe gelernt, dass das Wesen einer Mannschaft, das unsichtbare Band, das sie zusammenhält, wichtiger ist als der sauberste Flachpass, als die schnittigste Kombination, als die schönsten Traumtore. Unsere ureigenen Qualitäten konnten wir im Finale aus verschiedenen Gründen nur zum Bruchteil abrufen. Aber wir wussten, dass wir eine richtig gute Mannschaft waren, eine Bande von Jungs, in der jeder mit vollem Herzen dabei war. Das in dieser Deutlichkeit zu spüren war wirklich einzigartig. Es waren die acht Wochen unseres Lebens.

In der zweiten Hälfte der Verlängerung war klar: Ich spiele heute nicht mehr. Kevin Großkreutz stand da bereits fertig zur Einwechslung an der Seitenlinie, er sollte unser dritter Wechsel in der Partie werden. Doch dann macht Mario das Tor. Das schönste Tor der Welt. Kevin wird zurück auf die Wechselbank beordert. »Setz dich wieder hin«, sagt Jogi zu ihm.

Ich muss jetzt rein. Es geht nicht mehr lange. Wir brauchen einen, der hinten nur hochsteigt und die Bälle rausköpfen kann. Wir brauchen: mich.

Zum Glück schätzte Jogi das nach hundertneunzehn Minuten ähnlich ein. »Zieh dein Trikot an.« Die Jungs draußen drehten durch. »Du machst das!«, brüllten sie mich an. Die Energie auf der Bank war übernatürlich. Ich gebe zu, mein Puls war ein bisschen höher als üblich. Die Chance, nach dieser Weltmeisterschaft noch mal ein WM-Finale zu spielen, ging gegen null. Umso schöner war es, noch drei, vier Minuten zu spielen. Eine Sekunde nach meiner Einwechslung klärte ich einen langen Abschlag des Torhüters. Die deutsche Seite des Stadions schrie auf. Ich hatte noch nie so viel Applaus für einen Kopfball bekommen. Es blieb meine einzige Ballberührung.

In der Nachspielzeit der Nachspielzeit, wir waren schon drei Minuten drüber, bekommt Argentinien einen Freistoß. Totenstille im Stadion. Messi legt sich den Ball hin und nimmt sich viel Zeit. Ich dachte: Schieß ihn einfach drüber. Nicht flanken, Messi. Direkt aufs Tor und drüber. Das ist das Beste, was du jetzt tun kannst. Er schoss ihn direkt über das Tor.

So, jetzt fertig machen zum … ja, zum was? Man wusste nicht, was man mit dem Moment anfangen sollte, wenn der Schiedsrichter jetzt wirklich abpfeift. Was macht man als Weltmeister? Ich lag irgendwo mittendrin, in diesem Riesenhaufen, in die Mitspieler verkeilt. Irgendwer hat mir den Ellbogen in den Hals gedrückt. Ich konnte kaum atmen. Das war nicht so schön.

Hinterher hatte ich Nackenschmerzen, weil ich so kräftig umarmt worden bin, von jedem einzelnen Menschen. Ich weiß noch, dass ich Philipp Lahm hochgehoben habe. Wir haben uns gegenseitig Respekt gezollt, was für geile Typen wir sind. Das waren wunderschöne Augenblicke. Nur die Nackenprobleme, die haben gestört.

Ich musste mich behandeln lassen, so sehr hat das wehgetan. Ich sagte: »Klaus, ich kann nicht mehr. Ich habe Nackenschmerzen ohne Ende.« Da musste sich alles verrenkt haben. »Klaus, es geht nicht mehr, ich muss rein. Ich spüre meinen Nacken nicht mehr. Es ist vorbei.«

Am meisten drückte ich Mario Götze. Um ihm zu zeigen, dass sich all die Arbeit, die er sich selbst neben den normalen Einheiten aufgeladen hatte, ausgezahlt hatte. Das war mir ein Bedürfnis. Wir hatten zusammen viele Stunden Yoga gemacht. Wir hatten oft in der Sauna gesessen. Wenn wir es nötig hatten, auch in Brasilien. Extrapflege, Extraphysio, Extraeinheiten. Mario hat in Brasilien mit Lars Lienhard auch viel Neuro-Athletiktraining gemacht, wir sind uns dort ständig über den Weg gelaufen. Dieses ganze Brimborium, das wir veranstaltet haben, kam im Maracanã zum Tragen; jahrelanges Schuften, verdichtet in dem einen, unsterblichen Moment. Dieses Glück einige Minuten lang im Stadion zu teilen, mit jedem einzelnen Mitglied des Kaders, war das Bewegendste an diesem Abend. Vielleicht noch mehr als der Gewinn der WM an sich.

Auf der Bühne, mit dem Pokal in der Hand, konnte man es immer noch nicht recht glauben. In der Kabine sperrte die FIFA das Original sofort wieder in den Louis-Vuitton-Koffer, und wir feierten mit der Replika weiter. Ich saß dann bald wieder neben Philipp – er hatte die Sechzehn, ich die Siebzehn –, und wir sahen uns in die Augen und hatten beide dieselbe Frage auf den Lippen. »Was soll jetzt noch kommen?« Wir hatten diesen Marathonlauf zusammen zehn Jahre lang mitgemacht. Man fühlte, dass das jetzt vorbei war, es hatte etwas Endgültiges. Diese Gedanken verfestigten sich erst in den folgenden Tagen, doch im Grunde wussten wir beide schon wenige Minuten nach dem Schlusspfiff: Das war es jetzt.

Angela Merkel kam in die Kabine für ein schönes gemeinsames Foto. Ich ließ mein Trikot von allen unterschreiben, mein Freund Paul Kalkbrenner bekam es für zehntausend

Euro Spende an meine Stiftung. Wir sind dann durch die Mixed Zone in der Polonaise durchgelaufen, an Hunderten von Journalisten vorbei, und sangen »Die Nummer eins der Welt sind wir!« Mehr brauchte man nicht mehr sagen. Wir hatten schon genug gesagt. Jetzt ging es darum, zu genießen.

Die Fahrt im Bus zurück ins Hotel war sensationell. Ich hatte Stehplatzgarantie in der Mitte, schon mit ein paar Promille im Blut. Jeder wurde aufgefordert, ein Lied zu singen. Ich spielte meine Erfahrung mit dem deutschen Liedgut aus den Wandertagen im Harz aus und schmetterte einige Dinger raus. Das Trainerteam saß kontrolliert vorne. Wir versuchten, Jogi aus der Reserve zu locken, und sangen »Oh lieber Jogi, sing ein Lied, sing ein Lied«, zur Melodie von »Dornröschen war ein schönes Kind«. Er sang aber nicht. Er winkte nur. Das reichte schon, um im Bus eine Jubelarie auszulösen. Es war super. Total ausgelassen, friedlich. Die Mannschaft war da das letzte Mal ganz unter sich. Ganz bei sich.

Im Hotel gab es die große Party mit Familien, Offiziellen, Sponsoren, Anhängern, Schauspielern, Sängern, Rihanna. Ein Riesenaufruhr. Es waren viele Leute dabei, die wussten, dass das heute der Mittelpunkt der Erde ist, denn dort sind die Weltmeister, da steht der Pokal – da mache ich ein schönes Selfie. Der DJ war gut, die Tanzaktionen haben freien Lauf genommen, der Pegel stimmte auch. Ich packte mit der Siegermedaille um die Stirn gewickelt meine geschmeidigen Moves auf dem Dancefloor aus. Es hat schon gepasst. Aber es hatte nicht mehr viel mit uns persönlich zu tun, was ich etwas schade fand. Man hätte lieber im kleinen Kreis gefeiert, mit den Menschen, mit denen man acht Wochen verbracht und im wahrsten Sinne des Wortes Blut und Schweiß vergossen hatte.

Wir hatten keine Zeit, das alles angemessen zu reflektieren. Es ging so schnell. Der Flug zurück, die Party auf der Fanmeile in Berlin, die Feier mit unseren Fans. Man kam von einem Strudel in den nächsten, konnte dabei aber nicht ausblenden, dass es gleich wieder weitergehen würde. In den Urlaub, zurück zu deinem Verein, in den Alltag. Wenn du um fünf oder sechs Uhr morgens von deinem zweiten Baby aus dem Bett geschrien wirst, ist die WM so weit weg wie der Mond von der Erde. Meine beiden Söhne wussten noch nichts von dem Titel. Die Realität hatte einen ganz schnell wieder eingeholt.

Aber einige Bilder sind geblieben. Die Fahrt auf dem LKW, Riesenstimmung, Helene Fischer auf der Bühne, Paul Kalkbrenner war auch da. Jedes der vier Häuser aus dem Campo machte eine kleine Show. Das war nicht gesteuert, das kam alles natürlich, aus uns selbst heraus. Ich denke, die Menschen spürten das auch. Es war uns ein großes Anliegen, wir wollten uns nach den vielen bittersüßen Beinahe-Triumphen noch einmal für den Rückhalt bedanken und die Leute am Erfolg teilhaben lassen. Und es war ganz wichtig, zum Ende tatsächlich eine Trophäe präsentieren zu können und diese ganzen nervigen Diskussionen der vergangenen zehn Jahre wegzuwischen. »Es fehlen die Führungsspieler.« – »Es fehlen die Typen.« – »Die Mannschaft kann nur schön spielen, aber nicht gewinnen.« All das wäre wieder hochgekommen, wenn wir aus Brasilien mit leeren Händen zurückgekommen wären. Selbst meine Frau hatte mir vor der Abreise mit auf den Weg gegeben: »Ohne den Pokal brauchst du dich hier gar nicht mehr blicken lassen.« Mein Sohn Paul weinte, wenn ich mit ihm via FaceTime sprach, bittere Tränen, weil er mich so sehr vermisste. »Papa, wann kommst du endlich?«, schluchzte er. Das alles durfte nicht umsonst sein.

Wir waren sicher, dass wir seit 2004 etwas in Deutschland bewegt hatten. Wir hatten sogar sehr viel bewegt. Aber wirklich erfolgreich zu sein in dem, was wir tun, wirklich das Ziel erreicht zu haben … Das kann man nur sagen, wenn man einen Titel geholt hat.

Mir war wichtig, nach der Weltmeisterschaft einen Monat lang meine Gedanken zu ordnen und mich mit ein paar Leuten auszutauschen, zu sprechen. Es sollte keine übereilte Entscheidung aus dem Rauschzustand von Rio heraus sein. Aber im Grunde war alles klar. Nach zehn wunderschönen, extrem intensiven Jahren in der Nationalelf, mit über hundert Länderspielen und fünf großen Turnieren, wollte ich nicht auf ein Ende dieses Kapitels warten, sondern es selbst bestimmen. Ich wollte nicht, dass das so austrudelt, wie man es bei dem ein oder anderen älteren Spieler erlebt hatte. Ich bin stolz und dankbar, dass ich so lange dabei sein konnte, dass so lange auf mich gesetzt wurde. Es war ein goldenes Ende, das schönste und emotionalste, das man sich vorstellen kann. Der Kreis hat sich in Brasilien für mich geschlossen. Ich wollte ihn nicht wieder öffnen.

Der Anfang

Diesen Sommer übernehme ich die Leitung der Nachwuchsakademie des Arsenal FC. Es ist eine spannende Herausforderung: junge Spieler so auszubilden, dass sie den Sprung in den Profikader schaffen, dort auf Dauer bestehen und ihr Potential voll ausschöpfen. Das gelingt selbst bei einem Klub wie Arsenal, wo seit Arsène Wengers Amtsantritt 1996 die Förderung von Spielern aus den eigenen Reihen einen großen Stellenwert einnimmt, leider viel zu wenigen Akademieschülern.

Gleichzeitig müssen wir uns viel stärker um die breite Masse kümmern, für die der Schritt zum Profi, aus welchen Gründen auch immer, zu groß ist. Sechzig Prozent aller Jungprofis, die mit sechzehn einen Ausbildungsvertrag in England unterschreiben, stehen zwei Jahre später arbeitslos auf der Straße. Das ist die erschreckende Realität. Wir sind als Verein in der Verantwortung, diese Jungs aufzufangen, oder es bestenfalls gar nicht erst so weit kommen zu lassen. Da selbst die als extrem vielversprechend eingestuften Youngster objektiv schlechte Chancen haben, den Fußball zu ihrem Beruf zu machen, ist es fahrlässig, das Hauptaugenmerk auf ihre sportliche Erziehung zu richten. Wir müssen ihnen *life skills* an die Hand geben, auf Deutsch: Lebenskompetenz. Damit sie auch in einer Welt, in der der Fußball nicht im Zentrum steht, erfolgreich bestehen können.

In Deutschland wurde die Nachwuchsförderung um die Jahrhundertwende professionalisiert. Die nach englischem und französischem Vorbild konzipierten Leistungszentren waren ausschlaggebend für unsere Rückkehr an die Weltspitze. Trainer und Betreuer sind hochspezialisiert, die Trainingsplätze sind perfekt, das Ergebnis sind viele gute junge Spieler, die nachkommen.

Mein persönliches Glück war allerdings, dass ich all das verpasste, all das bei Hannover nicht bekam. Die Akademie wurde dort erst eingerichtet, als ich schon bei den Amateuren spielte. Falls es das Nachwuchsleistungszentrum schon früher gegeben hätte, hätte man mich mit dreizehn, vierzehn oder spätestens während meiner Verletzungspause mit fünfzehn aussortiert, und ich wäre nicht mehr wiedergekommen. Das steht außer Frage. Im heutigen System hätte ich es als ausgewiesener Spätstarter mit fußballuntypischer Körperlänge in dieser Form sicher nicht geschafft.

Es wird heutzutage viel schärfer selektiert. Du wirst von Leuten beurteilt, der Daumen geht hoch oder runter. Die totale Fokussierung auf die fußballerische Leistung fängt viel früher an, alles verschiebt sich ein paar Jahre nach vorne. Es ist normal geworden, mit dreizehn, vierzehn schon einen Berater zu haben. Die ersten Jungs bekommen in dem Alter auch schon eigene Ausrüsterverträge. Manche Sechzehnjährige verdienen als Premier-League-Azubis bereits eine halbe Million Pfund im Jahr. Einem Fünfzehnjährigen, der kürzlich vom Festland zu einem Londoner Klub wechselte, wurde versprochen, dass er nach Erreichen des siebzehnten Lebensjahres ein Jahresgehalt von zwei Millionen Pfund beziehen würde. Jeder hofft, den nächsten großen Star heranzuzüchten; das Geld spielt dabei aus Sicht der Vereine so gut wie gar keine Rolle. Es gibt genügend davon.

Viele Menschen, die sich mit der Förderung von Jugendlichen in England beschäftigen, wissen, dass diese Summen ein Problem sind. Im Fußball galt früher die Formel: Erfolg führt zu finanziellem Wohlstand. In der Premier League wird die erste Stufe ausgelassen. Man kann reich werden, ohne je ein einziges Spiel mit der ersten Mannschaft zu bestreiten. Dass diese Begebenheit Gift für eine nachhaltige, sukzessive Entwicklung junger Spieler ist, liegt auf der Hand. In einigen Klubs wird diskutiert, eine Gehaltsobergrenze von vierzigtausend Pfund im Jahr für Teenager einzuführen. Aber zugleich geht die Angst um, dass die Konkurrenz nicht mitzieht und die besten Spieler einfach abwirbt. Der Wettbewerb der Akademien untereinander ist groß. Und man möchte sich auch gegenüber den Vorgesetzten im Verein beweisen.

Die Aussicht auf die gewaltigen Summen ruft Berater und Familienmitglieder auf den Plan, die alle partizipieren wollen. Was kann ich verdienen, was kann ich mitnehmen? Diese Fragen stehen im Vordergrund. In einkommensschwachen Familien wird das fußballerisch begabte Kind zur Fahrkarte in ein besseres Leben. Es ist schlimm, wenn sich die natürliche Ordnung der Dinge derart verdreht und auf einmal das Kind für das Wohl der Eltern verantwortlich ist: »Du musst es schaffen, damit wir ausgesorgt haben. Du musst uns ernähren.« Die Eltern müssen das gar nicht direkt aussprechen, ein Kind spürt das. Auf einmal dreht sich alles nur noch um die Belange und Wünsche eines Teenagers, und wenn es mit dem Fußball nicht funktioniert, fällt alles auseinander. So viel Druck, in so einem Alter. Das kann nicht gesund sein. Man kann sich vorstellen, wie viele Teenager mit siebzehn, achtzehn vor dem Nichts stehen und massive mentale Schwierigkeiten bekommen. Der englische Fußballverband geht das Problem mittlerweile offensiver an, mit Berufsberatung und dem Angebot psychologischer Hilfe. Aber wie viele springen über den eigenen Schatten, um diese Hilfe anzunehmen? Können sie sich selbst eingestehen, dass sie es doch nicht schaffen, Profi zu werden? Hier kann nicht genug getan werden. Die Robert-Enke-Stiftung spricht zurzeit mit dem englischen Fußballverband darüber, ihre Arbeit nach Großbritannien auszudehnen.

Ich war in der glücklichen Lage, aus einem Mittelschicht-Elternhaus zu kommen. Niemand machte mir Druck, Profifußballer zu werden. Im Gegenteil: Meine Eltern wollten, dass ich zur Schule gehe. Hätte es mit dem Fußball nicht geklappt, hätte ich eben etwas anderes gemacht. In England ist das große Problem, dass die meisten Jungs in den Akademien mit sechzehn von der Schule gehen und alles auf eine Karte setzen: Fußballer oder nichts. Es gibt, anders als in Deutschland, keine Partnerschaften mit Schulen, die es Nachwuchskickern ermöglichen würden, nebenbei ihr A-Level – das englische Äquivalent zum Abitur – zu machen. Nach der mittleren Reife ist Schluss. Es wird dann so viel trainiert, dass keine Zeit für eine Ausbildung oder weiterführenden Unterricht bleibt. Bei Arsenal muss man momentan zwei Stunden in der Woche ein Sportmarketing-Seminar belegen. Alle klicken ein bisschen mit der Maus auf dem Bildschirm rum und bekommen dafür ein Diplom. Aber auf dem Arbeitsmarkt kommst du damit nicht weit.

Das muss sich ändern, aus drei Gründen: Erstens darf man einem Kind nicht schon mit sechzehn Jahren seine Kindheit wegnehmen und verlangen, dass es sich in jeder Minute des Tages ganz dem Fußball verschreibt. Zweitens ist es viel zu riskant, sich so früh auf einen Job zu konzentrieren, bei dem die Aussicht auf eine langfristige Beschäftigung derartig gering ist. Ich muss immer daran denken, dass es aus meinem 1984er Jahrgang bei Hannover 96 niemand anderes geschafft hat, im Profifußball Fuß zu fassen. Niemand. Nicht einmal das am meisten gehypte Riesentalent. Mit sechzehn kann so viel passieren. Du verletzt dich und bist raus. Du kannst psychisch das Tempo nicht mehr mithalten und bist raus. Du machst eine Dummheit und bist raus. Oder du bleibst bis neunzehn dabei, bekommst dann aber keinen Vertrag, weil dein Klub lieber gestandene Spieler einkauft, und du bist raus. Von heute auf morgen kann alles vorbei sein.

Drittens ist es ein Fehler, junge Menschen geistig und organisatorisch so zu unterfordern, wie es in den Akademien geschieht. Man muss als Nachwuchsspieler nur noch auf den Platz laufen, am besten in bunten Fußballschuhen und mit einer lustigen Frisur, immer dem Ball nach. Man wird direkt mit dem Taxi vorgefahren. Wenn es hoch kommt, läuft man fünf Meter alleine. Man braucht sich um nichts zu kümmern, andere waschen die Sachen und tragen die Utensilien auf den Platz. Man schaut auf sein Handy und stellt Fotos auf Instagram. Würde das Taxi eines Tages nicht kommen, wäre die Herausforderung, den Weg zum Training selbstständig zu planen, für die meisten schon zu groß. Es würde im Chaos enden, auf dem Weg von der Bushaltestelle könnten sich viele schon nicht mehr orientieren. Und so laufen sie dann auch auf dem Platz herum: orientierungslos. Sie können auf unvorhergesehene Dinge nicht reagieren, unter Druck keine eigenständigen Entscheidungen treffen.

Der Fußball rühmt sich nicht zu Unrecht, eine Schule für das Leben zu sein. Man lernt auf spielerische Weise, mit Menschen zu kooperieren, andere unabhängig von ihrer Herkunft zu respektieren, sich an Regeln zu halten. Aber das Leben ist auch eine Schule für den Fußball. Für meine Entwicklung als limitierter Fußballspieler war weniger das tägliche Training wichtig als die Fähigkeit, meinen Tagesablauf zu organisieren, mir Gedanken zu machen, mein Leben im Griff zu haben. Wo muss ich hinfahren? Wie viel muss ich noch für die Prüfung lernen, welche Sachen muss ich mitnehmen?

Ich hatte nicht das große fußballerische Talent. Aber ganz »ohne Talent«, wie es der Titel dieses Buches augenzwinkernd vorgibt, war ich nicht. Mein Talent war es, mit Dingen umzugehen. Ich konnte Schwierigkeiten richtig einschätzen und verarbeiten. Das half mir später, auch die größeren Stresstests zu bestehen, meine Versagensängste zu besiegen und mit dem Druck fertig zu werden, wenn dir sechzigtausend Leute auf die Füße schauen.

Ich weiß: Die Klagen der Älteren über die angeblich verweichlichte, nutzlose nachfolgende Generation sind so alt wie die Menschheit selbst. Ich möchte die Vergangenheit auch keineswegs glorifizieren. Es ist gut, dass sich gewisse Machorituale weitestgehend überlebt haben und das Spiel heute wirklich als Spiel gedacht und gespielt wird, und nicht mehr als eine Art Krieg mit Ball, inklusive soldatischer Befehlsstrukturen.

Dennoch bin ich überzeugt, dass es kontraproduktiv ist, jungen Spielern alle potentiellen Hindernisse schon von vornherein aus dem Weg zu räumen, ihnen alle externen Aufgaben abzunehmen, um sie in eine hermetisch abgeriegelte Spielwelt zu stecken, wie weiße Mäuse in einem Versuchslabor. Ich würde gerne bei Arsenal ein Umfeld schaffen, das die Jungprofis nicht nur fördert, sondern auch fordert, auch neben dem Platz. Ich will, dass sie mit der Normalität konfrontiert werden, dass sie in der Akademie neben Spielzügen und Formationen auch fürs Leben lernen. Fußball darf nicht der einzige Sinn und Zweck eines sechzehnjährigen Menschen sein.

Um dieses Rad zurückzudrehen, bedarf es unglaublich vieler Leute, die sich hinter diese Aufgabe klemmen; Leute, die selbst erlebt haben, wie wichtig es ist, sich nicht in diesem Talentgeschwafel zu verlieren und sich darauf einstellen zu können, dass es eine holperige Reise werden wird.

Mirko Slomka hat es damals gut mit mir gemeint, als er sagte: »Das ist kein Foul.« Man muss mit gewissen Dingen klarkommen. Es geht nicht immer fair zu. Der beste Fußballer aller Zeiten wird vielleicht nie Weltmeister werden. Dafür läuft ein langer Schlaks, der besser beim Schwimmen gelandet wäre, mit goldenem Pokal in der Hand aus dem Maracanã. Kann alles passieren.

Danksagung

Bücher haben mich durch meine aktive Karriere begleitet. Sie waren Anregung und Auszeit auf vielen Reisen, bei langen Stunden in Hotels und unzähligen Turnieren. Den Gedanken, selbst mal ein Buch zu schreiben, hatte ich dabei nicht. Zum Ende meiner Karriere hat sich jedoch immer stärker der Wunsch entwickelt, die letzten Jahre nochmal gedanklich aufzuarbeiten und niederzuschreiben. Eine Art Selbstreflexion, Verarbeitung und Rückblick auf eine unglaubliche Zeit – dieser Junge aus Pattensen wurde also wirklich Weltmeister, Wahnsinn!

Ein solches Buchprojekt entsteht durch Vertrauen und Mannschaftsgeist, und ich möchte meinen Mitspielerinnen und Mitspielern dafür danken:

Meiner Frau Ulrike für das familieninterne Lektorat und die gedankliche Unterstützung.

Meiner Familie in Pattensen für die Hilfe, die Kinder- und Jugendjahre inhaltlich und bildlich aufzuarbeiten.

Raphael Honigstein für seine Ruhe und Neugier bei der Aufgabe, meine Gedanken und Geschichte in Worte zu bringen. Dem Ullstein Verlag für eine enge und gute Zusammenarbeit von der Idee bis hin zum Druck. Meiner Agentur „Spielerrat“ für die professionelle und vertrauensvolle Begleitung auch bei diesem Projekt.

Und Euch liebe Leser für euer Interesse!

Euer Per

Bildnachweis

S. 1: imago / Gribaudi (1)
S. 2: privat (2, 3, 4, 5)
S. 3 Fritz Rust (6, 7); imago / Chai v.d. Laage (8)
S. 4 Fritz Rust (9, 10, 11); imago / Kolvenbach (12)
S. 5 imago / Wombati (13); Getty Images / Alexander Hassenstein (14); imago / HJS (15)
S. 6 imago / Action Pictures (16); Screenshot ZDF (17); Imago / Lacy Perenyl (18)
S. 7: imago / Sportimage (19); Stuart MacFarlane (20, 21)
S. 8: Marc Wagener (22)